U0113456

民营企业"一带一路"实用投资指南
实用投资指南

中东欧十六国

李志鹏/主编　　沈梦溪　刘　杰/著

 中华工商联合出版社

图书在版编目(CIP)数据

民营企业"一带一路"实用投资指南 中东欧十六国 /
李志鹏主编; 沈梦溪, 刘杰著. -- 北京: 中华工商联
合出版社, 2020.2
  ISBN 978-7-5158-2693-6

Ⅰ. ①民… Ⅱ. ①李… ②沈… ③刘… Ⅲ. ①民营企
业-对外投资-中国-指南 Ⅳ. ①F279.245-62

中国版本图书馆CIP数据核字 (2020) 第 018887 号

民营企业"一带一路"实用投资指南 中东欧十六国

主　　编：李志鹏
作　　者：沈梦溪　刘　杰
出 品 人：李　梁
责任编辑：袁一鸣　肖　宇
装帧设计：周　源
责任审读：李　征
责任印制：迈致红
出版发行：中华工商联合出版社有限责任公司
印　　刷：北京毅峰迅捷印务有限公司
版　　次：2020 年 10 月第 1 版
印　　次：2020 年 10 月第 1 次印刷
开　　本：16 开
字　　数：210 千字
印　　张：20.75
书　　号：ISBN 978-7-5158-2693-6
定　　价：68.00 元

服务热线：010-58301130-0（前台）
销售热线：010-58302977（网店部）
　　　　　010-58302166（门店部）
　　　　　010-58302837（馆配部、新媒体部）
　　　　　010-58302813（团购部）
地址邮编：北京市西城区西环广场 A 座
　　　　　19-20 层，100044
http://www.chgslcbs.cn
投稿热线：010-58302907（总编室）
投稿邮箱：1621239583@qq.com

编委会名单

主　　任：邢厚媛

编　　委：

主　　编：李志鹏　梁桂宁

总　序

2020年是中国提出共建"一带一路"倡议的第七个年头。中国推动共建"一带一路"坚持对话协商、共建共享、合作共赢、交流互鉴，同沿线国家谋求合作最大公约数，推动各国加强政治互信、经济互融、人文互通，一步一个脚印推进实施，一点一滴抓出成果，推动共建"一带一路"走深走实，造福沿线国家人民。高质量共建"一带一路"正在成为我国参与全球开放合作、改善全球经济治理体系、促进全球共同发展繁荣、推动构建人类命运共同体的中国方案。

2016年4月，习近平总书记在中央政治局就历史上的丝绸之路和海上丝绸之路进行第三十一次集体学习时提出，广泛调动各类企业参与，引导更多社会力量投入"一带一路"建设，努力形成政府、市场、社会有机结合的合作模式，打造政府主导、企业参与、民间促进的立体格局。民营经济是我国经济制度的内在要素，是推进社会主义市场经济发展的重要力量，也是推动高质量发展的重要主体。当前，我国经济正处在转变发展方式、优化经济结构、转换增长动力的攻关期，通过统筹协调使用好两个市场、两种资源，拓展国际市场空间不仅成为我国民营经济高质量发展的重要途径，也是民营企业提升自身创新能力和国际竞争力的有效方式。

改革开放四十多年来，中国民间投资和民营经济由小到大、由弱变强，已日渐成为推动中国经济发展、优化产业结构、繁荣城乡市场、扩大社会就业的重要力量。同时，随着中国民营企业不断发展，一些中国民营企业家突破"小富即安、小成即满"的思想，在推进企业发展布局时，更具世界眼光。特别是近年来，随着共建"一带一路"倡议的深入实施，中国民营企业积极"走出去"在沿线地区构建新型国际分工网络，对外交往取得新进展，不仅成为参与"一带一路"倡议建设的生力军，也成为推动和践行"一带一路"沿线地区可持续发展目标的重要力量，矗立在中国参与国际经济分工的前沿和潮头。

2019年4月，习近平总书记在第二届"一带一路"国际合作高峰论坛上指出，面向未来，我们要聚焦重点、深耕细作，共同绘制精谨细腻的"工笔画"，推动共建"一带一路"沿着高质量发展方向不断前进。实施"走出去"和共建"一带一路"倡议合作前景广阔、风景无限。但同时也应该看到，相关国家在经济发展、国家治理、社会发展、人文环境等方面存在较大差异，加之中国民营企业自身国际化经验尚在积累成长之中，走出去难免会遇到一些风险和挑战。为破解民营中小企业国际化发展难题，渡过所谓全球化进程中"艰难的中间地带"做好一些思想和行动上的准备，本套《民营企业"一带一路"实用投资指南》丛书紧紧围绕中国民营企业国际化进程中主要关心的议题，对"一带一路"沿线地区的投资环境和政策法规进行了较为系统的分析，旨在为包括中国民营企业在内的广大中国企业提供高效实用的工具指南，引导服务民营企业百尺竿头更进一步，高质量走出去参与"一带一路"建设。本套丛书在撰写过程中部分参考了商务部国际贸易经济合作研究院和我国驻相关国家使馆经商参处共同编写的《中国对外投资合作国别（地区）指南》，并得到了全国工商联联络部的支持，谨此致谢！

编委会

2020年4月

PREFACE

前 言

　　中东欧地区是连接欧亚大陆的门户，也是共建"一带一路"倡议的重要区域。中东欧国家的市场经营环境相对成熟，产业发展较为完善，且同我国经济存在较好互补性，有着良好的投资合作前景。同时，该地区地理位置优越，也是我国企业进入欧盟市场的重要平台。

　　近年来，尽管双边经贸合作逐步深化，我国企业赴中东欧地区直接投资水平实现了显著增长，但总体来看，投资规模仍然不大。这既体现出我国同中东欧的双边投资合作关系仍有较大潜力可以挖掘，也在一定程度上反映了我国企业，尤其是民营企业对中东欧各国差异化、多元化的社会环境，以及合作需求等的了解还不够深入。鉴于此，为进一步夯实我国与中东欧国家的投资合作基础，加深我国民营企业对中东欧各国环境的全面了解，提升我国企业在中东欧地区的经营水平，本书从"中东欧十六国"的自然资源与政治局势、基础设施条件与规划、市场规模与进口需求、投资合作商业机会、贸易和投资政策法规、投资合作相关手续、贸易投资风险防范、紧急情况解决方案等八个方面入手，系统地分析中东欧十六国在政治、经济、社会文化及商业环境等方面需要关注的问题。其中，由于"黑山共和国"经济总量较小、能够获取的经济数据和信息相对有限，本书在总体情况中统计了其经济数据，但未单列章节进行介绍。

总之，作者期待本书能够帮助我国民营企业系统地认知中东欧十六国的投资环境、经营规定、投资风险以及应对策略等，为企业更好地参与共建"一带一路"，深化与中东欧国家之间的合作提供有益的经验借鉴与经营决策参考。

CONTENTS

目 录

第一章

自然资源与政治局势

一　自然地理

中东欧地区自然环境总体良好，中欧五国中波兰、匈牙利地势平坦广阔，河湖密布；捷克、斯洛伐克、斯洛文尼亚海拔较高，多高原和山脉，森林矿产资源丰富。波罗的海三国（爱沙尼亚、拉脱维亚、立陶宛）地势较为平坦，森林和水资源较为丰富。东南欧国家整体地势较高，多高原和山地，矿产、森林及水资源较为丰富。中东欧地区气候多样，包括温带大陆性气候、温带阔叶林气候、地中海气候、海洋性气候和大陆性气候等。

波兰

波兰地处欧洲中部，北临波罗的海，南接捷克和斯洛伐克，东邻白俄罗斯，西接德国，东北和东南部则与俄罗斯、立陶宛以及乌克兰接壤。全境约75%在海拔200米以下，地势平坦、广阔，河湖密布。波兰首都华沙属于东1时区，比北京时间晚7小时；每年3月到10月实行夏令时，比北京时间晚6小时。

1999年1月1日起，波兰实行省、县、乡三级行政划分。目前波兰共有16个省、314个县和66个县级市、2478个乡。华沙是波兰第一大城市，人口175.8万（截至2017年6月），年平均气温9.6℃。华沙是波兰的工业、贸易及科学文化中心，也是全国最大的交通运输枢纽。

波兰矿产资源丰富，煤、硫黄、铜、银的产量和出口量居世界前列。截至2016年底，已探明硬煤储量为585.78亿吨，褐煤234.51亿吨，硫黄5.1亿吨，铜银19.49亿吨。其他资源还有锌、铅、天然气、盐、琥珀等。波兰天然气储量估计为1180亿立方米，国内天然气产量占需求量的37%左右。另外，据波兰地理协会评估，页岩气储量为3460亿立方米至7680亿立方米。截至2017年底，森林（绿地）面积共951.3万公顷，森林覆盖率为30.4%。

波兰属海洋性向大陆性气候过渡的温带阔叶林气候。气候温和，冬季寒冷潮湿，平均气温-10℃至5℃；春、秋季气候宜人、雨水充沛；夏季凉爽，平均温度为15～24℃。

图1-1　波兰克拉科夫市老城广场

捷克

捷克是欧洲中部内陆国家。东部同斯洛伐克接壤，南部毗邻奥地利，西部同德国相接，北部毗邻波兰。捷克西北部为高原，东部为喀尔巴阡山脉，中部为河谷地。

捷克全国共划分为14个州级行政区，其中包括13个州和首都布拉格市。首都布拉格为直辖市，是全国最大的城市，面积496平方公里，人口128万（截至2016年底）。布拉格市地处欧洲大陆的中心，在交通上一向拥有重要地位，与周边国家联系密切，是一座著名的旅游城市。捷克的主要经济中心城市有：布拉格、布尔诺、奥斯特拉发和皮尔森市等。

捷克褐煤、硬煤和铀资源较丰富，其中褐煤和硬煤储量约为134亿吨，分别居世界第三位和欧洲第五位。石油、天然气和铁矿砂储量很小，基本依赖进口。捷克森林资源丰富，面积达265.5万公顷，森林覆盖率为34%，在欧盟居第12位。主要树种有云杉、松树、冷杉、榉木和橡木等。森林木材储量6.78

亿立方米，平均每公顷264立方米。捷克拥有420万公顷农业用地，其中300万公顷为耕地，农产品可基本实现自给自足。

捷克地处北温带，属典型温带大陆性气候，四季分明，夏季平均气温约25℃，冬季平均气温约零下5℃，气候湿润，年均降水量674毫米。

罗马尼亚

罗马尼亚位于东南欧巴尔干半岛东北部，北部和东北部分别与乌克兰和摩尔多瓦交界；西北部和西南部分别同匈牙利和塞尔维亚接壤；南部同保加利亚以多瑙河为界；东临黑海。

罗马尼亚全国分为41个县和1个直辖市（首都布加勒斯特），县下设市、镇、乡。罗马尼亚首都布加勒斯特是全国的政治、经济、文化和交通中心，位于罗马尼亚东南部瓦拉儿亚平原中部，多瑙河支流流经市区。

罗马尼亚拥有丰富的自然资源。罗马尼亚主要矿藏有石油、天然气、煤和铝土矿，还有金、银、铁、锰、锑、盐、铀、铅、矿泉水等。罗马尼亚属典型的温带大陆性气候，年平均温度在10℃左右。春季短暂，却气候宜人；6至8月是夏季，平均温度22～24℃，南部和东部低地是最热的地区，最高温度可达38℃；秋天凉爽干燥；12月至次年3月是冬季，平均温度–3℃。

图1-2 罗马尼亚康斯坦察

匈牙利

匈牙利地处欧洲中部，东邻乌克兰、罗马尼亚，南接塞尔维亚、克罗地亚、斯洛文尼亚，西靠奥地利，北连斯洛伐克，多瑙河及其支流蒂萨河纵贯全境。

匈牙利全国行政区划分为首都和19个州，并有24个州级市。首都布达佩斯是全国的政治、经济、文化和科技中心。匈牙利首都布达佩斯属于东1时区，当地时间比北京时间晚7个小时；每年3月最后一个周日至10月底最后一个周日实行夏令时，期间当地时间比北京时间晚6个小时。

匈牙利农业基础较好，国土面积的62%为农业用地（欧盟平均水平为42%），土地肥沃，主要农作物有小麦、玉米、向日葵、甜菜、马铃薯等。匈牙利水资源丰富，除拥有著名河流湖泊外，全国三分之二的地区有地热水资源。全国森林覆盖率约为24%。矿产资源比较贫乏，除铝矾土储量居欧洲第三外，另有少量褐煤、石油、天然气、铀、铁和锰等。匈牙利旅游资源丰富，美丽的自然风光与壮丽古老的建筑交相辉映，全国有八处文化与自然风光被联合国列入《世界文化与自然遗产名录》，另外还有9个国家公园。主要旅游景点有布达佩斯、巴拉顿湖、多瑙河湾和马特劳山等。

匈牙利地处北半球温带区内，是大陆性气候、温带海洋性气候和地中海亚热带气候的交汇点，但受大陆性气候的影响最大，整体仍属大陆性温带阔叶林气候。全年平均气温为10.8℃。

图1-3　匈牙利国会大厦

斯洛伐克

斯洛伐克位于欧洲中部，属内陆国，东邻乌克兰，南接匈牙利，西连捷克、奥地利，北毗波兰。西喀尔巴阡山贯穿北部和中部，大部分山峰海拔在1000~1500米之间。南部为多瑙河平原。

斯洛伐克共有8个州，79个县，下设2883个市镇。8个州分别是：西斯洛伐克、科希策、特尔纳瓦、特伦钦、尼特拉、日利纳、班斯卡-比斯特里察和普雷绍夫。布拉迪斯拉发是斯洛伐克首都，人口64.2万，是该国总统府、议会和政府的所在地及文化中心。斯洛伐克首都布拉迪斯拉发属于东1时区，当地时间比北京时间晚7小时；每年3月到10月实行夏令时，期间当地时间比北京时间晚6小时。

斯洛伐克水资源丰富。全国水资源总量为501亿立方米，人均水资源量为9279立方米。斯洛伐克河网稠密，均属多瑙河支流，大部分河流发源于山区。多瑙河是流经斯洛伐克的主要大河。斯洛伐克油气资源并不丰富，拥有的多为小型油田，零星分布在喀尔巴阡山脉及东部地区。斯洛伐克煤炭总蕴藏量约为2.5亿吨，其最重要的煤炭区位于上尼特拉的汗德洛瓦、齐盖尔、诺瓦茨盆地等地区，总蕴藏量约1.5亿吨，年开采煤炭和褐煤约350万吨；铁矿主要分布在斯洛伐克皮什-格美尔地区；当地铅锌矿和银矿常见于金属合成矿中，班斯卡-比斯特里察和霍德鲁夏是主要矿藏地；陶瓷矿位于米哈洛夫策附近，是欧洲最大的用于电陶瓷和建筑陶瓷生产的矿床。

图1-4　斯洛伐克首都布拉迪斯拉发全景

斯洛伐克属海洋性向大陆性过渡的温带气候，四季交替明显。年平均气温9.8℃。

保加利亚

保加利亚位于巴尔干半岛东南部，约占该半岛面积的22%。北隔多瑙河与罗马尼亚相望，西与塞尔维亚、北马其顿相邻，南与希腊、土耳其接壤，东濒黑海。

全国共有28个大区和265个市。首都索菲亚，人口约132.5万，是保加利亚政治、经济、文化中心。第二大城市是普罗夫迪夫，第三大城市为瓦尔纳。保加利亚属于东2时区，比北京时间晚6个小时；从3月的最后一个星期日到10月的最后一个星期六实行夏令时，时钟调快1小时，期间与北京时间的时差为5个小时。

保加利亚自然资源贫乏，主要矿物有煤、铅、锌、铜、铁、钡、锰和铬，还有矿盐、石膏、陶土、重晶石、萤石矿等非金属矿产。其生产的煤炭主要是低热质的褐煤。保加利亚森林面积408万公顷，约占全国总面积的37%，其中75%是阔叶林，25%是针叶林。

保加利亚完全处于北半球大陆温带的最南端，北部为大陆性气候，南部则受地中海气候的影响。年平均气温10.5℃，最冷的1月份平均气温为-1~2℃，最热的7月份平均气温为20~25℃。年均降水量450毫米。

图1-5 保加利亚首都标志性建筑——涅夫斯基教堂

克罗地亚

克罗地亚位于欧洲中南部，巴尔干半岛西北部。东邻塞尔维亚、波黑、黑山，北靠匈牙利，西北接斯洛文尼亚，南与西南濒临亚得里亚海。北部为丘陵和平原地区，中部和中南部为高原和山地，南部和西南部为亚得里亚海，岛屿众多，有"千岛之国"之称。

克罗地亚全国共设20个省和1个省级直辖市，下辖127个市，428个区，6755个村庄（省、市、区均为克罗地亚地方自治机构）。萨格勒布是克罗地亚首都，同时也是克罗地亚的政治、经济、文化中心。克罗地亚首都萨格勒布属东1时区，比北京时间晚7小时；每年3月到10月实行夏令时，期间将时钟调快1小时，比北京时间晚6小时。

斯洛文尼亚

斯洛文尼亚位于中欧南部、毗邻阿尔卑斯山，西邻意大利，西南通往亚得里亚海，东部和南部与克罗地亚接壤，北接奥地利和匈牙利。

斯洛文尼亚分为12个行政地区，共有194个城镇、区政府，其中11个为市。首都卢布尔雅那是政治、经济、文化中心，地处斯洛文尼亚中部，海拔299米，属地中海气候。马里博尔（Maribor）是斯洛文尼亚第二大城市，也是斯洛文尼亚重要的交通枢纽和重要的工业中心，汽车、化学、铝材、纺织等产业较为发达。斯洛文尼亚首都卢布尔雅那属于东1区，比北京时间晚7个小时；每年3至10月实行夏时令，期间比北京晚6个小时。

斯洛文尼亚森林资源十分丰富，森林覆盖率达到66%，位列欧洲第三。此外，国内有5593平方公里的草场，363平方公里的果园，以及216平方公里的葡萄园。斯洛文尼亚的矿产资源相对贫乏，主要有汞、煤、铅、锌等，储量不多，但矿泉、温泉和水力资源较为丰富。

斯洛文尼亚气候分山地气候、大陆性气候和地中海气候。沿海地区为地中海气候，内陆为温带大陆性气候。一月平均气温为-2℃，七月为21℃。冬季降雪较多，湿度较大。

图1-6　斯洛文尼亚布莱德湖

立陶宛

立陶宛位于欧洲中东部，北与拉脱维亚接壤，东、南与白俄罗斯毗连，西南与俄罗斯加里宁格勒州和波兰相邻，西濒波罗的海。

立陶宛全国划分为10个县，即维尔纽斯县、考纳斯县、克莱佩达县、首莱县、潘涅维日县、马里亚姆波列县、陶拉格县、泰尔夏伊县、乌泰纳县、阿利图斯县。10个县又划分为60个区，包括43个地区、8个区级市和9个区。维尔纽斯是立陶宛的首都和最大城市，面积400平方公里，2017年人口80.5万。立陶宛属于东2时区，与北京时差6小时；每年3月最后一个周日至当年10月份最后一个周日实行夏令时，期间与北京时差5小时。

立陶宛的森林和水资源较为丰富。森林面积219万公顷，森林覆盖率为33.5%，人均森林面积0.8公顷；木材蓄积量为4.9亿立方米，人均木材蓄积量为186立方米。立陶宛境内有722条河流，长度超过100公里的河流有21条，最长的涅姆纳斯河全长937公里，在立陶宛境内长度为475公里。立陶宛境内湖泊众多，水域面积超过880平方公里。立陶宛良好的生态环境为动物提供了较佳的栖息地，立陶宛共有七十多种哺乳动物，既有硕大的欧洲野牛，也有体重仅有4克的鼩鼱，还有13种飞鼠，更有被列入珍稀保护名单的白兔、猞猁、水獭，境内多有狼出没。立陶宛石油、天然气等矿产资源比较贫乏，主要依赖进口。

立陶宛气候介于海洋性气候和大陆性气候之间，冬季较长，多雨雪，日照少；9月中旬至第二年3月中旬温度最低，1月份平均气温为–4～7℃；夏季较短而凉爽，日照时间较长；6月下旬至8月上旬最温暖，7月份平均气温为16～20℃。全年植物生长期为169～202天。年平均降水量748毫米。陆地平均风速3～3.5米/秒，滨海平均风速5.5～6米/秒。

图1-7　立陶宛首都维尔纽斯老城冬季

塞尔维亚

　　塞尔维亚地处东南欧巴尔干半岛中部，与克罗地亚、波黑、黑山、阿尔巴尼亚、北马其顿、保加利亚、罗马尼亚以及匈牙利接壤。北部为著名的伏伊伏丁那多瑙河冲积平原，地势平坦，土壤肥沃，被誉为粮仓。中部、东部、西部及南部为丘陵和山地。按行政区划，塞尔维亚设有2个自治省、29个大行政区、首都贝尔格莱德直辖区。其中辖有24个市、197个县（区），193个镇，6158个村。自治省和大行政区是塞尔维亚最高一级地方行政单位。塞尔维亚属东1时区，比北京时间晚7小时；每年3月底至10月底实行夏令时，期间比北京时间晚6小时。

　　塞尔维亚主要矿产资源有褐煤（储量55亿吨）、石油（储量7740万吨）

和天然气（储量481亿立方米）。塞尔维亚耕地面积占国土面积的55%，森林面积占29.1%。水力资源丰富。塞尔维亚北部属温带大陆性气候，南部受地中海气候影响。四季分明，夏季炎热，7至8月气温最高35℃，平均气温为25～28℃；春、秋气候宜人，平均气温15℃；冬季1至2月气温最低-10℃左右，平均气温约0～5℃。

拉脱维亚

拉脱维亚位于东欧平原西部，西临波罗的海，里加湾深入内陆，北邻爱沙尼亚，东界俄罗斯，南接立陶宛，东南与白俄罗斯接壤。全境地势低平，东部和西部为丘陵。拉脱维亚分为5个区（里加地区、维泽梅地区、库尔泽梅地区、泽梅盖尔地区、拉特盖尔地区）和1个区级市（里加市）。5个区下设8个市、110个县。首都里加是拉脱维亚全国的政治、经济、文化中心，是三个波罗的海国家（立陶宛、拉脱维亚、爱沙尼亚）中最大的城市，也是波罗的海地区重要的工业、商业、金融和交通中心。首都里加属于东2区，当地时间比北京时间晚6小时；每年4月到10月实行夏令时，期间当地时间比北京时间晚5小时。

拉脱维亚主要资源有石灰石、石膏、白云石、石英砂，用于建筑和筑路的砂砾以及泥炭。拉脱维亚是东北欧泥炭主要输出国，泥炭可开采储量1.9亿吨，位居全球前十。其中，31%储量位于拉特盖尔地区，25%储量位于维泽梅地区。拉脱维亚全境有三千多个湖泊，七百五十多条河流（较大的有道加瓦河、利耶卢佩河、高亚河、文塔河等），内陆水域面积达2419平方公里，为水产业提供了良好的天然场所，波罗的海蕴有丰富的沙丁鱼、波罗地鲱、黍鲱、鲽、鳕、鲑鱼、马哈鱼等鱼类资源。拉脱维亚可耕地面积为2.39万平方公里，土壤以灰化土为主。拉脱维亚森林资源丰富，森林面积达3.26万平方公里（其中1.47万平方公里为国有林），占国土面积的49%，森林覆盖率位居欧洲第四。森林资源中阔叶林占54.8%，主要树种为桦树、杞树、山杨；针叶林占45.2%，主要树种为松树和云杉。拉脱维亚石油和天然气资源极少，完全依赖进口。

拉脱维亚气候属海洋性气候向大陆性气候过渡的中间类型。夏季白天平均气温23℃，夜晚平均气温11℃；冬季沿海地区平均气温-2～3℃，内陆地区-6～7℃。

图1-8　拉脱维亚里加夜景

爱沙尼亚

　　爱沙尼亚地处欧洲东北部，位于波罗的海东海岸，东与俄罗斯接壤，南与拉脱维亚相邻，北面为芬兰湾，隔海与芬兰、瑞典相望。首都塔林距芬兰首都赫尔辛基仅85公里，距拉脱维亚首都里加310公里，距俄罗斯圣彼得堡350公里，距瑞典首都斯德哥尔摩375公里。境内地势低平，平均海拔为50米，最高点为牧那马吉山（巨蛋山），海拔318米，有岛屿2355个。爱沙尼亚分为15个省，大小城镇共254个，有市级行政管理机构33个，镇级管理机构193个。首都塔林是全国的政治、经济、文化中心。全市面积158.3平方公里，分为8个区，人口42.65万，约占全国人口的32.4%。爱沙尼亚的主要城市有塔尔图市、纳尔瓦市、科赫拉亚尔维市、帕尔努市等。首都塔林，位于东二时区，比北京晚6小时；每年3月末到10月末实行夏令时，与北京时差5小时。

　　爱沙尼亚的主要资源有森林、油页岩、石灰石、泥煤等。森林面积为231.25万公顷，森林覆盖率达50%，森林蓄积量4.75亿立方米，每公顷蓄积量221立方米，人均木材拥有量达361立方米，排名欧洲第五位。树种超过716种。油页岩是爱沙尼亚电力的主要燃料。东北地区油页岩储量丰富，总储量约为48亿吨。爱沙尼亚淡水资源丰富，拥有大小河流七千多条，其中长度在100公里以上的有16条。主要河流有沃安都河（162公里）、帕尔努河（144公里）、帕尔特萨马河（135公里）等，但由于整个国土地势平坦，落差小，水力发电潜能低。全国共有1150个湖泊，最大湖泊是与俄罗斯交界的楚德湖，总面积3555平方公里，为欧洲第四大湖，其中爱沙尼亚拥有的水域面积为1529平方公里。全国农业用地100.35万公顷，占国土面积的22%。其中可耕地69.02万公顷，占国土面积的15%，人均耕地0.51公顷，但可耕地资源中约12.51万公顷未耕种。

爱沙尼亚气候属海洋性气候，受海洋影响明显，春季凉爽少雨，夏秋季温暖湿润，冬季寒冷多雪，年均气温7℃。冬季最冷的1、2月平均气温-5.5℃，夏季最热的7月平均气温17.5℃，年平均降水量500～700毫米。

图1-9　爱沙尼亚首都塔林老城

波黑

波黑面积51209平方公里，位于东南欧巴尔干半岛中西部，是个多山的国家，山区占全国面积的42%，丘陵占24%，平原占5%，喀斯特地貌占29%，全国平均海拔为500米，最高山为马格里奇峰，海拔2387米。波黑境内河流、湖泊众多，最长的内河为346公里长的德里纳河，最大湖泊为面积55.8平方公里的布什科湖。

波黑由两个政治实体和一个特区组成，即波黑联邦（约占波黑领土51%）和塞族共和国（约占波黑领土49%），以及布尔奇科特区。波黑联邦有10个州，分为80个区县；塞族共和国有61个区县。1999年设立布尔奇科特区，直属中央政府。萨拉热窝为波黑首都，人口约27.6万，是波黑的第一大城市，全国的政治、经济和文化中心；同时也是波黑联邦的首府及萨拉热窝州的首府。波黑属东1时区，执行夏令时比北京时间晚6个小时，执行冬令时则比北京晚7个小时。

波黑的主要资源有矿产、水资源及森林。可开采利用的矿产资源主要有褐煤、铝矾土、铁矿。此外还有铅锌、石棉、岩盐、重晶石等矿藏。波黑拥有丰富的水资源，水力发电潜能在400万千瓦以上，矿泉水资源丰富，可利用开发生产瓶装饮用水。波黑森林覆盖率占其国土面积的53%，是东南欧国家中森林覆盖率最高的，其中65%为落叶林，35%为针叶林。榉木品质优良。

波黑西南属地中海气候，中部属大陆及山区性气候，北部属温和大陆性气候。波黑气候春秋季宜人，夏季多雨，冬季多雪、多雾。西南1月平均气温5~7℃，7月为24~27℃；中部1月平均气温−10~2℃，7月为22~25℃；北部1月平均气温−1~2℃，7月为20~22℃；年平均气温11.3℃。

图1-10　波黑首都萨拉热窝全景

阿尔巴尼亚

阿尔巴尼亚位于东南欧巴尔干半岛西岸，北部和东北部与黑山和塞尔维亚（科索沃地区）接壤，东部与北马其顿相连，南部和东南部与希腊为邻，西临亚得里亚海，西南部濒临爱奥尼亚海，隔奥特朗托海峡与意大利相望。

2013年9月，阿尔巴尼亚政府开启新一轮行政区划改革，旨在对地方政府单位进行重组。2014年7月，阿尔巴尼亚议会通过法律，将全国原384个地方政府单位整合为61个市。2015年6月，阿尔巴尼亚地方政府选举完成后，该法律正式实施。自此，阿尔巴尼亚全国分为12个大区，共61个市。地拉那是阿尔巴尼亚首都及全国第一大城市，也是阿尔巴尼亚政治、经济、文化中心。阿尔巴尼亚经济主要集中在首都地拉那和港口城市都拉斯（阿尔巴尼亚第二大城市）。阿尔巴尼亚属东1时区，比北京时间晚7小时；每年3月至10月实行夏令时，期间比北京时间晚6小时。

阿尔巴尼亚水力资源、太阳能资源丰富。矿产资源种类较多，有石油、天然气、沥青、褐煤、石灰石、铬、铜和镍等。探明石油储量约4.38亿吨，天然气储量约181.6亿立方米，煤矿储量约7.94亿吨，铬矿储量约3690万吨，铜矿储量约2419万吨，镍铁矿和硅酸镍矿储量约3.64亿吨。目前，阿尔巴尼亚开采、出口的主要矿产资源是铬矿和石油。阿尔巴尼亚是世界上铬矿资源比较丰富的国家，铬矿储量在欧洲居第二位，铬矿生产量居全球前十。阿尔巴尼亚有着欧洲陆上最大的油田，石油年产量超过140万吨。

阿尔巴尼亚属亚热带地中海式气候。降雨量充沛，年均可达1300毫米。11月至次年5月为雨季。一年中7月份最热，平均气温24～27℃；1月份最冷，平均气温1～8℃。

图1-11　阿尔巴尼亚首都地那拉市中心的斯坎德培塑像

北马其顿

北马其顿位于东南欧地区，地处巴尔干半岛中部，西部毗邻阿尔巴尼亚，东部与保加利亚接壤，南部与希腊相邻，北部为塞尔维亚。地形多为山地，瓦尔达尔河纵贯南北。北马其顿下辖10个大区，共80个市镇。首都斯科普里为最大城市，也是北马其顿政治、经济、文化和交通中心，位于北马其顿西北部，海拔240米。北马其顿位于东1时区，比北京时间晚7小时；每年从3月最后一个周日至10月最后一个周六实行夏令时，期间比北京时间晚6个小时。

北马其顿矿产资源品种比较丰富，有煤、铁、铅、锌、铜、镍等，其中煤的蕴藏量为9.41亿吨，铜矿的蕴藏量为3亿吨。还有非金属矿产，包括碳、斑脱土、耐火黏土、石膏、石英、蛋白石、长石以及建筑装饰石材等。森林覆盖率为38.4%。

北马其顿的气候以温带大陆性气候为主，大部分农业地区夏季最高气温达到40℃，冬季最低气温达-30℃。受山地气候影响，昼夜温差较大。南部受地中海气候影响，夏季平均气温27℃，全年平均气温为10℃。

图1-12　北马其顿首都斯科普里市中心"北马其顿广场"

二　人口分布

中东欧国家人口数量较为稳定，增长缓慢，城镇化程度较高，近年来拉脱维亚及波黑两国人口呈不断减少趋势，华人多集中在首都城市。

波兰

波兰国家统计局（GUS）2018年1月数据显示，波兰目前的全国人口为3843.4万人，其中男性1859.4万人，女性1984万人，男女人口比例约为100∶107。城市人口2312.2万人，占全国总人口的60.2%，农村人口1531.2万人，占全国人口总数的39.8%。2017年波兰适龄劳动人口（18~59/64周岁）占总人数的61.2%；老龄人口占总人口的20.8%；注册新生儿数量40.3万。人口分布较为集中的城市包括：华沙、克拉科夫、格但斯克、罗兹、弗罗茨瓦夫、波兹南等。在波兰的华人有1万人左右，主要集中在华沙等大城市。

捷克

2017年底，捷克人口为1061万。布拉格、布尔诺、俄斯特拉发、比尔森、利贝雷茨和奥洛穆茨六个城市人口均在10万人以上。在捷克的华人数量约有6900人，主要集中在首都布拉格地区。

罗马尼亚

罗马尼亚全国人口为1959万人（截至2018年）。其中，城市人口所占比例约为60.2%，农村人口所占比例约为39.8%。目前，罗马尼亚有合法居留的中国侨民逾7600人，主要集中在首都布加勒斯特。

匈牙利

截至2017年12月，匈牙利人口总数为977.1万，人口密度105人/平方公里（主要城市人口规模详见表1-1）。匈牙利还是中东欧地区个体华商最为集中的国家之一，约三万华人在匈牙利从事商业批发零售、餐饮及房地产等业务。

表1-1　匈牙利主要城市及人口分布

城市名称	人口数量（万人）
布达佩斯市	174.10
德布勒森市	20.41

城市名称	人口数量（万人）
米什科尔茨市	17.26
赛格德市	16.49
佩奇市	15.66
久尔市	12.83

资料来源：匈牙利中央统计局（截至2018年）

斯洛伐克

截至2017年底，斯洛伐克人口总数为544.3万，其中斯洛伐克族占81.3%，匈牙利族占8.3%，罗姆族（吉卜赛人）占2%，其他民族占8.3%。各州分布情况如下：布拉迪斯拉发64.6万人；科希策79.8万人；普雷绍夫82.3万人；尼特拉68万人；日利纳69.1万人；班斯卡-比斯特里察65.1万人；特尔纳瓦56.1万人；特伦钦58.8万人。

保加利亚

截至2017年底，保加利亚全国人口约710.2万，约占欧盟总人口的1.4%，其中男性342.24万（48.5%），女性362.76万（51.5%）。人口下降和老龄化的过程中仍在继续。城市人口占73.1%。人口较为集中的城市为索菲亚、普罗夫迪夫、瓦尔纳、布尔加斯等。目前在保加利亚的华人华侨共约3000人，绝大多数在保加利亚首都索菲亚从事商品批发、零售、餐饮等，少数分布在普罗夫迪夫、瓦尔纳等城市。

克罗地亚

克罗地亚人口412.5万（截至2017年），每平方公里人口平均为72.9人，其中城市人口占近70%。由于受侵略、经济、政治、战争等因素影响，自15世纪开始，克罗地亚向国外移民浪潮不断。目前，克罗地亚海外侨民达250万。克罗地亚主要城市人口分布详见表1-2。

表1-2　克罗地亚主要城市及人口分布

城市名称	人口数量（万人）	城市名称	人口数量（万人）
萨格勒布	79.3	斯拉沃尼亚布罗德	6.46
斯普利特	18.87	大戈里察	6.35
里耶卡	14.40	卡尔洛瓦茨	5.94
奥西耶克	11.46	普拉	5.86
扎达尔	7.27	西萨克	5.22

资料来源：克罗地亚国家统计局（截至2018年）

斯洛文尼亚

截至2018年1月1日，斯洛文尼亚人口总数为206.7万人，其中男性人口的比重为49.69%。斯洛文尼亚人口密度约为102人/平方公里（注：在欧洲国家中偏低），约50%的人口为城镇人口。首都卢布尔雅那人口为28.7万。当地华侨人数约为2000人，主要分布在首都卢布尔雅那市和马里博尔市。

立陶宛

近年来立陶宛人口流失严重，仅2017年人口流失就达3.78万，占人口总数的1.3%。截至2018年1月1日，立陶宛总人口为281.02万人，人口密度为44.2人/平方公里。其中，城镇人口188.54万人，农村地区人口92.47万人，城镇人口占人口总量的三分之二（详见表1-3）。华人数量为三百余人，主要集中在维尔纽斯、考纳斯、克莱佩达、首莱和潘涅维日等大城市。

表1-3　立陶宛人口分布情况

县名称	人口数量（万人）	县名称	人口数量（万人）
维尔纽斯县	80.55	马里亚姆波列县	14.14
考纳斯县	56.33	阿利图斯县	13.81
克莱佩达县	31.75	泰尔夏伊县	13.42
首莱县	26.56	乌捷纳县	12.97
潘涅维日县	21.89	陶拉格县	9.59

资料来源：立陶宛统计局（截至2018年）

塞尔维亚

塞尔维亚人口总数704万（编注：不含科索沃地区，2017年数据），其中约六成是城市人口（详见表1-4）。在塞尔维亚的华人约5000人，绝大部分经商，以零售业为主，主要集中在贝尔格莱德、诺维萨德、尼什、潘切沃、莱斯科瓦茨等城市，一些中小城镇亦有中国个体商人开设的商铺。近年来，由于塞尔维亚经济不景气，旅塞华商不断减少。

表1-4 塞尔维亚主要城市及市区人口分布

城市名称	市区人口数量（万人）	城市名称	市区人口数量（万人）
贝尔格莱德	168.4	诺维萨德	31.9
尼什	26.0	克拉古耶瓦茨	17.8
莱斯科瓦茨	13.8	苏博蒂察	13.8
兹雷尼亚宁	11.7	克鲁舍瓦茨	12.4
潘切沃	12.1	沙巴茨	11.2

资料来源：塞尔维亚国家统计局（截至2018年）

拉脱维亚

自恢复独立以来，由于人口出现自然负增长及向国外移民人口增加，拉脱维亚人口持续流失，过去5年间拉脱维亚人口减少9.39万人。拉脱维亚中央统计局数据显示，截至2018年5月，拉脱维亚人口数量为192.4万人。拉脱维亚男女比例约为45.88：54.12。拉脱维亚城市人口分布详见表1-5。目前常居拉脱维亚的华人华侨约300人，主要集中在里加市。

表1-5 拉脱维亚主要城市及人口分布

城市	人口数量（万人）	城市	人口数量（万人）
里加	64.14	叶尔加瓦	5.67
道加瓦皮尔斯	8.46	尤尔马拉	4.86
利耶帕亚	6.94	文茨皮尔斯	3.54
雷泽克内	2.82	瓦尔米耶拉	2.30
叶卡布皮尔斯	2.24	—	—

资料来源：拉脱维亚中央统计局（截至2018年）

爱沙尼亚

据爱沙尼亚统计局数据，截至2018年1月，爱沙尼亚总人口1319133人，比2015年增加约3498人，增长0.27%，人口总量在欧盟国家排第25名。总人口中，男性621084人，占比47.1%；女性698049人，占比52.9%。全国人口密度为30.3人/平方公里。人口分布特点是北多南少，全国近40%的人口集中生活在首都塔林及周边地区。具体人口分布详见表1-6。2017年，城市人口约899283人，农村人口约415180人。人口的年龄构成上，儿童占20.85%，青壮年人口约占53.15%，60岁以上人口占25.85%，人口出生率10.1‰，2017年人口增长率为-0.57%。在爱沙尼亚的华人数量较少，约200人，主要是留学生、经商人员，也有一部分人从事旅游和餐饮业，多集中在首都塔林及塔尔图等中心城市。

表1-6　爱沙尼亚主要城市及人口分布

城市名称	人口数量（人）
塔林	426538
塔尔图	95677
纳尔瓦	57130
科赫拉亚尔维	35056
帕尔努	50450
玛尔都	15077

资料来源：爱沙尼亚统计局（截至2017年）

波黑

根据世界银行网站数据，2016年波黑人口为351.7万左右。由于低出生率和人口流失，人口减少趋势不断扩大，世界银行关于波黑的经济报告预计波黑2020年人口将降至320万。波黑是欧洲城镇化程度最低的国家之一，约60%人口生活在农村地区。波黑共有约400名华人经营批发兼零售贸易，经营地点主要集中于布尔奇科特区、巴尼亚卢卡市和萨拉热窝市。

阿尔巴尼亚

据阿尔巴尼亚国家统计局2018年1月公布的数据，阿尔巴尼亚总人口为

287万人，男女比例为101.3∶100，人口密度为每平方公里100人，人口年龄中位数为35岁。阿尔巴尼亚人口主要集中在首都所在的地拉那大区，约88.4万人，占全国总人口的31%。其余各大区占全国人口比例分别为：费里10%、都拉斯10%、爱尔巴桑10%、科尔察7%、斯库台7%、发罗拉7%、贝拉特5%、莱什4%、迪勃拉4%、库克斯3%、吉诺卡斯特2%。华人在阿尔巴尼亚主要分布在首都地拉那市，总人数约200人。

北马其顿

北马其顿全国人口约为207.47万（注：2016年数据）。北马其顿的主要城市人口分布情况如下：斯科普里61万；库马诺沃10.9万；比托拉9.3万；泰托沃9.1万；戈斯蒂瓦尔8.4万；普利莱普7.6万；奥赫里德5.2万；韦莱斯5.5万。根据北马其顿国家统计局数据，2015年该国人口自然增长率为1.3%。截至2017年底，全国工作适龄人口95.4万人。

三　社会文化

中东欧地区民族交错分布、宗教分域不同。波兰、捷克和斯洛伐克的主体民族为西斯拉夫民族；巴尔干半岛的保加利亚、塞尔维亚、斯洛文尼亚、克罗地亚、波黑、北马其顿的主体民族为南斯拉夫民族。阿尔巴尼亚、匈牙利、罗马尼亚和波罗的海三国为非斯拉夫民族，民族分布状况较为复杂。中东欧地区主要宗教有天主教、东正教和伊斯兰教等，相同种族的不同宗教信仰、不同种族的宗教信仰受地域交错分布和不同的文明传承影响。中东欧国家除拥有本国特色习俗外，由于当地习俗受宗教信仰影响较大，因此有共同宗教信仰的国家在某些习俗上也较为接近。

波兰

波兰民族以波兰族为主，占人口的98%以上，少数民族主要有德意志、乌克兰、俄罗斯和白俄罗斯族，还有少量犹太、立陶宛、斯洛伐克族等。波兰语为官方语言，英语日益普及，会讲俄语和德语的人也较多。波兰约90%的人口信仰罗马天主教，少部分信仰东正教或基督教新教。人们习惯佩挂"十字架"项链等饰物，忌讳数字"13"。教会在波兰影响力很大，前罗马教皇约翰·保罗二世被波兰人视为民族骄傲，2014年4月保罗二世被罗马教廷认定为"圣人"。圣诞节是波兰人最重要、最喜爱的节日。

波兰人真诚、豪爽、重感情，社交场合衣着整齐、得体。在社交场合与客人相见时，要与被介绍过的客人一一握手，并自报姓名；在亲朋好友之间相见时，习惯施拥抱礼；与女士见面还可施吻手礼。在波兰，无论商务还是私人约会，一定要准时。无论正式的或非正式的宴会上，都要祝酒。人们见面交谈忌讳打探个人收入、年龄、宗教信仰、情感等隐私。去家里拜访，按惯例要给女主人送鲜花。波兰人喜欢送花，借以传达他们不同的感情：玫瑰花为"爱情"的象征；石竹花含有"机智"和"快乐"之意；兰花被看作"激情之花"；菊花为"墓地用花"；波兰人最爱的花是象征欢乐和幸福的"三色堇"。送花的数量特别有讲究，送单数是惯例，送双数则失礼，不受欢迎。波兰人饮食习惯上以西餐为主，也喜欢亚洲餐。

图1-13　波兰民族服饰

捷克

捷克主要民族为捷克族，约占总人口的94%，斯洛伐克族约占1.9%，波兰族约占0.5%，德意志族约占0.4%。此外，还有乌克兰、俄罗斯和匈牙利族等。捷克官方语言为捷克语，属于斯拉夫语系，是捷克人的母语。主要外语包括英语、德语及俄语。捷克主要宗教是罗马天主教。全国有39.2%的人口信奉罗马天主教，4.6%的人口信奉新教，还有少数人信奉东正教、犹太教。

捷克人在成人前要学习基本社交、礼节和跳舞等社交常识。捷克人受教育程度较高，尤其具有较高的音乐素养。在对外交往中，讲究礼仪、穿着，正式场合都穿西装。捷克民族将玫瑰花视为国花，普遍忌讳红三角图案。在公共场合讲究秩序，注意保持安静，尊重个人隐私。在饮食方面，捷克人喜欢肉类食品、葡萄酒和啤酒。多数人忌讳13这一数字，不喜欢别人了解个人隐私，尤其不喜欢打听工资收入和女性年龄。捷克人不喜欢柳树和柳树制品。重视红白喜事，特别重视庆祝50岁生日。向外宾一般赠送水晶玻璃制品，赠送鲜花的枝数为单数，白色象征纯洁，红色象征热情。捷克人的饮食以猪肉为主，传统民族菜是烤猪肘、酸菜和馒头片。捷克餐口味偏咸，饭菜较油腻。捷克人喜欢喝啤酒，年人均啤酒消费量达到160升，居世界前茅。

罗马尼亚

罗马尼亚总人口为1959万人（2018年数据）。其中，罗马尼亚族占88.6%，匈牙利族占6.5%，罗姆族占3.2%，日耳曼族和乌克兰族各占0.2%，其余民族为俄罗斯、土耳其、鞑靼等。

官方语言为罗马尼亚语，主要少数民族语言为匈牙利语。主要流行的外语为英语和法语。罗马尼亚主要宗教有东正教（信仰人数占总人口的86.5%）、罗马天主教（占总人口的4.6%）、新教（占总人口的3.2%）。

罗马尼亚民族服装具有鲜明独特的艺术风格。服装常通过浓重色彩对比和简洁的花边取得协调效果，款式多样。罗马尼亚人热情直爽，交谈时喜欢直截了当。罗马尼亚人姓名的排列是名在前姓在后。亲人之间拥抱亲吻很普遍。到罗马尼亚人家中做客，可带些礼品送人，以鲜花为最好，送花要送单数，不能送双数。罗马尼亚人善于做生意和精于评估。在谈判时，既能大刀阔斧，也很注意细节。在访问外商办事处或参加应酬时，他们一般是几个人一起参加，极少单独行动，这是罗马尼亚公司的特别之处。另外，公司中都会有一个重要人物——礼宾员。

罗马尼亚旅游资源非常丰富，不论是黑海之滨的天然浴场，还是喀尔巴阡山奇异的溶洞和温泉等都吸引着世界各地慕名而来的游客。在餐馆结账和出门乘坐出租车时，一般要加付10%左右的小费。罗马尼亚人不论坐车还是在室内，最忌讳同时打开两边的窗子对吹，因为他们认为这样会生病。"13"也是罗马尼亚人忌讳的数字。

匈牙利

匈牙利主要民族为马扎尔族（即匈牙利族），约占90%。少数民族有德意志、斯洛伐克、克罗地亚、罗马尼亚、乌克兰、塞尔维亚、罗姆族等民族。官方语言为匈牙利语，英语、德语也很普及。匈牙利国民主要信奉天主教（约占66.2%）和基督教新教（约占17.9%）。

匈牙利人姓名排列顺序与中国相同，姓在前名在后。匈牙利亲人和朋友相见时一般行贴面礼，相互碰一下两侧面颊，异性、同性之间均可以。在社交场合与客人相见时，一般行握手礼，并坚持"女士优先"原则。匈牙利人招待客人时不强行劝酒，主人要等客人吃完才能放下刀叉；如应邀到匈牙利人家中做客，可带上一瓶酒或一束鲜花作为礼物。匈牙利人饮食习惯上以西餐为主，也喜欢中餐。绝大多数人把圣诞节、复活节列为最重要、最喜欢的节日。匈牙利人同样忌讳数字"13"。

斯洛伐克

斯洛伐克主要民族为斯洛伐克族，约占人口总数的81.3%，匈牙利族占8.4%，罗姆族占2%，其余为乌克兰族、日耳曼族、波兰族和俄罗斯族。匈牙利族多聚居在斯匈边境处，罗姆族人多居住于斯洛伐克东部。官方语言为斯洛伐克语。主要外语为英语、德语和俄语。主要少数民族语言为匈牙利语。

根据斯洛伐克统计局资料，斯洛伐克约62%的国民信奉罗马天主教，8.9%的国民是新教徒，3.8%的国民信奉希腊天主教，0.9%的国民信奉东正教，13.4%的国民自称是无神论者，10.6%的国民未回答有关宗教的问题。

斯洛伐克人热情好客，讲究谦逊礼让和遵守公共秩序，在公共场合不大声喧哗拥挤。喜爱象征高贵的蓝色和象征热情的红色。喜欢使用数字8、12、14等，忌讳13。喜食肉制品和奶制品，不喜海鲜。食用较多的蔬菜和水果包括西红柿、圆白菜、土豆、洋葱、苹果、香蕉等。斯洛伐克人非常喜欢石竹花和玫瑰花，认为它们是幸福的象征，视其为"国花"。送花以单数枝为吉祥。小朵菊类花卉多为祭扫使用。认为柳树虽美但枝条低垂象征悲哀。

保加利亚

保加利亚主要民族有：保加利亚族占83.9%，土耳其族占9.4%，吉卜赛人占4.7%，其他（北马其顿族、亚美尼亚族等）占2%。

保加利亚官方和通用语言为保加利亚语，土耳其语为主要少数民族语言。在保加利亚国民中，信奉东正教者占85%，信奉伊斯兰教者占13%，信奉天主教、新教等其他宗教者占1%。保加利亚人习惯使用肢体语言，点头表示"不"，摇头则表示"是"。保加利亚人在正式社交场合与客人相见时，一般都施握手礼。亲朋好友相见，可施拥抱礼和亲吻礼。

图1-14　位于保加利亚首都索菲亚的涅夫斯基教堂

克罗地亚

克罗地亚族是克罗地亚的主体民族，占克罗地亚总人口的90.42%，塞尔维亚族是最大的少数民族，占克罗地亚总人口的4.5%，其他为波斯尼亚族、意大利族、匈牙利族、阿尔巴尼亚族、捷克族等。官方语言为克罗地亚语（与塞尔维亚语、波斯尼亚语、黑山语相通），英语普及程度很高，会讲德语和意大利语的人也较多。全国86.28%的国民信奉罗马天主教，少部分国民信奉东正教、伊斯兰教、基督教新教、希腊天主教或犹太教。

克罗地亚人热情大方，乐观向上，有强烈的民族自豪感。在社交场合与客人见面时，要与被介绍过的客人一一握手，并报出自己的名字；与至亲好友见面时，习惯施以传统的拥抱礼；与女士见面时，也有施吻手礼的传统习惯。克罗地亚人偏爱蓝色，认为蓝色象征宁静、纯洁、坚贞、永恒、忠诚。

在欢迎贵宾或隆重的庆祝活动中，克罗地亚青年男女会穿上传统的民族服装。克罗地亚菜肴综合了意大利、匈牙利、奥地利、土耳其和中东地区菜肴的特点，以海鲜和肉类食品为主。克罗地亚人喜好葡萄酒，遵循海鲜搭配白葡萄酒，烤肉搭配红葡萄酒的习惯。

图1-15　克罗地亚杜布罗夫尼克古城堡

斯洛文尼亚

斯洛文尼亚族约占总人口的83%。其他民族有克罗地亚族、塞尔维亚族、波斯尼亚族、匈牙利族、意大利族等。官方语言为斯洛文尼亚语，属斯拉夫语系（接近塞尔维亚语、克罗地亚语、斯洛伐克语和捷克语）。多数国民会说英语、德语和意大利语。斯洛文尼亚国民主要信奉天主教，另有一部分国民信奉东正教、伊斯兰教等。斯洛文尼亚人勤劳、智慧、勤俭持家，家庭观念强；在与人交往中彬彬有礼，信守诺言。国民对葡萄酒情有独钟，而悠久的酿酒历史形成了斯洛文尼亚独特的"酒文化"。斯洛文尼亚人见面礼节以握手为主，拥抱、亲脸、贴面颊等仅限于亲人、熟人之间。斯洛文尼亚男子的民族服装主要是衬衣和长裤，加上背心、短外套、帽子等。妇女的民族服装为绣花或有花边的短衬衣、背心、裙子、围裙、腰带、头巾，但日常生活中已看不到此类传统服装。

立陶宛

立陶宛族占84.2%，波兰族占6.6%，俄罗斯族占5.8%。此外还有白俄罗斯、乌克兰、犹太等民族。立陶宛官方语言为立陶宛语，年纪较大居民多懂俄语，年轻人多懂英语。立陶宛约77.2%的民众信奉罗马天主教，其余民众信仰东正教、福音路德教等。

立陶宛人比较细致、谨慎，其生活方式接近西方国家，注重生活质量，喜爱体育运动，休息日爱好外出旅游。在住宅建筑和装修上追求舒适、安逸。穿着方面很注重式样、花色，做工比较考究，注重产品的质量。立陶宛人在平时谈吐中，使用"请"与"谢谢"字眼非常普遍，即使对自己非常熟悉的人也不例外。在社交场合很注重"女士优先"。无论是行走、乘车等，男士都习惯于对女士给予特殊的优先和照顾。立陶宛人在社交场合与客人相见时，一般以握手为礼。用餐时，对使餐具任意作响的举止很忌讳，也不愿听到有人在用餐时发出咀嚼食物的声音。参观教堂等宗教场所时应保持肃静。忌讳询问他人的工资、年龄、宗教等问题。对数字"13"和"星期五"很反感，"7"则被认为是吉利数字。立陶宛人忌讳在门槛处与人握手，认为这会带来坏运气。立陶宛人为本国文化感到自豪，不宜开涉及该国文化的玩笑。

塞尔维亚

塞尔维亚是一个多民族的国家，83.3%的人口（不含科索沃地区）是塞尔维亚族，其余有匈牙利族、波斯尼亚克族、罗姆族及斯洛伐克族等。官方语言为塞尔维亚语，英语的使用也较普及，会讲英语的人数约占40%。此外，会讲德语和俄语的人也比较多。全国多数国民信奉东正教，少部分人信奉罗马天主教或伊斯兰教，个别人不信教。

塞尔维亚人热情、豪爽、健谈，喜欢交友，在社交场合衣着整齐得体。塞尔维亚人对见面时的称谓与问候比较讲究，要在姓氏前冠以先生、夫人、小姐或头衔等尊称。只有家人、亲密朋友之间才直呼其名。在社交场合与客人相见时，要与被介绍的客人一一握手，并报出自己的姓名。约会一般须事先约定，贸然到访属于不礼貌行为，拜访时须相互递交名片。到家里拜访，一般习惯送实物礼品或鲜花。重要节日习惯相互送礼，礼品一般为酒类、鲜花及经典套装系列办公文具等。递交礼品时，要当面拆掉包装纸，展示并介绍礼品内容。塞尔维亚人喜欢邀请熟悉的客人或朋友到郊外或旅游胜地游览或休闲，促进交流，增进相互感情。其间一般举行宴请，无论在正式的或非正式的宴请上，主人都要盛情邀请客人品尝家酿的烈性果酒或葡萄酒并相互祝酒。

图1-16 圣萨瓦大教堂——贝尔格莱德最大的东正教堂

拉脱维亚

拉脱维亚是一个多民族国家，其境内既有本地拉脱维亚人，也生活着北欧人、德国人、俄罗斯人、波兰人的后裔，因此呈现出多元的文化特征。其人口主要有拉脱维亚族，占61.1%；俄罗斯族，占26.2%；白俄罗斯族，占3.5%；乌克兰族，占2.3%；波兰族，占2.2%；立陶宛族，占1.3%，其他种族占3.4%。官方语言为拉脱维亚语，对外交往中也可使用英语，俄语在拉脱维亚也比较普及。官方场合主要使用拉脱维亚语和英语。当地民众信仰的宗教主要有基督教路德宗、东正教、天主教，另有部分民众具体信仰未知。

拉脱维亚传统的民族着装是：男子着衬衫、长裤、长外衣，扎腰带，戴呢帽；女子着绣花短袖白衬衫、方格或条纹裙子，系绣花围裙，扎头巾。已婚妇女戴亚麻布帽子，未婚姑娘头戴穿珠刺绣的花箍。饰物则佩戴银手镯、胸针等。现在普遍穿着城市服装，民族服装主要用于节日和文艺演出。民族主要食物为面食、土豆、肉冻、酸奶、肉汤。歌咏节是传统的民间佳节。此外，还有成年节、海洋节、开春节、丰收节，以及主要宗教节日等。在正式场合行握手礼，采用国际通用的称谓，即男士称为"先生"，女士称为"夫人""小姐""女士"。

爱沙尼亚

爱沙尼亚统计局2017年数据显示，爱沙尼亚境内131.6万人口中，主要有11个民族。人口规模最大的5个民族是爱沙尼亚族、俄罗斯族、乌克兰族、白俄罗斯族和芬兰族。其中，爱沙尼亚族人口最多，共90.46万人，占全国人口的68.7%；俄罗斯族人口共有33.02万人，占比25.1%。爱沙尼亚语为官方语言。英语、俄语亦被广泛使用。爱沙尼亚主要宗教有基督教福音派路德宗、东正教和天主教。从信教者的民族构成来看，爱沙尼亚人多信仰基督教，俄罗斯族人多信仰东正教。全国约有1/3的人信教，信教人口占比在欧盟成员国中属于比较低的。

爱沙尼亚人民勤劳朴实，善良友好，办事认真，计划性强，守时履约；感情不易外露，重视保持民族特点，保护本民族文化和语言的意识强烈。爱沙尼亚不承认双重国籍，不允许拷贝乐谱，禁止在公共场合吸烟。"情人节"被称之为"朋友节"，没有"三八妇女节"，但男士仍可以在这一天送给女士鲜花，而且可以送偶数的花枝。

波黑

《代顿协议》规定了波黑的三个制宪主体民族：波斯尼亚克族、塞尔维亚族和克罗地亚族，此外还有少量的罗姆族和犹太人。三大主体民族在波黑的政治、经济及社会活动中居主导地位。在波黑全国总人口中，波斯尼亚克族约占50.11%；塞尔维亚族约占30.78%；克罗地亚族约占15.43%。波黑官方语言为波斯尼亚语、塞尔维亚语和克罗地亚语，使用拉丁字母和西里尔字母，三种语言互通。少数人可以讲英语或德语或法语。波斯尼亚克族信仰伊斯兰教，塞尔维亚族信仰东正教，克罗地亚族信仰天主教，作为少数民族的犹太人信仰犹太教。伊斯兰教的重要节日有：开斋节、宰牲节；东正教的重要节日有：圣诞节和复活节；圣诞节和复活节也是天主教重要的宗教节日。

波黑是东西方多种文化荟萃之地，波黑人喜欢休闲、度假、追求时尚。波黑人生性豪放、直率，热情好客，能歌善舞。社交场合与客人见面时，常以握手为礼，较为熟悉的朋友、亲人间还经常相互拥抱、亲吻。去波黑人家里做客，可送花、葡萄酒或巧克力等，送花一定是单数，但不能是13。波黑境内民族众多，要尊重各族的风俗习惯。在波黑参观清真寺、教堂等宗教场所时，要注意不要着装太暴露，特别是在清真寺，女性游客需要戴纱巾等。喝咖啡是波黑人的一大传统嗜好。工作间歇、业余时间及周末等必饮咖啡，因此各式咖啡馆和各色街头咖啡厅在波黑比比皆是，形成波黑街头一大亮丽风景，人们往往利用喝咖啡聊天、交友、商谈业务等。波黑人还喜爱吃甜食，以核桃仁加蜂蜜及奶油为主要原料的各类甜度较重的甜点为波黑传统特色。春夏两季周末或节假日，波黑家庭或朋友还喜欢在河边、湖边烧烤聚餐。

阿尔巴尼亚

根据阿尔巴尼亚国家统计局公布的最近一次全国人口普查结果，阿尔巴尼亚族占总人口的82.58%。少数民族主要有希腊族（0.87%）、罗姆族（0.3%）、罗马尼亚族（0.3%）、北马其顿族（0.2%）等。官方语言为阿尔巴尼亚语。主要流行的外语有英语、希腊语、意大利语和德语。阿尔巴尼亚56.7%的国民信奉伊斯兰教，10.03%信奉天主教，6.75%信奉东正教。

阿尔巴尼亚人通常彬彬有礼，极善言辞。讲话时表情丰富，善用手势，喜欢耸肩、摆手来抒发自己的感情或显露自己的情绪，习惯以摇头表示同意，点头表示不同意。表示感谢时，除口头表达外，有时还用一只手扶住胸口，上身稍向前倾。若熟人相见，往往要相互一连串地问好，并行贴面礼，其程度也有很大不同：一般的只作左右贴面姿势；稍亲热一些的是相互贴一贴左右面颊；最亲热的则是相互拥抱起来，在左右贴面的同时还要吻对方的面颊。阿尔巴尼亚人家庭观念极强。午饭时间一般较晚，通常在下午三四点钟，而晚饭时间则为晚上九十点钟。喝咖啡是阿尔巴尼亚人的一大偏好，大大小小的咖啡吧在城市街头随处可见，成为年轻人聊天、社会人谈工作甚至老年人闲谈的理想去处。

北马其顿

北马其顿是个多民族的国家，人口207.4万（2016年数据），其中，北马其顿族约占64%，阿尔巴尼亚族约占25%，土耳其族约占4%，罗姆族约占3%，塞尔维亚族约占2%。官方语言为北马其顿语，也是使用最广泛的语言。北马其顿语属于斯拉夫语系。在西部地区，阿尔巴尼亚语也是进行交流的主要语言之一。许多北马其顿人会讲英语、法语、德语、俄语、意大利语等欧洲其他语言。北马其顿国民大多信奉东正教，占总人口67%；信奉伊斯兰教的人口占30%；其他宗教人口占4%。北马其顿国内主要民族有北马其顿族和阿尔巴尼亚族，分别信仰东正教和伊斯兰教。

北马其顿人热情好客，如被邀请到私人家里做客，一般不要迟到，可以带花、葡萄酒或巧克力作为小礼物。送花时，注意送单数，表示喜庆；送双数花通常用于葬礼。在下午5点前拜访或打电话是不礼貌的。北马其顿人喜欢到餐馆、酒吧、咖啡厅过夜生活，周末通常要娱乐到很晚才休息。

北马其顿人在正式社交场合较注重服饰衣着，男士通常穿西装，女士通常穿裙装或套装。北马其顿民族服装有着自身特色。妇女喜穿立领绣花衬衣和短背心，常穿围裙，佩彩色腰带，头巾和平顶锥形小帽。男子传统服饰为上穿衬衣、呢背心或皮背心，下穿长裤，佩色彩鲜艳的腰带。在当地，举行婚礼时人们会身穿传统服装庆祝3天。北马其顿饮食以面食和肉类为主，多数人喜欢喝土耳其咖啡、红茶、葡萄酒、果子酒和矿泉水。北马其顿特色餐为大盘烤肉和香肠，搭配当地的面包、大葱、青红辣椒酱，以及产自当地的葡萄酒、烈性烧酒、啤酒和咖啡。

图1-17　斯科普里市北马其顿地震博物馆，1963年大地震后遗留的残垣断壁仍清晰可见

四　政治局势

中东欧国家政治上实行多党制，经济上实行私有化、市场化和自由化，

在外交领域，中东欧国家与欧盟、美国、俄罗斯的外交关系也在发生深刻的变化。受制于各自的地理位置、国家利益与国内政治经济形势，中东欧国家难以保持一致的立场，而在对外关系上呈现明显的多样化。

波兰

波兰实行三权分立的政治制度，立法权、司法权和行政权相互独立、互相制衡。1997年4月，波兰国民大会通过新宪法，新宪法于1997年10月生效。新宪法确立了三权分立的政治制度和以社会市场经济为主的经济体制，规定：众议院和参议院拥有立法权，总统和政府拥有执法权，法院和法庭行使司法权；总统是国家的最高代表，负责维护宪法和国家的安全。总统由全民直接选举产生，任期5年。现任总统为安杰伊·杜达，于2015年5月25日当选，8月6日宣誓就职。波兰议会由众议院和参议院组成，是国家最高立法机构，每届均任期4年。众议院议员460名，参议员100名，均通过直接选举产生。总理由总统提名，议会任命。各部部长由总理提名，议会任命。本届政府于2018年1月完成改组。最高法院是国家最高审判机关。军事方面，波兰于1943年10月12日建立波兰人民军。1990年更名为波兰军队。总统为武装力量最高统帅。国防委员会是最高国防决策机构，总统任该委员会主席。波兰目前的执政党是法律与公正党。该党于2001年6月成立，党员约3万人（截至2016年12月）。公民纲领党为最大在野党。

波兰于1999年3月12日加入北约，2004年5月1日加入欧盟，2007年12月加入《申根协定》。近年来，波兰政府延续理性务实的外交路线，对外政策以"服务波兰、构建欧洲、了解世界"为使命，更加注重现实利益和战略平衡；政治和经济上立足欧盟，安全和防务上倚靠北约和美国，力挺乌克兰，对俄罗斯态度较为强硬，积极支持欧盟对俄罗斯制裁，在地区和国际事务中影响力有所上升。波兰视波德关系为波兰最重要的双边关系。两国高层交往日益频繁，各领域务实合作不断加深；视法国为传统盟友，在安全、政治、经济、人文领域交流活跃；视英国为北约内重要盟友，与英国传统合作基础良好。波兰认为波美关系具有特殊重要意义，视美国为欧洲之外最主要伙伴，是仅有的3个坚决支持美国对伊拉克动武并在第一时间派兵参战的盟国之一。波兰视中东欧为波兰在欧盟内的战略依托，重视维谢格拉德集团（由波兰、匈牙利、捷克、斯洛伐克四国组成，亦称"V4"）、波罗的海国家理事会等地区组织合作。波兰密切关注西亚北非局势发展，重视同中国、印度、日本、韩国等亚洲国家加强人员往来，加大对该地区投入，并积极开展与中东、拉美、非洲地区经贸尤其是能源等领域内的合作。中波两国具有传统友谊。近年来，中波关系在相互尊重、平等互利、互不干涉内政的原则基础上稳步发展。

捷克

捷克实行多党议会政治体制。议会是国家最高立法机构，实行参众两院制。众议院共有议席200个，任期4年。参议院共有议席81个，任期6年，每两年改选1/3参议员。全国设宪法法院、最高法院和最高检察院，院长均由总统任命。现政府于2017年12月13日正式就职。捷克和斯洛伐克于1993年1月1日各自独立后，原联邦国家军队和武器装备按2∶1分割，总统是军队最高统帅。总统是国家元首和武装力量的最高统帅，任期5年，可连任一届。2013年1月起，总统首次由全民直选产生。现任总统为米洛什·泽曼，2013年3月8日就任，2018年1月在新一届总统选举中成功获得连任。

捷克全国目前共有定期开展活动的政党、运动、联盟等政治组织三十余个。主要有：（1）ANO2011运动；（2）公民民主党（简称公民党，Občanská demokratická strana）；（3）捷克海盗党（České pirátské strany）；（4）自由与直接民主运动（Svoboda a přímá demokracie）；（5）捷克和摩拉维亚共产党（简称捷摩共，Komunistická strana Čech a Moravy）；（6）捷克社会民主党（简称社民党，Česká strana sociálně demokratická）；（7）基督教民主联盟—捷克斯洛伐克人民党；（8）TOP09党；（9）市长与独立者联盟运动；等等。

捷克系北约、欧盟成员国，奉行经济靠欧盟、安全靠美国的对外政策，积极参与欧盟共同外交和安全政策及北约行动，并将"经济外交"和"人权外交"作为重点。捷克与斯洛伐克保持"超常"关系，重视与德国、奥地利开展睦邻合作。积极倡导次区域合作，努力加强维谢格拉德集团在地区事务中的作用与影响。捷克现已与195个国家建立了外交关系，并加入了联合国、欧安组织、国际货币基金组织及世界银行等国际组织。捷克作为欧盟成员国，参与欧盟外交政策制定，但同时有义务执行欧盟外交政策。捷克是最早承认中华人民共和国的国家之一。1949年10月6日，中国同现捷克共和国前身，即捷克斯洛伐克联邦共和国建交。2018年7月，国务院总理李克强出席中国—中东欧国家领导人索菲亚会晤期间，同巴比什总理举行双边会见。

罗马尼亚

1991年11月21日，罗马尼亚议会批准新宪法，12月8日全民公决予以通过。《宪法》规定：罗马尼亚是一个主权、独立、统一和不可分割的民族国家；政体为共和制。2003年10月通过修改《宪法》，进一步确立政治多元化、三权分立的制衡原则。议会是罗马尼亚人民最高代表机构和唯一立法机构，由参议院和众议院组成，议员由普选产生，任期4年。总统通过全民选举产生，每届任期5年，经选举可连任2届。1989年12月22日以来，罗马尼亚实行多党制。执政党为社会民主党，国家自由党是罗马尼亚议会第二大政党。

罗马尼亚奉行友好与和平的外交政策。主张在维护和发展本国利益的基础上实行广泛的对外开放。对外坚持欧美优先、兼顾周边、重视大国原则。罗马尼亚于2004年3月29日加入北约，2007年1月1日加入欧盟，目前同187个国家保持外交关系。加入欧盟以来，罗马尼亚与欧盟其他成员国及周边国家关系日益密切。中国和罗马尼亚于1949年10月5日建立大使级外交关系。长期以来，中罗两国之间保持着密切的友好合作关系。

匈牙利

1989年10月18日国会通过宪法修正案，确定匈牙利实行多党议会民主制，建立独立、民主、法制的国家，执行立法、行政、司法三权分立的原则。2011年，作为执政党的青民盟推动国会通过宪法修正案，新宪法于2012年1月1日起生效。新宪法要求国会是立法机关和国家最高权力机构，实行一院制，原设386个议席，2014年改为199个议席，每4年普选一次。国会选举总统（每届任期5年）、宪法法院成员、最高法院院长和总检察长。政府是国家最高行政机构，由总理和各部部长组成。总理任期4年，由总统提议，经议会选举产生，并由总统授权组织政府。法院和检察院是国家司法机构。

目前匈牙利国会中主要党派有：青年民主主义者联盟、基督教民主人民党、社会党和"为了匈牙利而对话党"联盟、尤比克党、民主联盟等。

匈牙利外交目标和任务是：保障国民安全，服务国内经济发展和改善民生；高效应对全球化挑战；加强中欧地区合作，积极参与欧洲一体化建设；加强匈牙利族人团结。将美国、欧盟、俄罗斯、中国及周边邻国列为五大优先方向，重点推进与上述国家的务实合作。目前，匈牙利同170多个国家建立了外交关系。2004年5月1日，匈牙利正式成为欧盟成员国。近年来，匈牙利与欧盟其他成员国领导人互访频繁，往来较为密切。1945年9月25日，匈牙利与美国恢复了因第二次世界大战而中断的外交关系，1966年9月8日两国外交关系升至大使级。匈牙利与俄罗斯关系近年来取得进一步发展，两国领导人互访频繁。1949年10月6日，中国与匈牙利建立大使级外交关系。长期以来，中匈两国在平等互利基础上保持和发展友好合作关系。

斯洛伐克

斯洛伐克于1993年1月1日独立，并实行三权分立、多党议会民主的政治制度，立法权、司法权和行政权相互独立，相互制衡。

总统为国家元首，是斯洛伐克武装力量的最高统帅，任期5年。现任总统是苏珊娜·恰普托娃，于2019年3月当选，并于6月宣誓就职。

斯洛伐克国民议会为最高立法机构，实行一院制，共150个席位，每届任期四年。斯洛伐克政府是国家最高权力执行机构，对国民议会负责，由总理、副总理和各部部长组成，由总统任免。自1993年独立以来，斯洛伐克共产生7届政府。宪法法院、最高法院是国家最高司法机关，总检察院是国家最高检察机关。

斯洛伐克注册党派一百余个，主要党派有：社会民主—方向党；自由与团结党；普通公民和独立个人组织（简称普通公民组织）；斯洛伐克民族党（简称民族党）；我们的斯洛伐克-民族党；我们是家庭党；桥党；网络党。

斯洛伐克外交活跃，以欧盟和北约为依托，发展睦邻友好关系，重视同大国的关系，积极推动地区合作，广泛参与国际事务。1993年1月1日，斯洛伐克成为独立主权国家。2004年3月和5月分别加入北约和欧盟；2006年至2007年担任联合国安理会非常任理事国；2007年12月成为《申根协定》缔约国；2009年1月1日起加入欧元区。斯洛伐克高度重视发展与欧洲国家特别是周边国家的关系。同西巴尔干国家交往频繁，支持该地区国家加入欧盟。斯洛伐克与其他国家保持友好往来，2017年以来，与美国、埃及、肯尼亚、以色列、越南、格鲁吉亚、古巴、阿联酋、韩国等国相互进行过友好访问。积极参与欧盟和北约事务，注重加强V4合作。中国同捷克斯洛伐克于1949年10月6日建交。1993年1月1日，斯洛伐克共和国成为独立主权国家，中国即予以承认并与之建立大使级外交关系。近年来，两国关系发展顺利，各级别人员往来增多，合作领域也在不断扩大。

保加利亚

保加利亚现行宪法规定，保加利亚为议会制国家，总统象征国家的团结并在国际上代表保加利亚。共和国总统是国家元首和武装力量总司令，由全民直接选举产生，任期5年。现任总统鲁门·拉德夫，于2016年11月当选总统，并于2017年1月宣誓就职，任期5年。保加利亚议会称国民议会，议长称国民议会主席。根据1991年通过的宪法，议会行使立法权和监督权，并有对内政外交等重大问题做出决定的权力。保加利亚议会实行一院制，共240个议席，按比例代表制通过民选产生，任期4年。 保加利亚内阁称部长会议，是中央行政机关，其主席（总理）根据总统授权组织政府。政府成员则根据总理的提名，由国民议会选举产生。司法机构设最高司法委员会、最高上诉法院、最高行政法院、总检察院、特别侦查局、最高律师委员会，各行政区、市设有法院与检察院。保加利亚军队建于1944年。1990年1月26日国务委员会决定禁止在军队开展党派活动。同年9月成立总统安全委员会，主席由总统担任。

保加利亚共有注册政党三百多个，主要政党有：争取欧洲进步公民党；保加利亚社会党；爱国者联盟；争取权利与自由运动党；沃尔亚党。

保加利亚对外政策的基本原则是现实主义。对外政策的核心是维护民族利益、国家安全和领土完整。优先发展同欧美等西方发达国家的关系，积极参与地区合作，注重睦邻友好，开展多元外交，积极发展同独联体、亚洲、中东和北非国家的传统友好关系。目前，保加利亚同一百四十多个国家建立了外交关系。保加利亚2004年3月加入北大西洋公约组织，2007年1月加入欧盟。保加利亚于1949年10月4日与中国建立大使级外交关系，是世界上第二个承认中华人民共和国的国家。半个多世纪以来，双边关系稳步健康发展。保加利亚历届政府均坚持一个中国立场。近年来，两国高层互访不断，政治互信日益增强。

克罗地亚

克罗地亚国体为共和国，政体为议会内阁制。1990年12月22日，克罗地亚共和国议会公布新宪法。宪法规定，总统任期5年，任期不得超过两届。2010年6月，克罗地亚议会第四次修宪，主要确定了克罗地亚加入欧盟和作为欧盟成员国的法律基础，包括对欧盟的主权让渡、克罗地亚入盟公投、履行欧盟法律义务和欧盟成员国公民在克罗地亚权利等。议会是国家最高权力和立法机构，实行一院制，议员通过直选产生，任期4年，下设29个专门委员会。总统是国家元首、克罗地亚武装力量最高统帅，由全民直选产生，任期5年，连任不得超过两届。现任总统为科琳达·格拉巴尔·基塔罗维奇，于2015年2月上任。政府是克罗地亚最高行政机关，对议会负责。总理为政府首脑，由总统提名，议会任命。现任总理为安德烈·普连科维奇，于2016年10月上任。克罗地亚司法机构设宪法法院和最高法院等。最高法院是克罗地亚最高审判机关，下辖最高商业法院、省级法院、高等刑事法院和行政法院，各高等法院又下设基层法院。最高法院院长由总统提名，议会任命，任期4年。克罗地亚于1991年建立军队。每年的5月28日为该国的建军节。克罗地亚实行义务兵役制，服役期6个月。

克罗地亚的主要政党有克罗地亚民主共同体、社会民主党、桥党、克罗地亚农民党、克罗地亚社会自由党、克罗地亚人民党—自由民主主义者、伊斯特拉民主大会党、塞尔维亚独立民主党等。目前，以克罗地亚民主共同体为首的中右翼联盟是执政党。

2005年10月克罗地亚成为欧盟候选国，2011年6月30日结束入盟谈判，2013年7月1日成为欧盟第28个成员国。与欧盟关系是克罗地亚外交关系的基石，在重大外交政策方面，克罗地亚基本与欧盟保持步调一致。克罗地亚看重美国的国际影响力及其在维护东南欧地区稳定方面所发挥的作用，与美国发展良好的关系是克罗地亚外交战略的重点之一。在欧盟的基本外交政策框架下，克罗地亚与俄罗斯保持正常的国家关系和经贸关系。克罗地亚与匈牙利、意大利保持着良好的传统关系；与塞尔维亚、黑山、波黑关系明显改善，高层互访频繁，各领域务实合作深化。1992年5月13日中克两国建交。2005年，两国建立全面合作伙伴关系。中克两国传统友好，发展对华关系是克罗地亚历届政府外交重点之一，中国同克罗地亚双边高层交往较为频繁。

斯洛文尼亚

斯洛文尼亚自独立以来,实行多党议会民主制,政局总体平稳。1991年12月23日,议会公布新宪法。至2016年共进行了10次修宪。宪法确立立法、行政、司法三权分立原则。宪法规定总统由直接普选产生,任期5年,最多连任两届。现任总统为博鲁特·帕霍尔(2017年11月12日当选)。议会为国家最高立法和监督机构,实行一院制。议会共设90个议席,议员由普选产生,任期4年。

政府为国家权力执行机构,每届任期4年,行政权由总理及内阁行使。内阁由议会每隔4年选举产生,总理通常为议会多数党派或党派联盟的领导人。法院和检察院是国家司法机构。法院分为最高法院、高等法院(设在4个重要城市)、地区法院和县级法院。另外还设有两类专业法院:高等劳动和社会法院(主要负责处理雇佣关系和社会福利方面的法律案件)及行政诉讼法院。最高法院为最高司法机构。

斯洛文尼亚第十二届联合政府由米罗·采拉尔党、社会民主党、退休者民主党组成。其余主要政党包括左翼联盟、社会民主人士党、新斯洛文尼亚党、阿兰克布拉图舍克联盟、斯洛文尼亚民主党、积极的斯洛文尼亚党等。

斯洛文尼亚独立后,谋求与邻国的友好合作,致力于维持东南欧的稳定。总体来看,斯洛文尼亚与周边国家不存在严重危害关系的争端,许多合作项目正在或将要开展,多双边关系不断深化。斯洛文尼亚作为欧盟成员国,对外交往主要贯彻欧盟的政策。斯洛文尼亚也是经合组织成员国。斯洛文尼亚还加入了北约、中欧国家维和组织、东南欧多国维和组织等多种军事外交组织。1992年4月27日,中国正式承认斯洛文尼亚,5月12日两国签署建交公报,正式建立外交关系。一直以来,两国高层互访频繁,各项合作进展顺利。

立陶宛

立陶宛宪法于1992年10月25日经全民公决通过,11月2日生效,后经多次修订。现行宪法共15章154条,规定立陶宛是独立的民主共和国,主权属于全体人民,公民权利一律平等。立陶宛为议会制国家,议会是国家最高立法机关。根据该国宪法规定,议会有权批准或否决总统提名的总理人选;任命和解除国家领导人的职务；有权弹劾总统，但须经3/5以上议员支持。议会实行一院制，共有141个席位，任期4年。总统是国家元首，由公民直接投票选举产生，任期5年，最多任2届。政府为立陶宛行政权力机关。立陶宛行使司法权的机关为宪法法院、法院和检察院。宪法法院由9名法官组成，主要职能是独立监督最高国家机构（议会、总统、政府）通过的法律和法律文件是否符合宪法，并裁决宪法规定的国家政治生活中的重要问题。法院是国家审判机关，分为四级：最高法院、上诉法院、地区法院和地方法院。检察院是司法调查、起诉机关，设有总检察院、地区检察院、地方检察院。立陶宛于1992年11月19日组建军队，2004年3月29日加入北约。立陶宛总统为武装力量最高统帅，国家国防委员会是协助总统处理国防事务的决策机构，由总统、议长、总理、国防部长和三军司令组成。现阶段实行行政领导与作战指挥相分离的军政、军令双轨领导体制，即由国防部文职人员控制军队，由三军司令及其领导的国防参谋部指挥部队执行各种作战训练任务。

截至2017年底，立陶宛有29个政党在司法部注册登记。目前在议会中有席位的主要政党有：农民和绿色联盟党、社会民主党、祖国联盟—基督教民主党（立陶宛保守党）、自由运动党、立陶宛波兰人选举运动、秩序和正义党、劳动党、自由中间联盟等。

立陶宛于2004年3月29日加入北约，5月1日加入欧盟。该国奉行务实的对外政策，重视睦邻友好合作，努力扩大在波罗的海地区乃至欧盟的影响力。立陶宛积极参与国际事务，已先后加入六十多个国际组织，并大力发展与乌克兰、摩尔多瓦、外高加索和巴尔干地区国家的关系。2007年12月21日，立陶宛正式成为《申根协议》成员国。2017年5月，经济合作与发展组织（OECD）正式批准立陶宛成为该组织成员。2017年，立陶宛先后与苏丹共和国、索马里联邦共和国、马达加斯加共和国等国家建交。截至2017年12月12日，与立陶宛建交的国家总数为184个。2011年，立陶宛任欧洲安全与合作组织（OSCE）轮值主席国，积极推动该组织在应对跨国威胁、维护地区安全、发展与地中海国家关系等方面的合作。2012年担任波罗的海与北欧八国区域合作机制协调员。2013年7—12月，立陶宛任欧盟轮值主席国，将促进经济增长、增加就业、推进能源安全与"东部伙伴关系"作为主要任务。2013年10月当选联合国安理会2014—2015年非常任理事国。2014年2月1日起，担任为期一个月的联合国安理会轮值主席国。

立陶宛于1991年9月6日与美国建立外交关系，且自独立以来，一直与美国保持密切关系，在重大国际问题上基本支持美方立场。作为欧盟新成员，立陶宛在重要国际问题上注意与欧盟协调立场，支持欧盟和北约进一步扩大，同时强调加强跨大西洋合作，认为北约应加强在决策和行动方面的协调作用，促进欧、美间的沟通与合作。立陶宛与拉脱维亚、爱沙尼亚在政治、经济、历史、地理、文化等众多方面有着密不可分的传统联系，三国之间除设有国家元首、政府首脑及部长级定期会晤机制外，还建立了波罗的海大会、波海地区国家经济论坛、三国首都会议机制等。立陶宛支持联合国尽快进行改革，认为联合国应通过改革增加工作透明度、职业化和效率，加强安理会的权威。中国与立陶宛于1991年9月14日建立大使级外交关系。建交以来，两国关系持续稳定发展，高层交往频繁。

塞尔维亚

塞尔维亚为议会共和制国家，实行三权分立的政治体制，立法权、司法权和行政权相互独立，相互制衡。2006年11月，塞尔维亚议会通过新宪法。总统为国家元首，是国家的最高代表，由全民直接选举产生，任期5年。塞尔维亚实行一院制，议会全称为"塞尔维亚共和国国民议会"，是国家最高权力机构，议席共250席。议员由全民直选产生，任期4年。政府是最高权力执行机构，政府总理由总统提名，议会任命。最高法院是塞尔维亚最高司法机关。最高法院的最高执法机构是最高司法委员会，现由75名大法官组成。总统为武装力量最高统帅，国防部为武装力量军事领导机构。

塞尔维亚主要政党有塞尔维亚前进党、塞尔维亚社会党、激进党、民主党等。在2016年4月举行的议会选举中，以前进党为首的党派联盟——"塞尔维亚必胜"获得议会250个议席中超过半数席位继续执政。

塞尔维亚外交关系四大支柱分别是与欧盟、俄罗斯、美国和中国的双边关系。塞尔维亚与欧盟关系日益密切，加入欧盟为塞尔维亚外交政策的首要目标。由于文化和历史渊源，塞尔维亚与俄罗斯有着长期友好的外交关系和传统友谊，双方互为战略合作伙伴关系，塞尔维亚也是非独联体国家中唯一一个同俄罗斯签署自贸协定的国家。塞尔维亚重视发展与美国的关系，在获得世界银行、国际货币基金组织等机构资金援助方面注重发展与美国的关系。塞尔维亚与中国友好关系源远流长，塞尔维亚是中国在中东欧地区首个建立全面战略伙伴关系的国家，双方在各领域、各层次交往频繁。

图1-18　塞尔维亚议会总部

拉脱维亚

拉脱维亚实行多党政治和议会民主制。1993年7月6日，拉脱维亚议会通过决议，恢复1922年独立之初通过的该国宪法。1994年、1996年和1997年，议会三次对当时的宪法进行了修订。宪法规定拉脱维亚是独立的共和国，议会是国家最高立法机构，总统由议会选举产生。总统为国家元首，由议会选举产生，任期4年，最多连任两届，总任期不超过8年。议会是国家最高立法机构，实行一院制，由100名议员组成，任期四年，议员由18岁以上的公民直接选举产生。拉脱维亚法院分为三级：国家法院、地区法院和市、县法院。国家法院为国家最高法院，负责审理上诉的审判决定。

拉脱维亚实行多党制。截至2018年6月，进入议会的政党有：团结党、绿色和农民联盟、民族联盟——一切为了拉脱维亚及祖国自由联盟、和谐社会民主党、拉脱维亚地区联盟。

拉脱维亚恢复独立后，于2004年4月2日加入北约；同年5月1日，加入欧盟；2014年1月1日加入欧元区。2016年5月，拉脱维亚加入经合组织。在对外关系上，拉脱维亚全力深化与欧盟、美国的关系，谋求发展与中国和亚洲国家的务实合作，努力拓展外交空间。截至2018年5月，拉脱维亚与158个国家建立了外交关系。近年来，拉脱维亚高度关注"一带一路"倡议，积极参与中国—中东欧国家合作，于2016年11月成功举办第五次中国—中东欧国家领导人会晤和第六届中国—中东欧国家经贸论坛。2017年中拉关系保持了快速、平稳发展,两国高层交往不断,双边关系处于历史最好水平。

爱沙尼亚

自1991年恢复独立以来,爱沙尼亚政局总体稳定,社会秩序良好,但党派斗争较为激烈。政治上实行多党制和议会民主制。总统由议会选举产生,任期5年。议会通过的法律由总统批准实施。总理由总统提名,议会任命。爱沙尼亚议会实行一院制,共有101个席位,议员任期4年。2016年9月,爱沙尼亚议会通过了对原总理罗伊瓦斯的不信任案,11月中间党主席于里·拉塔斯出任爱沙尼亚新总理,并重新组阁执政。中间党、社会民主党和祖国联盟—共和国党组成新的联合政府。爱沙尼亚司法机构分为三级:最高法院、上诉法院、地方法院。最高法院是爱沙尼亚最高司法审判机构,为终审法院,由19名法官组成。总统是爱沙尼亚全国武装力量的最高统帅。国防委员会是总统国防事务的最高咨询机构。国防部是政府执行和实施国防政策的部门。国防军司令是军队最高指挥官。

爱沙尼亚主要政党有:改革党、中间党、社会民主党、祖国联盟—共和国党、自由党、保守人民党(以上政党在议会拥有议席)等。此外,爱沙尼亚还有独立党、人民联盟、绿党等未进入议会的小型政党。

爱沙尼亚是欧盟和北约成员国,以欧盟和北约为外交依托,重视发展同波罗的海及北欧国家传统友谊,着力推动和加强区域合作,积极参与国际事务,支持欧盟发展同东部伙伴关系国的关系,支持和积极推进欧盟与美国及其他贸易大国签署自由贸易协定。1991年9月11日,中爱两国建交。1992年初中国在爱沙尼亚设立使馆。1993年2月,中国向爱沙尼亚派驻大使。爱沙尼亚于1997年在华设立使馆并派驻临时代办。2002年4月,爱沙尼亚向中国派驻首任大使。二十年来,两国高层互访频繁,政治互信日益加深,两国互利务实合作不断扩大。

波黑

波黑宪法规定:波黑的正式名称为"波斯尼亚和黑塞哥维那";波斯尼亚克族、塞尔维亚族和克罗地亚族三个民族为主体民族;波黑由波黑联邦和塞族共和国两个实体组成;波黑设三人主席团,由三个主体民族各指派1人组成，主席团成员分别由两个实体直接选举产生。议会由代表院和民族院组成。代表院由3个民族的42名代表组成，其中28名来自波黑联邦，14名来自塞族共和国。代表院设主席1人，副主席2人，分属三族，主席一职由三人轮流担任，主席、副主席每8个月轮换一次。波黑设国家集体元首，称作波黑主席团，任期4年。主席团由来自波斯尼亚克族、塞尔维亚族和克罗地亚族的各1名成员组成。主席团成员分别由两个实体直接选举产生。主席团主席为轮值制，由三族代表每8个月轮换一次。波黑部长会议行使政府职能，由部长会议主席、9名部长（其中，外经贸部部长和财政部部长兼任部长会议副主席）及10名副部长组成，任期4年。部长会议主席一职由主席团任命，经议会代表院批准。部长和副部长由部长会议主席任命。根据宪法，波黑设宪法法院和国家法院。宪法法院是裁决两个实体之间纠纷、波黑与两个实体间纠纷或波黑与实体之一纠纷的唯一法律授权机构，同时还裁决波黑国家一级各机构间的纠纷，其裁决是终审决定。波黑法院是国家最高法院，主要终审裁决波黑国家机构、布尔奇科特区机构、公共机构及国企的上诉。

波黑主要政党有：波黑民主行动党、波黑社会民主党、塞族共和国独立社会民主人士联盟、波黑塞族民主党、波黑克族民主共同体、克族民共体1990、争取波黑更美好未来联盟等。

波黑将加入欧盟和北约作为既定国策，重点发展与欧盟、美国及中东欧国家的关系，波黑的实体塞族共和国同塞尔维亚建立了特殊的平行伙伴关系。波黑不断加强同伊斯兰国家的合作。截至目前，共有173个国家同波黑建交。在首都萨拉热窝共有四十多个国家的大使馆、领事馆及外交办事处，二十多个国际组织代表处。2016年9月20日，欧盟总务理事会会议决定接受波黑入盟申请；2018年2月27日，波黑向欧盟委员会提交了入盟问卷。1992年5月波黑加入联合国时，中国作为共同提案国予以支持，事实上承认了波黑。1992年6月和1995年3月西拉伊季奇分别以波黑外长和总理身份两次非正式访华。1995年4月3日，中国和波黑建立大使级外交关系。近年来，两国保持友好往来，政治互信日益加深。

阿尔巴尼亚

阿尔巴尼亚实行三权分立的政治制度。1998年11月，阿尔巴尼亚经全民公决通过新宪法。宪法规定，阿尔巴尼亚为议会制共和国，实行自由、平等、普遍和定期的选举。议会是国家最高权力机关和立法机构，实行一院制，每届任期4年。总统是国家元首和武装部队总司令，由议会以无记名投票方式选举产生，每届任期5年，可连选连任一届。政府称部长会议，是阿尔巴尼亚国家最高行政机关，部长会议主席即政府总理，由议会多数党提名、议会批准并由总统任命，每届任期4年。总理提名政府内阁成员。司法机构包括地方法院、上诉法院、最高法院、宪法法院及总检察院。最高法院和各级地方法院行使审判权。最高法院院长和总检察院总检察长由议会选举产生。阿尔巴尼亚武装力量由文职人员领导，总参谋部为最高军事指挥机关。

1990年12月1日，阿尔巴尼亚劳动党九届十三中全会决定实行多党制。根据阿尔巴尼亚中央选举委员会官方数据，2017年议会选举注册政党共有18个，其中5个政党进入议会，影响较大的主要党派有社会党、民主党、争取一体化社会运动党、共和党、社会民主党等。

阿尔巴尼亚奉行务实的外交政策，以加入欧盟为战略目标，优先发展同西方国家的关系，注重周边睦邻友好和开展区域合作。20世纪90年代，阿尔巴尼亚开始实行"回归欧洲"战略，1991年与欧共体建交，2000年成为欧盟"潜在候选国"，2006年与欧盟签署《稳定与联系协议》，2014年6月阿尔巴尼亚正式获得欧盟候选国地位。2009年4月1日，阿尔巴尼亚正式加入北约。中阿两国于1949年11月23日建交，并于1954年互派大使。周恩来总理曾于20世纪60年代中期三次访问阿尔巴尼亚。1971年，阿尔巴尼亚为恢复中国在联合国合法席位做出重要贡献。近年来，中阿两国高层交往频繁，政治互信不断加深。

北马其顿

1991年11月17日，北马其顿通过新宪法，规定北马其顿是一个主权、独立、民主和福利的国家。国家元首为共和国总统，以全民无记名投票方式通过选举产生，任期5年，连任最多不得超过两任。北马其顿只设一个议会，为国家最高立法机构。议员通过直选产生，任期4年。政府是国家权力执行机构，由议会选举产生。北马其顿设宪法法院、普通法院和检察院。普通法院分初级法院（区法院）、中级法院（地区法院）和最高法院三级。另外还设有经济法院和军事法院。1992年3月28日，北马其顿创建军队，总统为武装部队最高统帅。北马其顿国防政策以维护国家的独立主权和领土完整为主要任务，积极要求加入北约。

北马其顿社会民主联盟为国家执政党（前身为北马其顿共产主义者联盟，1993年改为现名）。民族统一民主党为在野党，是议会第一大党。其余党派有阿族融合民主联盟、阿族民主党、BESA运动等。

北马其顿对外政策的主要目标是维护国家的独立、主权和领土完整；致力于加入欧盟和北约；优先发展同大国和邻国的关系。截至2011年1月，北马其顿已同167个国家建立外交关系。北马其顿除了在1993年成为联合国成员之外，还于1995年9月正式成为欧洲委员会的成员。自1993年以来，北马其顿陆续成为世界银行和国际发展协会的成员国，并于2003年加入世界贸易组织。北马其顿主张在相互尊重主权、领土完整、互不干涉内政的原则基础上，同邻国保持平等的睦邻友好关系。1996年1月，北马其顿与欧盟建立外交关系，并于2001年与欧盟签署了《稳定与联系协议》，2005年12月获得欧盟候选成员国资格，但因与希腊国名争议阻碍，一直未能实现入盟。加入北约是北马其顿对外政策的战略目标之一。1998年5月，北马其顿加入北约"和平伙伴关系计划"。1995年9月13日，北马其顿与美国建交，重视发展与美国关系，两国关系发展良好。北马其顿政府一直希望美国批准其加入北约组织。2019年北马其顿开始陆续与北约29个成员国签署"入约"议定书，标志着该国正式加入北约。2002年4月，北马其顿总统特拉伊科夫斯基访华，两国元首签署《中华人民共和国和马其顿共和国关于巩固和促进友好合作关系的联合声明》。近年来，中马两国高层互访频繁，双边关系友好发展。

第二章

基础设施条件与规划

一　交通运输

中东欧国家交通运输基础设施网络整体较为健全，基础相对完善，但相较于西欧国家仍有差距，铁路、公路等交通基础设施存在老化、失修、设备陈旧等现象。中东欧各国公路设施现状差异较大，大多有新建、扩建、更新、改造的需求和规划；中东欧国家间铁路网较为发达，但有升级换代的需要；航空、港口建设等领域未来均有发展建设需求。

波兰

与其他欧盟成员相比，波兰的基础设施比较落后，高速和快速公路少，优质公路比例较低，铁路网技术退化，空运和海运能力较低，难以满足经济发展和吸引外商投资的需要。

近年来，波兰对基础设施不断加大投入，交通运输网络、港口设施的运行能力等得到改善。2007—2015年波兰的国家发展规划将基础设施建设列为首要任务，2007—2013年欧盟援助资金中约194亿欧元被用于发展基础设施建设。2012年欧洲足球锦标赛前，波兰在有赛事的4个城市修（改）建体育场馆，并兴修配套的公路、铁路、机场、酒店等项目。2014—2020年，欧盟预算拨给波兰820亿欧元，用于科研、公路铁路建设、公共交通、企业发展、宽带建设和降低失业率。2015年初，波兰政府推出《负责任发展计划》，提出设计制造城市公共交通工具，包括低碳交通工具，如地铁、地区铁路、华沙—罗兹快铁。波兰获得的2014—2020年欧盟基础设施和环境项目基金中，用于铁路交通的资金有58.9亿欧元，用于城市低碳公共交通建设的有27亿欧元。

捷克

捷克基础设施建设的基础虽然相对完善，但较西欧国家仍落后，发展潜力巨大。2014年以来，随着宏观经济转好，捷克的投资环境日趋改善。中长期内，在政府实行积极的财政政策拉动、加大公共基础设施投资的利好影响下，捷克的基建市场前景较为乐观。

捷克地处中欧，与周边国家均有高速公路连接。捷克统计局数据显示，截至2016年底，捷克公路通车总里程5.58万公里，其中，高速公路1223公里，其他公路5.5万公里。捷克的铁路与欧洲各国联网，从捷克乘火车可抵达欧洲各主要城市。另外，捷克有城市电力牵引公共交通运营线路总长818.8公里，其中，无轨电车道402.4公里，有轨电车道351.3公里，地铁65.1公里。捷克目前共有91个民用机场，其中6个是国际机场，分别位于布拉格、布尔诺、俄斯特拉发、布杰约维采、卡罗维发利和帕尔杜比采，其余均为国内和私人小机场，主要国际机场为布拉格瓦茨拉夫·哈维尔机场。此外，捷克还有恰斯拉夫等四个军用机场。捷克是中欧内陆国家，有几十个小型内河港口和码头，主要分布在拉贝河（德国境内河段被称为易北河）、伏尔塔瓦河和贝龙卡河沿岸，主要通航城市是杰钦、乌斯季、梅尔尼克、布拉格、洛沃西采和科林等，进出口货物可通过拉贝河—易北河航道到达鹿特丹等欧洲港口。

罗马尼亚

罗马尼亚国家统计局公布的数据显示，截至2017年底，罗马尼亚公共道路总里程86099公里。其中，国家公路17654公里，占20.5%；省道35149公里，占40.8%；乡级公路33296公里，占38.7%。罗马尼亚目前使用中的铁路总长为10774公里，其中电气化铁路长4030公里，占37.4%。按轨距来看，标准轨距铁路长10635公里，占98.7%，宽轨铁路长134公里，占1.3%。罗马尼亚每100平方公里国土上的铁路密度为45.2‰。铁路最密集的地区是布加勒斯特—伊尔福夫地区（铁路密度为154.7‰）。罗马尼亚航空定位为区域性航空中心，目前已开辟连接首都和国内17个城市，以及至欧洲大多数国家的航线。罗马尼亚有6个国际机场，最重要的是布加勒斯特的亨利·广达国际机场，该机场年货物处理量占全国航空运输货物的80%，还有康斯坦察、蒂米什瓦拉、阿拉德、锡比乌、苏恰瓦等机场。罗马尼亚水运航线长1779公里，其中多瑙河为主要内河航线（罗马尼亚境内有1075公里），并通过运河与康斯坦察港连通。罗马尼亚共拥有河港35个、海港3个，康斯坦察港为最主要的港口。

图2-1 罗马尼亚康斯坦察港

匈牙利

截至2016年底，匈牙利公路总里程为3.2万公里，近年来，匈牙利大力推进高速公路建设。2016年，匈牙利高速公路里程总长1924千米，高速公路质量评分4.22，均位居中东欧国家榜首，是欧洲地区高速公路密度较高的国家之一。截至2016年底，匈牙利主要高速公路有26条。匈牙利铁路发展历史悠久，早在1846年就修建开通了第一条铁路。2016年，匈牙利铁路里程达11424千米，其中电气化铁路里程达5421千米（占比47.5%）。铁路路网密度在欧盟成员国中居第五位。首都布达佩斯为匈牙利全国铁路枢纽，可乘坐火车通达匈牙利主要城市及周边多个国家。匈牙利现有机场43个，其中国际机场5个。匈牙利最大的机场为布达佩斯李斯特·费伦茨国际机场（Budapest Liszt Ferenc International Airport），绝大部分国际航班在此起降。法国航空、意大利航空、汉莎航空、芬兰航空等欧洲主要航空公司均有往来布达佩斯的航线。匈牙利水运航道里程约1864公里，航道主要在多瑙河和蒂萨河上。水运在匈牙利交通运输中起辅助作用，仅占货运总量的3.26%。匈牙利主要河港有布达佩斯、多瑙新城（Dunaujvaros）、久尔-贡裕（Gyor-Gonyu）、包姚（Baja）和莫哈奇（Mohacs）。

斯洛伐克

截至2017年，斯洛伐克公路里程为18057公里，其中高速公路483公里。2016年公路客运量总计2.59亿人次，货运量总计1.56亿吨。斯洛伐克铁路总长3626公里，其中复线1017公里，电气化铁路1588公里。2016年铁路客运量总计6952.9万人次，货运量总计5072.7万吨。2017年6月，之前从中国营口过境斯洛伐克的中欧班列停运一年多后，再次从乌克兰驶入斯洛伐克，并在乌斯边境小镇多布拉进行换轨。此次班列从中国长沙开出，经斯洛伐克开往布达佩斯。欧洲第二大河流多瑙河流经斯洛伐克，在斯境内全长172公里。布拉迪斯拉发和科马尔诺是主要的水运港口，年货运量约150万吨。另外，随着莱茵—美因—多瑙河运河的通航以及斯洛伐克境内盖巴斯科夫湖调蓄能力的扩大，斯洛伐克航段运载能力得到大幅提升。

保加利亚

保加利亚公路、铁路、港口、机场等大部分基础设施建于20世纪60至80年代，由于近年投资不足，存在老化、失修、设备陈旧的现象，这在一定程度上制约了保加利亚的经济发展。截至2017年，保加利亚国家级公路总长度为19861公里，其中高速公路734公里、一级公路2928公里、二级公路4028公里、三级公路12171公里。保加利亚公路网络与周边的罗马尼亚、希腊、土耳其、北马其顿、塞尔维亚等国互通。截至2017年，保加利亚运营铁轨总长度为4030公里，其中双线铁路990公里，电气化铁路2870公里。绝大部分铁路建于1990年以前，近十年更新改造了约1000公里铁路。首都索菲亚建有两条交叉的地铁，第三条地铁正在施工。保加利亚铁路网络与塞尔维亚、北马其顿、罗马尼亚、希腊和土耳其互通。保加利亚共有5个国际机场：索菲亚、布尔加斯、瓦尔纳、普罗夫迪夫、格·奥利亚霍维察。客运机场主要是索菲亚、瓦尔纳、布尔加斯和普罗夫迪夫机场。保加利亚与欧洲各主要城市、土耳其和以色列有直航班机。中国和保加利亚暂无直航班机，两国往返可经伊斯坦布尔、莫斯科、维也纳或法兰克福等地中转。保加利亚60%的进出口货物通过海运，港口在保加利亚运输业中占重要地位。保加利亚主要海港是瓦尔纳港和布尔加斯港，通过这两个港口与黑海沿岸各国互通。

克罗地亚

克罗地亚公路交通系统总体比较发达，以首都萨格勒布为中心通往全国各地以及周边欧洲各国。2017年克罗地亚公路总里程26754公里，其中县道9504公里，地方公路9003公里，国道6937公里，高速公路1310公里。克罗地亚铁路系统以萨格勒布为枢纽连接全国各主要城市和许多欧洲国家首都。克罗地亚城市尚无地铁，但有轨电车网络发达，公交汽车数量充足。克罗地亚有7个国际机场（萨格勒布、斯普利特、杜布罗夫尼克、扎达尔、里耶卡、普拉、奥西耶克）和3个小型商用机场（布拉奇、洛什尼、弗尔萨尔），其中主要机场是萨格勒布"图季曼"机场。克罗地亚航空公司是欧洲航空协会（AEA）的第27个正式成员。2017年3月28日，克罗地亚首都萨格勒布机场新航站楼启用，航站楼面积6.59万平方米，共有8条登机栈桥（国际航线5条，国内航线3条），预计每年接待旅客能力达500万人次。克罗地亚海洋运输比较发达，拥有里耶卡、普洛切、斯普利特、普拉等港口。根据克罗地亚海洋事务、交通与基础设施部公布的数据，目前在克罗地亚注册的船只及游艇共12万艘，年均从其他国家开往克罗地亚的快艇约6万艘。克罗地亚开设有专门的海事学院和培训中心以培养专业的船员。克罗地亚正式船员为2.2万人。

图2-2 克罗地亚萨格勒布机场新航站楼

斯洛文尼亚

斯洛文尼亚基础设施较为完善，交通运输网络覆盖全国，港口设施投入不断加大。目前，斯洛文尼亚已成为欧洲重要的交通枢纽之一。

斯洛文尼亚公路四通八达，两条"泛欧交通走廊"（五号线连通巴塞罗那和基辅，十号线连通萨尔兹堡和萨洛尼卡）在斯洛文尼亚首都卢布尔雅那交汇。斯洛文尼亚公路密度高于欧盟平均水平。由于地理位置优越，在欧洲任何地方乘坐道路交通工具，均可在1~2日内抵达斯洛文尼亚。斯洛文尼亚铁路线总长为1207公里，其中单线铁路为879公里，其余为复线铁路。斯洛文尼亚有一百五十多个铁路客站和一百四十多个铁路货站。卢布尔雅那机场是斯洛文尼亚最主要的国际机场，同欧洲十几个国家有固定航线，距首都卢布尔雅那城区仅25公里。该机场是欧盟12个新成员国中第六大的机场。除此之外，在第二大城市马里博尔和海滨城市"玫瑰港"有两个国际机场。科佩尔港位于亚得里亚海北端，是斯洛文尼亚唯一的海运港口。科佩尔港位于中欧、东欧发达的经贸中心和地中海国家、苏黎世运河沿岸国家的最短连接线上。通过科佩尔港中转的货物可在24小时内到达维也纳、慕尼黑和布拉格，48小时内到达华沙、哥本哈根和伦敦。科佩尔港已成为奥地利、匈牙利、捷克、斯洛伐克、塞尔维亚等中东欧内陆国家之间重要的中转港口。

图2-3　斯洛文尼亚科佩尔港

立陶宛

立陶宛拥有发达的公路网，将其同欧洲及独联体国家连成一体。截至2016年底，立陶宛境内公路总里程为84495公里，其中国家级公路21244公里（包括干线公路1751公里），国道4925公里，县级公路14568公里。公路货运发达，全国有卡车司机10万人。立陶宛铁路曾为苏联运输网络的一部分，与俄罗斯及其他独联体国家交通十分方便。截至2016年底，立陶宛境内铁路铺轨里程2335.7公里，运营里程1911.3公里，其中非电气化铁路1789.3公里（包括单轨线1453.6公里和双轨线335.7公里），电气化铁路122公里（包括单轨线5公里和双轨线117公里）。纵贯南北的1号铁路干线和横跨东西的9号铁路干线组成的铁路网，使立陶宛成为连接东西欧的重要货物运输走廊。立陶宛航空运输便利，主要有四个国有国际机场，分别位于维尔纽斯、考纳斯、首莱、帕兰加。其中维尔纽斯国际机场是立陶宛最重要的航空客运枢纽。2017年立陶宛民用航空旅客运输量为525万人次。立陶宛具备较好的海运基础，克莱佩达港位于立陶宛西部，地理位置优越，是波罗的海东岸最北的深水不冻港，是白俄罗斯、哈萨克斯坦等独联体国家的主要出海口，是东西方海运、公路、铁路运输的重要枢纽之一。克莱佩达港为多用途海港，可运输化肥、石油制品、农产品、矿石、金属和木材等，也可进行滚装船货运和集装箱货运。

图2-4 立陶宛克莱佩达港

塞尔维亚

塞尔维亚公路和高速公路网总里程45013公里，其中主干线标准公路5525公里，地区间普通公路13670公里，地方普通公路24540公里。全国已投入运行的全封闭高速公路498公里，半封闭高速公路246.5公里。截至2017年底，塞尔维亚共有乘用车196.8万辆，卡车22.3万辆，挂车15.4万辆，摩托车4.1万辆，巴士9929辆，工程车辆9439辆。2017年公路年客运量6095.2万人次，同比下降6.6%；年货运量3000万吨，同比增长2%。塞尔维亚现有铁路干线总里程3819公里，其中，单轨线铁路3533公里，双轨线铁路276公里。实现电气化铁路1254公里，非电气化铁路2555公里。2017年铁路年客运量563.9万人次，同比下降7.4%；年货运量1235.2万吨，同比增长20%。目前塞尔维亚铁路运营质量相对较差，水平相对低下：时速60公里以下的火车占52.2%，时速61～80公里的火车占17.9%，时速81～100公里的火车占26.7%，时速101～120公里的火车仅占3.2%，同时配套通信设备较为落后。塞尔维亚共有机场2个，分别是贝尔格莱德尼古拉·特斯拉国际机场和尼什机场。贝尔格莱德尼古拉·特斯拉国际机场的年旅客吞吐量约500万人次，货物吞吐量2万余吨，年起降飞机3.4万余架次。塞尔维亚水路运输较为发达，主要水域包括多瑙河、萨瓦河、蒂萨河、塔米什河及德利纳河，可运输水路约1680公里，年运货量约1500万吨（主要是原材料和建材）。塞尔维亚最主要的水运通道是国际水路多瑙河，被称为泛欧7号水运走廊，其在塞尔维亚境内通运里程达四百多公里，有较大河港5个。

拉脱维亚

拉脱维亚铺面公路总长20124公里。2017年，拉脱维亚公路货运量6801万吨，增长7.3%。2017年，拉脱维亚每千人拥有乘用车357辆。拉脱维亚全国公用铁路总长1860公里，与独联体国家使用相同铁路轨距（1520mm），其中电气化铁路251公里；共有152个火车站（包括75个货运站，其中Skirotava和Daugavpils为两个主要的货物中转枢纽站）。自里加乘国际列车可达俄罗斯莫斯科和圣彼得堡、乌克兰基辅和敖德萨，并可经立陶宛和波兰到德国柏林等地。国内线路连通各主要城市。2016年11月，第一列中欧班列（义乌—里加）抵达里加。2017年5月，从里加始发、经哈萨克斯坦到中国的首趟铁路货运班列开行。2017年10月，第二列中欧班列（乌鲁木齐—里加—鹿特丹）抵达里加，开辟了中欧班列"东联西出"铁海联运新通道。拉脱维亚现有里加、文茨皮尔斯、利耶帕亚三个国际机场。里加机场是波罗的海三国中最大的机场，属于拉脱维亚国营机场，有69条航线、21家航空公司的航班在此起降，包括波罗的海航空、俄罗斯航空、白俄罗斯航空、挪威航空、波兰航空、土耳其航空、芬兰航空等。拉脱维亚内河航线全长350公里，共有十个港口。三大港口分别是里加、文茨皮尔斯和利耶帕亚，其中，里加港冬季冰冻，但对海运影响不大，其他两港为冬季不冻港。2017年，拉脱维亚港口货运量6188万吨，下降2%。其中，里加港货运量3167.4万吨，下降9.2%，文茨皮尔斯港货运量2003.5万吨，增长6.5%，利耶帕亚港货运量658.8万吨，增长16%。七个小型港口合计货运量157.5万吨，增长1.3%。2017年，拉脱维亚港口渡轮客运99.4万人次，增长37.5%。

爱沙尼亚

2017年爱沙尼亚国家公路总长为16605公里（已建成的公路总长为11880公里）。其中，主要道路1609公里，基础道路2406公里，二级公路12481公里，坡道110公里。爱沙尼亚公路网络的三条主干线为：塔林—纳尔瓦，塔林—塔尔图，塔林—帕尔努。爱沙尼亚的公路分别与拉脱维亚和俄罗斯相连。截至2017年底，在爱沙尼亚铁路交通登记册上登记的铁路总里程共2141公里，其中，公共铁路线1508公里，非公共铁路线633公里，实际运营中的公共铁路线1161公里；电气化铁路132公里，多线铁路102公里；车站82个，其中客运站62个。爱沙尼亚铁路共有四个主要方向：塔林—塔帕—纳尔瓦、塔林—帕尔努—爱拉（拉脱维亚）边境、塔帕—塔尔图—瓦尔加、塔帕—塔尔图—佩瑟瑞，分别通向俄罗斯和拉脱维亚。爱沙尼亚目前拥有塔林、塔尔图、库雷萨雷、凯尔德拉、帕尔努和维尔杨蒂等26个货运和民航机场，其中塔林机场是国际机场。目前，爱沙尼亚领空航线总里程为12890公里，拥有各类民用航空飞行器150多个。爱沙尼亚内河航线总里程为520公里，已通航里程为416公里。2017年全年，出境船舶总吨位为11488吨，爱沙尼亚船舶为1184艘，总吨位为43195吨；入境船舶总吨位为11512吨，爱沙尼亚船舶为1183艘，总吨位43206吨。爱沙尼亚海岸线总长度3794公里，有大小港口101个，其中最大的港口是塔林港（国营），主要由4个港口组成，包括穆嘎港

（原油、集装箱港）、南帕尔迪斯基港（废金属、木材及滚装船港）、老城港（客运港）、帕亚萨瑞港（木材港），这些港口均是终年可以通航的深水不冻港，担负着向临近北欧国家的客、货运输任务，每天都有开往赫尔辛基和斯德哥尔摩的客运班轮。2017年，爱沙尼亚港口货物吞吐量3480万吨，同比上涨3%。

图2-5　爱沙尼亚塔林港

波黑

波黑基础设施较落后，战争期间基础设施遭严重破坏。战后，在国际社会援助下，大部分遭受破坏的公路、铁路、电站、通信及供水系统等得到恢复和重建。波黑现有公路总长2.48万公里，其中干线公路3970公里，高速公路172公里。高速公路中，欧洲5C公路长102公里，塞族共和国境内高速有70公里。波黑现有铁路1031公里，其中双轨铁路94公里，电气化铁路777公里。波黑铁路设施老旧，最高时速仅70~90公里/时，两个实体铁路网均亟待升级改造。波黑现有4个机场，分别位于萨拉热窝、莫斯塔尔、巴尼亚卢卡和图兹拉。2017年，四大机场运送旅客分别为95.8万人次、4.3万人次、2.1万人次、53.6万人次，同比分别为增长14.2%、下降20.7%、增长72%和下降4%。萨拉热窝机场的主要国际航线可飞往维也纳、慕尼黑、苏黎世、萨格勒布、贝尔格莱德、卢布尔雅那、伊斯坦布尔等城市。波黑本国无货运海港，主要以南部海岸的克罗地亚普洛切克港为其出海港。波黑内陆河流众多，符合水运条件的主要河流有萨瓦河和德里纳河。萨瓦河在波黑境内总长333公里，属多瑙河支流，是欧洲水路网的一部分。萨瓦河有两个港口，分别位于布尔奇科特区和萨玛茨市。

阿尔巴尼亚

阿尔巴尼亚以公路运输为主，道路总里程3719公里（其中干路1198公里）。近年来，阿尔巴尼亚政府新建及翻修了大量路段，公路状况有了较大改善。目前，阿尔巴尼亚全国共有3条高速公路。其中高速公路A1从2006年最先开始修建，全长约110公里，从中西部港口都拉斯通向东北部的库克斯，并与科索沃地区的高速公路相连；A2高速公路连接西南沿海的费里与发罗拉两市；A3高速公路全长约26公里，从首都地拉那沿东南方向通往中部交通要塞爱尔巴桑，并计划在此与今后的南方高速公路及8号"泛欧交通走廊"相连接，是促进阿尔巴尼亚首都与周边地区互联互通的重要一环。阿尔巴尼亚铁路基础设施较为落后。据阿尔巴尼亚国家统计局公布的数据，阿尔巴尼亚铁路线总长为447公里，但目前实际运营的线路仅为379公里。近年随着阿尔巴尼亚公路的发展和汽车数量的增加，铁路运输面临着越发激烈的竞争与挑战。2017年，阿尔巴尼亚铁路货运量15万吨，客运量6.6万人次，客运量同比下降约26%。地拉那国际机场是阿尔巴尼亚目前唯一运营的民用机场，建于1957年，因位于里纳斯镇，又称"里纳斯国际机场"。2017年，地拉那国际机场旅客吞吐量达到263万人次，同比增长20%；货运吞吐量2266吨，同比增长3%；起降航班逾2.4万架次，同比增长10%。截至2017年底，在地拉那国际机场运营的航空公司共有17家，地拉那国际机场共开通正班航线32条、包机航线13条，可从地拉那直飞雅典、贝尔格莱德、布鲁塞尔、佛罗伦萨、法兰克福、伊斯坦布尔、卢布尔雅那、伦敦、米兰、慕尼黑、巴黎、罗马、威尼斯、维也纳等44个城市。阿尔巴尼亚西临亚得里亚海和爱奥尼亚海，海运历来是阿尔巴尼亚与外界往来联系的重要方式。目前阿尔巴尼亚主要有4个港口，从北到南依次为申津港、都拉斯港、发罗拉港和萨兰达港。2017年，阿尔巴尼亚全国港口完成货物吞吐量402.2万吨，同比增长7.1%；完成旅客吞吐量150.7万人次，同比增长16.9%。都拉斯港是阿尔巴尼亚的最大港口，2017年货物吞吐量占全国港口货运量的93.5%。

图2-6 阿尔巴尼亚境内高速公路

北马其顿

北马其顿公路网比较发达，地处两条泛欧交通走廊（8号走廊和10号走廊）的交汇处，贯通亚得里亚海、爱琴海和黑海。境内有南接希腊、北连塞尔维亚的欧洲75号公路，并有多段高速公路。北马其顿公路总长合计8735公里。首都斯科普里路况较好，公共汽车为大众交通工具，出租车相当普及，长途大巴通往全国各主要城市，也有国际长途驶往希腊、保加利亚、土耳其和塞尔维亚等国。2018年4月，德米尔·卡皮亚—斯莫科维察高速公路正式通车，至此北马其顿境内欧洲10号走廊已全线贯通高速公路。北马其顿铁路总长度696公里，与塞尔维亚和希腊有铁路连通，全国无地铁和城铁等轨道交通。最主要的国际铁路干线由贝尔格莱德经过北马其顿首都斯科普里向南连接爱琴海上的塞萨洛尼基，客运列车时速60～70公里。北马其顿拥有两个国际机场，分别位于斯科普里和奥赫里德，斯科普里机场每周都有航班飞往欧洲各主要城市。北马其顿与中国无直达航班，往来均需在伊斯坦布尔、维也纳等城市中转。北马其顿境内水路运输不发达，基本不使用水运。水路货物主要通过陆运至希腊萨洛尼卡港等转运到世界各地。

二 能源电力

中东欧国家电力发展水平各不相同，能源结构差异较大。对于油气、煤炭、水利资源丰富的国家，发电量能满足本国需求，部分电能可供出口。有些国家资源贫瘠，发电能力有限，需要限制电力使用和进口电能来满足用电需要。对于不同的国家，未来电力发展的重点也不同。对于电力能够自给自足的国家，能源结构的多元化和可持续发展是其中长期发展规划所关注的重要内容之一，重点开发水电、核能、风能和生物质发电，以满足环保要求和保证本国能源安全。电力供应不足的国家需要提高本国的发电能力，同时加强与周边国家合作，通过建设跨国电网，保证电力供应。

波兰

波兰电网总长约75万公里，其中1.35万公里为输电网，72.5万公里为中低压配电网。国家将对电网，特别是农村地区电网进行必要的升级和扩建，以确保当地能源安全。2016年，波兰国内电力总产量1626.26亿千瓦时，较上年增加0.5%。

波兰位于西欧供电系统、东欧供电系统（独联体/波罗的海国家）和北欧供电系统三大电力系统的交汇处。波兰供电系统与欧盟国家（德国、捷克、斯洛伐克和瑞典）的最大连接能力是2000～3000兆瓦。从2016年起，波兰建筑公司Budimex在波兰西南城市Turow开工建设496兆瓦发电厂，该发电厂总投资43.5亿兹罗提，预计在2020年第二季度开始运转，将成为欧洲最先进的发电厂之一，能够满足100万户居民用电需求。目前，波兰计划扩建和改造与德国、捷克、斯洛伐克和乌克兰的互联能力，提高波兰能源安全，扩大电力出口。正在酝酿中的项目还包括利用欧盟资金建设连接波兰和立陶宛的供电系统，以及波兰与加里宁格勒的供电线路。由于电厂及输电网老化，面临淘汰，波兰亟须追加新的投资建造电站和对输电网进行现代化改造，以保障电力供应安全。波兰能源部部长曾指出，波兰还需要增加12～15吉瓦的发电能力（相当于20～24个Turow电厂的发电规模）。中资企业在波兰投资建厂无须自备发电设备。为解决在2020年后可能出现的电力供应不足，波兰在2017年12月通过的关于电力市场的法案中提出了"电力市场"项目，以确保为家庭和工业提供稳定的电力供应，该项目计划于2016—2046年进行。

捷克

捷克电力供应充足，生产的电力除满足工农业生产基本需求外，还向外出口。捷克是欧洲第二大电力出口国，主要出口到德国、奥地利和斯洛伐克等国。2015年，捷克电站总装机容量为21866兆瓦，其中，热电站总装机量12786兆瓦，核电站4290兆瓦，水电站2259兆瓦，太阳能电站2075兆瓦，风力电站281兆瓦；总发电量为838亿千瓦时，其中，热电发电占61%，核电发电占32%，可再生能源发电占7%。

罗马尼亚

罗马尼亚电力资源相对充裕。罗马尼亚国家统计局公布的数据显示，2017年，罗马尼亚总发电量为673亿千瓦时，同比下降3.4%；最终消费电量为546.2亿千瓦时，同比下降0.4%；其中，家庭消费114.5亿千瓦时，同比下降5.1%，电力出口65.5亿千瓦时，同比下降23.7%，电力进口36.5亿千瓦时，同比增长2.2%。罗马尼亚输电网络是欧洲电网的组成部分。（欧洲电网是世界上最大的同步互联电网之一，系统频率50赫兹，以400千伏/380千伏交流电网为主网架。该网覆盖欧洲大陆大部分国家以及英国、爱尔兰和北欧等国，也可与土耳其以及地中海西南部的摩洛哥、阿尔及利亚和突尼斯等国实现联网。）

匈牙利

匈牙利电力设施完善，电力供给较为充裕，能够满足经济发展需求。2017年发电量为325.4亿千瓦时，其中核能发电约占52.7%，煤、石油及天然气发电约占41.7%，可再生能源发电约占5.58%。2017年电力进口198亿千瓦时。电力市场近几年逐步放开，消费者选择趋于多元。主要发电企业包括Paks核电站，Matra、Dunamenti、Tisza和Gonyu发电厂，这些企业的发电量占全部发电量的58%。

斯洛伐克

斯洛伐克电网已同欧洲电网联网，电力供应充足，2016年供电量为255.2亿千瓦时，其中57.9%为核能发电，18.5%为水力发电，23.6%为火力发电。

保加利亚

保加利亚是东南欧地区能源生产大国，2018年1至8月，保加利亚本国发电量29367吉瓦时，净发电量26754吉瓦时，出口量占其发电总量的21.25%，主要出口国为与保加利亚电网相连的希腊、罗马尼亚、塞尔维亚、北马其顿和土耳其等周边国家。保加利亚最大的火电站——马里查东火电站由1、2、3号电厂组成，总装机容量为2480兆瓦。保加利亚政府正大力发展能源建设项目，除拟新建大型火电站外，还在积极推进贝列内核电项目和科兹洛杜伊新增7号核电机组项目。由于欧盟要求保加利亚在2020年前可再生能源的发电比例不低于16%，近年来保加利亚在太阳能、风能等清洁能源的开发利用方面发展迅速。保加利亚政府随后推出了一系列促进利用可再生能源发展的政策和措施。

克罗地亚

克罗地亚电力消费和生产缺口依靠进口解决，主要来源是斯洛文尼亚克尔什科核电站。2016年克罗地亚电力消费131.5亿千瓦时，其中能源领域消耗3.82亿千瓦时，工业生产消耗32.19亿千瓦时，建筑领域消耗0.81亿千瓦时，交通领域消耗2.75亿千瓦时，居民消费60.33亿千瓦时，商业和公共服务领域消耗51.45亿千瓦时，农业部门消耗0.63亿千瓦时，其他电力损失为17.64亿千瓦时。

斯洛文尼亚

斯洛文尼亚现有火力发电站4座，核电站1座，较大型水力发电站14座，大型变电站共有8所。

斯洛文尼亚国家电网分为高、中、低压输电线路，其中400千伏输电线路长510公里、220千伏输电线路长328公里、110千伏输电线路长2224公里。斯洛文尼亚与奥地利之间架设有2条400千伏输电线路、1条220千伏输电线路；与意大利之间架设有1条400千伏输电线路、1条220千伏输电线路；与克罗地亚之间架设有3条400千伏输电线路、2条220千伏输电线路、3条110千伏输电线路。2017年斯洛文尼亚电力产量16257吉瓦时，水电4141吉瓦时，热电5541吉瓦时，核电6285吉瓦时，太阳能284吉瓦时。2017年电力产量比2016年下降1.5%。

立陶宛

目前，立陶宛主要电厂有Lietuvos energija、ESO、LitGrid等。2015年，立陶宛与波兰和瑞典实现电网联网，确保地区能源供应和安全，促进了电力市场竞争。2017年立陶宛发电量为3.9太瓦小时，同2016年发电量持平。同期，立陶宛用电量比上年增长2.6%，达到11.73太瓦小时。为满足国内用电需求，立陶宛自周边国家大量进口电力，占用电总量的69%，自拉脱维亚、俄罗斯、瑞典进口的电力占比90%。

塞尔维亚

塞尔维亚的电力资源充裕，但发电量尚不能完全满足本国经济和社会发展的需要，用电高峰时期仍需进口电力。2017年，发电装机总容量为7838兆瓦，发电量439.18亿千瓦时，电力进口33.97亿千瓦时。塞尔维亚火电装机容量4733兆瓦，2017年发电量344.41亿千瓦时，占总发电量的72.5%。塞尔维亚共有火电站9座（不包括科索沃的2座）水电是塞尔维亚最大的可再生能源，也是塞尔维亚政府优先发展的能源领域之一。目前，塞尔维亚水电装机2936兆瓦，2017年发电量94.77亿千瓦时，占塞尔维亚总发电量的27.5%。塞尔维亚共有各型水电站12座。塞尔维亚绿色能源起步较晚，目前已涉及太阳能发电、风能发电、沼气发电，以及其他生物质能发电等领域，装机容量353兆瓦，2017年发电量0.11亿千瓦时，占塞尔维亚总发电量的0.1%。

拉脱维亚

拉脱维亚境内有619座大小不等的发电站，电力不能完全自足，主要进口来源国是立陶宛、爱沙尼亚。2017年，拉脱维亚水力发电43.68亿千瓦时，增长72.7%，热电联产发电29.68亿千瓦时，下降20.7%，风力发电1.53亿千瓦时，增长17.7%。拉脱维亚可再生能源占最终能源消费总量的比例为37.2%，在欧盟内排名第三，仅次于瑞典和芬兰。

爱沙尼亚

爱沙尼亚电力资源充裕，不仅可以满足本国经济和社会发展需要，而且有一定的电力出口。爱沙尼亚电力网与芬兰通过海底电缆相接，东、南方向则分别与俄罗斯和拉脱维亚相连。第二条连通芬兰的海底电力电缆"EstLine 2号"已于2014年初贯通。目前，爱沙尼亚正在考虑与立陶宛、拉脱维亚一起将国家电网系统与欧洲电网系统统一。截至2016年底，爱沙尼亚有效运营的发电装机总容量2885兆瓦，其中火力发电站装机总容量1695兆瓦，其余为风力、水力、生物能、气体电厂。爱沙尼亚最大火力发电站是位于西北部的纳尔瓦电站，供应了全国85%的电力。

波黑

2017年，波黑生产电力15151吉瓦时，同比下降8.2%。其中火电10918吉瓦时，同比增长2.9%；水电3831吉瓦时，同比下降29.9%；可再生能源发电380吉瓦时，同比下降5.1%。2017年，波黑出口电力5188吉瓦时，同比下降24.2%；进口电力3345吉瓦时，同比增长8.5%。

阿尔巴尼亚

阿尔巴尼亚电力系统主要由电力监管、发电、输变电、配售电等各大部分组成。阿尔巴尼亚是欧洲水力资源最为丰富的国家之一，目前全国电力生产全部依靠水力发电，但仅约三分之一的水力资源得到有效利用。2017年，阿尔巴尼亚全国发电量为45.25亿千瓦时，全部为水力发电，同比下降36.6%。电力出口量4.88亿千瓦时，同比下降73.9%；电力进口量34.03亿千瓦时，同比增长86.3%。2017年，阿尔巴尼亚全国用电量为74.40亿千瓦时。其中，电网损耗为18.76亿千瓦时，同比下降5.5%；家庭及其他终端用户实际用电量为55.63亿千瓦时，同比增长8.9%。

阿尔巴尼亚电力生产能满足本国工农业生产基本需求，但由于全部依靠水力发电，受气候影响较大，在干旱时期易出现电力短缺，停电现象仍时有发生。

北马其顿

北马其顿一直是缺电国家，年消费电量80亿～90亿千瓦时，而生产的电力只能满足60%～70%的需要，无法做到自给，其余30%～40%缺口主要从希腊进口。现有2座火力发电站，29座水电站。火电站总装机容量为800兆瓦，每年的发电量占总发电量的62.5%；水电站总装机容量为634兆瓦，在政府鼓励水电战略下，目前每年的发电量占总量的35%；风电发电量占总量的2.4%。为与欧洲政策保持一致，近年来北马其顿国家电力公司已经被重组为4个独立的部门：2个部门专营发电，1个部门负责电力配送，1个部门负责输变电。其中，发电公司为国有ELEM公司，输电公司为国有MEPSO公司。电力分配公司在2006年实现了私有化，其中约65%的股份被奥地利的EVN公司持有。

三 网络通信

网络通信是中东欧国家经济发展的重要内容。通信业与经济发展水平关系密切，目前，各国通信业发展水平差距较大，分别处于互联网、移动通信的不同发展阶段。通信业被列为各国未来发展的重要内容。

波兰

根据波兰电子通讯社报告，波兰人越来越多地使用互联网和手机。波兰电信市场正在逐渐接近西欧市场。2015年末，电信行业总市值395亿兹罗提，与上一年相比增长0.11%。互联网服务收入增幅最大，达58%。波兰移动电话发展迅速，移动网络几乎覆盖全国。2000年至2015年，移动用户数量从674.8万增加到5625.4万，2016年，波兰移动电话用户为5478.1万（据国际电信联盟统计为5587.9万），每百人用户量为146，在欧盟国家中居第四位。

波兰有线电话覆盖率为每千人12.4部，城市拥有量为383.6万部，农村拥有量为92.3万部，在欧盟中排名靠后。近年，固网用户数量有所减少，主要原因是来自移动电话的竞争，以及安装和使用有线电话成本仍较高。波兰境内最大的有线电话运营商是波兰电信股份公司，拥有83%以上的固定电话用户。

波兰电信在发展中非常重视改善固定线路和移动数据传输服务，包括宽带和第四代移动电话服务，通信业入网服务增长最快。2015年，波兰92.7%的公司已接入互联网，其中91.9%使用宽带；61.5%的企业使用移动宽带；65.4%的企业拥有自己的网站；77.9%的家庭至少拥有一部电脑，75.8%的家庭使用互联网。由于安装成本和上网价格大幅降低，上网人数不断增加。旅游景点、酒店、办公楼、饭店、咖啡厅等开通无线上网接入点的数量逐渐增加。

截至2016年底,波兰有7497个邮政局,在用邮箱18488个,邮递员23563名。

捷克

目前,捷克较大的电信运营商有沃达丰、O2和T-Mobile。截至2015年底,捷克注册的固定电话用户量为189.3万部,移动电话用户量为1402万部,固定宽带用户量为294.6万户,移动宽带用户量为776万户。

捷克邮政局为国有企业,截至2015年底,在全国共有服务网点3832家。捷克邮政在50克以内函件市场享有专营权。在捷克境内,50克以内函件由捷克邮政局隔天送达;超过50克函件,除捷克邮政局外,还有数十家捷克和国际快递服务商可供选择。

罗马尼亚

近年来,罗马尼亚通信业发展迅速。罗马尼亚电信市场对外全面开放,目前固定电话运营商主要有罗马尼亚电信公司和RCS & RDS公司、UPC罗马尼亚公司,移动运营商主要为Orange、Vodafone、Cosmote、罗马尼亚电信公司和RCS & RDS公司等。罗马尼亚电信公司已开通并提供4G网络服务。

2003年至2012年,罗马尼亚总共投资60亿欧元用于互联网建设。截至2015年,罗马尼亚固定宽带用户为410万,同比增长6.6%;移动宽带用户为1270万,同比增长22%。

罗马尼亚是邮政事业发展较早的国家之一,是万国邮联成员,罗马尼亚邮政公司是国有公司,直属于信息社会部,国家占75%股权,业主基金占25%股权,目前拥有7个邮件处理中心,41个县级邮局,约5500个邮局网点,3个下属单位(即邮票印制厂、快递服务公司和国家集邮博物馆),约2.7万名员工。

匈牙利

匈牙利通信基础设施完善,通信市场完全自由化,外资企业在该国通信市场中占据支配地位。目前,匈牙利固定电话市场约一半的市场份额由德国电信及其子公司匈牙利电信控制。移动通信市场由德国电信、挪威Telenor公司和英国沃达丰公司三分天下,三家企业的市场占比分别为46.76%、30.7%和22.54%。互联网市场中有数十家服务供应商,在宽带服务方面,匈牙利电信占据约35.7%的市场份额，UPC、Digi、Invitel分别占21.9%、14.1%、9.5%。为增加财政收入，经国会投票表决，2012年7月1日起，匈牙利开始征收通信特别税。根据规定，通话前10分钟免税，超出10分钟后每分钟征收2福林；每条短信征收2福林；个人每月最高缴纳700福林（约合3.14美元），公司每月最高缴纳2500福林（约合11.21美元）。

斯洛伐克

斯洛伐克电信业发展时间较早，普及程度高。早在2009年，登记在使用的移动电话数量已超过人口总数，覆盖率大于100%。互联网已应用于政府公务、贸易、供气、能源、交通和金融等领域。较大的电信运营商有T-Mobile、T-Com、Orange、O2和Swan等。

保加利亚

保加利亚的移动网络建设近年来发展较快。2017年，保加利亚互联网普及率约69.7%，宽带普及率为66.9%，移动网络已覆盖88%的保加利亚领土和98%的人口。固定电话覆盖87%的住宅。保加利亚平均网速高达15.6兆位/秒，位于全球前20名。2017年，企业使用互联网和宽带的比例为94.6%，企业网上购销比例分别为10.5%和13%，拥有网站的企业达50.8%，个人网上购物比例为17.7%。个人和企业使用电子政府系统的比例分别为20.7%和71%。

克罗地亚

截至2017年，克罗地亚76%的家庭已接入互联网。克罗地亚共有8家主要电信运营商，他们分别是T-mobile（T-Harvatski Telecom旗下企业）、VIPnet（奥地利电信公司全资）、A1（瑞典电信公司旗下企业）等三个移动通信运营商；T-Harvatski Telecom（德国电信公司持股51%）、Optima Telekom、H1 Telekom、Metronet四家固话及网络运营商；B.net Croatia则提供有线电视和网络数据服务。

斯洛文尼亚

斯洛文尼亚境内通信设施完善，互联网普及广泛。2017年，82%的家庭有互联网接口，68%的居民每天上网，47%的居民使用网络购物，22%的企业网络用户使用移动互联网，20%的企业通过网络接受订单。斯洛文尼亚互联网服务提供商提供ADSL、ITU–T G.992.5、VDSL、SHDSL、VDSL2和FTTH。

立陶宛

近年来立陶宛移动通信和互联网发展迅速。截至2016年末，固定电话用户数量为54.1万户，其中家庭用户39.42万户，固定电话总线数为52万线，每百人拥有固定电话18.6线，家庭固定电话安装率为26.4%，呈逐年递减趋势。同期，移动电话用户数量为420万，每百人拥有移动电话147.6部；宽带互联网接入用户为127万户，每百人中有44人使用宽带互联网服务；电视用户数量为70.7万户，其中有线电视用户37.7万，数字电视（MMDS及DVB–T）用户5万，卫星电视用户7.4万，IPTV用户20.6万。境内主要固定电话运营商是立陶宛电信公司，移动通信运营商有OMNITEL，BITE，Tele2等公司。2017年，立陶宛居民（16～74岁）的个人计算机普及率为75.9%，互联网接入率为77.6%，个人网络购物的比例为38.1%。

塞尔维亚

受全球金融危机影响，塞尔维亚信息通信产业发展缓慢，但发展潜力十分巨大。截至2017年，塞尔维亚电视普及率为99.6%，移动电话普及率为90.5%。塞尔维亚政府十分重视发展网络和第三代移动通信服务，塞尔维亚网络发展水平在巴尔干地区处于领先地位。截至2017年，家庭电脑普及率为68.1%，笔记本电脑普及率为43.7%，家庭互联网接入率为68%。塞尔维亚企业互联网接入率达98%，其中81.3%拥有企业网站。塞尔维亚邮政服务系统较为完善，共有1496个邮局。除传统邮递服务外，邮局还代收各种行政收费和税费等。

拉脱维亚

拉脱维亚电信基础设施较好，平均网络速度多年来位居全球前十名。拉脱维亚三大移动运营商LMT、Tele2、BITE公司的4G用户比例分别为72%、63%和24%，3G用户比例分别为27.5%、35%和75%，而2G用户仅有0.5%、2%和1%。互联网用户占总人口比例为84.2%，52.2%的人口使用智能手机上网；98.8%的企业使用电脑，98.7%的企业接入互联网，62.9%的企业拥有网站。

2017年，拉脱维亚邮政公司有620家邮局。

爱沙尼亚

爱沙尼亚政府十分重视宽带网络和第三代移动电话服务，铺设了大量的光纤电缆，互联网服务被广泛使用。2017年，88%的爱沙尼亚家庭使用互联网服务，移动网络的使用家庭已超过82%，年增长率为4%。96%的十人以上企业每天使用电脑，95%的企业使用网络。73%的人使用手机连接移动网络，较上年增长7%；32%的人使用手提电脑连接移动网络，较上年增长3%。使用最多的网络功能是网络银行服务（90%）、阅读网络出版物（90%）、电子邮件（89%）。22%的人使用移动网络预定交通工具，17%的人使用移动网络预定住宿服务。

爱沙尼亚电信企业均为外商投资的合营企业。外资投入大大提高了服务质量，并为互联网普及、数据传输和高质量的网络语音服务提供了良好的平台。2016年，爱沙尼亚固定语音服务客户线路370579条，固定语音服务用户202519户。爱沙尼亚移动电话发展迅速，移动电话覆盖全国。2016年合约移动电话客户有1539706人。ISDN线路有9270条。据爱沙尼亚国家邮政公司数据，爱沙尼亚全国有三百多个邮局。

波黑

波黑现有三家移动通信运营商，分别是：波黑电信、塞族电信和HT莫斯塔尔电信，使用的是全球移动通信系统（GSM）技术，也引进了通用分组无线业务（GPRS）和电子数据采集技术。移动电话网络覆盖率达90%。波黑互联网于2002年完全开放，可提供各种服务。波黑的互联网国家域名标识为：BA。据美国CIA数据，2017年，波黑注册移动电话用户为340.4万，在全球217个国家（地区）中排名135位，普及率达96.4%；互联网用户为267.8万，在全球228个国家（地区）中排名100位，普及率为75.8%；固定电话用户为74.5万，在全球221个国家（地区）中排名89位，普及率为21.1%。据权威因特网用户统计机构数据显示，2017年，波黑因特网用户超过260万。

阿尔巴尼亚

阿尔巴尼亚于1996年开始提供移动电话服务，并于2011年、2015年先后开通3G和4G服务。目前主要有Vodafone、Telekom Albania、ALBtelecom、Plus等四家移动电话运营商，2016年客户市场占有率分别为50.8%、30.7%、13.1%和5.4%。截至2016年底，阿尔巴尼亚活跃手机用户数量为336.1万，同比下降2%。3G/4G移动互联网活跃用户数量为168.6万人，同比增长30%。阿尔巴尼亚固话市场主要有ALBtelecom、Abcom、ASC、Nisatel等多家运营商。其中，ALBtelecom是固话市场最大的公司。截至2016年底，阿尔巴尼亚固话装机总量约24.9万部，人口覆盖率为8.8%。其中ALBtelecom用户有17.7万户，市场份额为71.1%。

世界经济论坛发布的《2016年全球信息技术报告》显示，阿尔巴尼亚"网络就绪指数"（NRI）在参与排名的139个国家和地区中，排在第84位。截至2016年底，阿尔巴尼亚固网宽带用户约26.6万，同比增长9.7%，家庭、人口宽带覆盖率分别为33.4%和9.3%。阿尔巴尼亚固网宽带运营商主要有：ALBtelecom（市场份额41.2%）、Abcom（19.7%）、ASC（14.1%）、Abissnet（11.1%）、Nisatel（2.8%）等。

阿尔巴尼亚邮政市场主要由阿尔巴尼亚邮政公司和私营快递公司两大部分组成。其中国营的阿尔巴尼亚邮政公司按照国家规定承担提供邮政普遍服务的义务，并垄断邮票发行业务。私营快递公司目前共有10家，包括DHL、TNT、FedEx、UPS等国际快递公司及一些本土私营快递公司。

北马其顿

北马其顿电信市场实行全面开放政策。自2006年以来，多家国际固话运营商纷纷涌入北马其顿市场，与国内的主导运营商形成了竞争态势。目前北马其顿拥有完善的固话通信系统，平均每百位居民拥有三十多条电话线路。移动通信信号已覆盖全国99%的人口，并已升至4G网络，目前北马其顿国内有德国电信主要控股的北马其顿电信和奥地利电信公司A1两家移动通信运营商。根据北马其顿国家统计局对2015年的统计数据，该国家庭互联网普及率达72.2%，家庭宽带接入率为75.3%。

北马其顿邮政及快递服务便利。EMS、DHL、TNT、FedEX等公司都在北马其顿设有办事机构，但价格普遍偏贵。北马其顿非常重视"数字经济"，2001年通过并实施有关电子版形式的数据和电子签名的相关法律和附则，并修改所有相关法律法规，使电子签名的使用生效。同时，针对政府、个人和企业的需求，北马其顿已经建立国家第一个认证中心（CA）。

四 发展规划

中国与中东欧国家签署了《关于共同推进"一带一路"建设的谅解备忘录》和一系列纲领性文件，与中东欧国家的经贸投资合作已在国家层面进行战略对接，中东欧国家是中国重要的经贸合作伙伴。中东欧各国根据自身经济发展战略，在公路、铁路、航空、港口、网络通信、电力等领域制订相关发展规划，中国企业到中东欧国家开展投资合作，应密切关注基础设施建设、产能合作，创新技术发展等领域内的规划，深入了解东道国经济发展与吸引外资的切实需要，促进中国与中东欧国家的经贸发展。

波兰

波兰基础设施特别是交通领域较为落后，2013年1月波兰基础设施与发展部公布《2020年交通发展战略及2030年展望》，对下阶段交通发展做出规划。此外，波兰政府通过了《2023年国家道路建设计划》，其目标是完善波兰国家道路交通网，并将连接主要城市的公路运行时间降低15%。其中不仅包括波兰2023年前的公路建设项目清单，还涉及对道路交通安全的投资，根据计划，国家道路基金每年投入3至6亿兹罗提用于消除事故多发地的安全隐患。根据《2020年交通发展战略及2030年展望》，2020年前，波兰政府将作出是否建设华沙—罗兹—波兹南/弗罗茨瓦夫的"Y"型高速铁路的决定。预计到2030年，波兰将完成大部分铁路系统的现代化改造，连接泛欧交通网的车辆最低时速将达到100公里；恢复并扩建城市铁路，促进城市铁路与公路系统相融合；新建并扩建一批铁路联运集装箱码头。航空运输是波兰综合交通体系的重点之一，波兰将通过建设货运基础设施并确保其与公路和铁路的连接来实现此目标。发展部最新提出在华沙以西的马佐维亚建设吞吐量达4500万人次的中央机场，投资额约31亿欧元。除此之外，波兰拟从以下三方面对海运发展予以引导：（1）发展港口的陆上和海滨基础设施；（2）加强港口的经济作用；（3）提高海上客运、货运在运输链的重要性。投资与发展部最新提出建设格但斯克外港深水集装箱码头及格但斯克港和格丁尼亚港仓储物流园区。在能源方面，根据《波兰能源2030年规划》，将作出六大调整。

波兰总统杜达于2016年7月签署了能源法案，该法案旨在进一步加强欧盟内部能源采购方面的增值税征收，并对与其他国家的能源贸易特许经营进行规范。

捷克

2016年2月，捷克政府批准了《下一代互联网发展规划》，该规划预计将提取约140亿克朗（约合5.8亿美元）的欧盟基金用于投入发展。该发展规划指出在未来几年内使捷克各城镇的互联网至少达到30兆带宽。2016年8月，捷克政府批准通过了《捷克工业4.0倡议》。该倡议指出了捷克经济和产业的可能发展方向，并提出一些建议措施，指明工业4.0在经济上的准备主要体现在互联网和数字环境的质量上。

在交通基础设施方面，捷克所处欧洲中心的地理位置使其成为欧洲过境走廊的天然枢纽。中长期内，捷克将加快D1高速公路的建设；斥巨资升级改造铁路网、加速高铁布局；着手欧盟"九大走廊"建设计划中的"波罗的海—亚得里亚海走廊""东欧—地中海走廊"在捷克境内的项目建设；推动廉价航空机场建设及"多瑙河—奥得河—易北河三河跨国运河项目"的磋商。此外，在高铁建设方面，根据捷克交通部发布的消息，由捷克铁路基础设施管理局（SZDC）筹划的这一高铁网建设将分两阶段施工，高铁时速将达每小时300公里左右。根据计划，第一阶段的建设将主要集中在捷克与周边国家的高铁连接上，截至2030年左右，高铁将连接布拉格与德国、布尔诺与斯洛伐克及布尔诺与奥地利。第二阶段的高铁建设将连接布拉格与布尔诺，预计在2050年施工建设。

在能源与公共事业基础设施方面，中长期内，在欧盟力推减排目标的背景下，捷克将加大新能源项目的建设力度。在旅游基础设施方面，随着中国游客赴捷克旅游签证的简化及国内至捷克直航线路的开通，到捷克的中国游客数量正在不断增加。2017年，到捷克的中国大陆游客数量已接近50万人次。2016年3月习近平主席访捷期间，中国商务部与捷克地方发展部签署了《关于加强旅游基础设施投资合作的备忘录》。中捷两国在酒店开发、机场建设及相关旅游基础设施的建设方面将有很大的合作空间。

在住宅及非住宅基础设施方面，随着捷克社会老龄化加剧及科研创新活动的增加，中长期内，捷克将加速发展医疗及科研类的基础设施建设项目。

罗马尼亚

2016年12月，社会民主党赢得议会大选并与同为左翼政党的自由民主联盟共同组成议会多数联合执政。社民党在《2017—2020年执政纲领》中确定了一系列目标愿景并阐明了拟采取的具体政策措施。纲领确定，将大力挖掘经济增长潜力，培育壮大中产阶级，改变基于廉价劳动力的增长模式，引导本国和外国资本投向高附加值行业，打造基于创新、能源节约和生态友好的增长新模式，为实现智慧、可持续和包容式经济发展奠定基础；大规模投资基础设施和生产性领域，推进多中心发展战略，将保持宏观经济稳定和扩大公共及私营投资有机结合，更好发挥主权投资发展基金以及初创计划等项目作用；实施再工业化战略，支持中小企业发展，重点依靠研究、开发和创新，培育企业家精神，通过提供融资和资本市场便利、提高欧盟资金使用效率等手段，大力发展国防工业、能源、信息技术和食品加工等产业，使罗马尼亚达到欧盟平均发展水平。

罗马尼亚交通基础设施在欧盟内相对落后，已经成为制约罗马尼亚经济发展的重要因素。为此，罗马尼亚在欧盟指导下制订了《交通总体规划》，计划总投资436亿欧元，内容涵盖公路、铁路、水运和航空。其中公路总投资达262亿欧元，包括新建1220公里高速公路，1910公里快速路；铁路总投资137亿欧元，重点进行电气化改造和更新，提升速度和运力；水运总投资20亿欧元，重点针对港口和河道改造；空运投资13亿欧元，重点针对机场实施更新。由于本国财政预算有限，因此吸纳欧盟资金成为罗马尼亚发展基础设施的首要选择，但需要严格执行欧盟关于资金使用的有关规定。另外，罗马尼亚非常欢迎外国投资者以PPP方式参与投资其基础设施建设和运营，但必须参加政府组织的公开招标。

匈牙利

2011年1月，匈牙利政府推出面向2020年的中长期经济发展计划——"新塞切尼计划"，致力于扩大就业、促进经济可持续增长、提升匈牙利的国际竞争力。根据该计划，匈牙利政府重点鼓励医疗健康、绿色经济、住房、商业环境、科技创新、就业、交通等领域发展。

匈牙利制订的2014—2020年基础设施发展规划，主要涉及铁路新建和升级改造、高速公路建设等领域。匈牙利2015—2020年交通发展政策的三个突出特点表现为：重视发展国内落后的通往欧盟的基础设施；完全采纳欧盟交通标准；建立环保的交通系统。根据以上政策，匈牙利铁路主要发展方向为：（1）重新修建主干线（时速120～160公里，泛欧洲通道IV、V和V/b等）；（2）发展郊区铁路网，改善车站条件、建立现代交通控制系统等；（3）翻新和增加客车数量，主要是在郊区；（4）发展热点旅游线路列车（如巴拉顿湖方向等）；（5）发展铁路组合交通和物流中心服务；（6）改善布达佩斯北部铁路桥；（7）建立安全的铁路信息和乘客信息及票务系统。

在能源基础设施方面，匈牙利政府制订了相关的能源政策，其主要目标是：能源输入渠道多元化，减少对从某些国家能源进口的依赖程度；促进环境保护；提高能源使用效率，改善供应结构和改进电力消费市场管理；吸引国外资本对资本密集型能源项目的投资，以发展能源设施、扩大天然气产能。近年来，匈牙利获得的基础设施建设资金分别来自"欧盟团结基金（EU Cohesion Fund）""结构基金（Structural Fund）""欧洲投资银行（EIB）贷款""欧盟发展援助基金"及欧洲复兴开发银行等相关金融机构，但金额不大。

斯洛伐克

斯洛伐克制订了《国家改革计划2017》，该计划与斯洛伐克政府所提出的2016年至2020年施政目标一致。新的改革计划包括改革财政和税收制度，逐步减少财政赤字，停止政府债务增长；发展教育，提高教师待遇，加大科技创新投入，提高国际竞争力；改善企业经营环境，促进外国直接投资；修订劳动法，增强劳动力市场灵活性，提高就业率；加强社会保障，改革医疗保险体系；改革养老金体系；健全司法体系，加强监督，依法严惩腐败等。新政府将坚持经济自由、机会公平的原则，为经济稳定增长创造条件。在欧盟内，斯洛伐克将推动欧洲统一市场的建立和自由流动，支持欧盟制定有利于长期可持续发展的公共财政及经济政策和措施，支持保留成员国经济、社会政策的主权性。对内将加强政府各部门协作，转变依靠廉价劳动力发展经济的传统模式，建设知识型经济。

保加利亚

迄今为止，保加利亚最新的发展计划是《2014—2020年中长期国家发展计划》。保加利亚中长期经济发展规划的核心是保证其稳定、快速和可持续发展，重点是培养人才，提高社会竞争力，新建、改建和完善基础设施，提升优势产业（IT、农业和食品加工、旅游、医药化工、纺织服装等）的综合竞争力，支持企业创新等。

2014年2月，保加利亚四部委召开联席会议，发布各部门2014年至2020年发展规划。2014年至2020年，保加利亚交通和交通基础设施建设将吸收欧盟基金和保加利亚国家资金共约19亿欧元，其中，用于公路和铁路基础设施建设的资金将超过13亿欧元。

克罗地亚

克罗地亚现行规划有《经济发展战略》和《地区发展战略》。《经济发展战略》由《智能专门化战略》《能源战略》《矿产原料战略》《创新战略》《投资促进战略》《企业发展战略》和《个人潜能发展战略》等7个单项战略组成。《智能专门化战略》则包括《2014—2020年工业发展战略》《创新战略》《抚育、教育、科学和技术战略》《旅游发展战略》《克罗地亚研究和创新基础设施发展计划》等5个单项战略和计划组成。

克罗地亚政府认识到，铁路交通发展滞后妨碍了国家区位优势的发挥。铁路发展规划的主要内容是重点建设三条国际铁路路线（国内称为RH1线、RH2线和RH3线）在克罗地亚境内的部分。港口发展规划包括里耶卡门户项目、总投资金额为5000万欧元的扎达尔港口游客服务大楼建设项目及总投资金额为6000万欧元的杜布罗夫尼克游客服务大楼建设项目等。

斯洛文尼亚

根据斯洛文尼亚政府《2015—2020年国际化计划》，目标在未来五年中，将外商投资总额从目前的105亿增加到150亿，并将中国列为前景市场。

铁路方面，目前斯洛文尼亚政府准备或计划建设铁路项目有：新迪瓦查—科佩尔铁路项目，这是欧洲TEN-T交通网络优先项目之一；新卢布尔雅那—叶塞尼采铁路建设项目；马里博尔—申蒂利二线铁路和现存铁路扩建项目。2015年2月斯洛文尼亚政府制订了2023年之前的铁路发展规划，充分发挥斯位于欧洲第五和第十走廊的地理优势。公路方面，目前斯洛文尼亚政府准备或计划建设的项目有：3号发展轴线北段；3号发展轴线南段。海运方面，目前斯洛文尼亚政府准备或计划建设的海运项目有：科佩尔港3号码头建设项目；科佩尔港1、2号码头改造项目；科佩尔港客运码头项目。航运方面，卢布尔雅那机场计划建设T2航站楼和商业物流中心，使之逐步发展成为东南欧区域枢纽机场。节能改造方面，斯洛文尼亚2015年5月通过了《2014—2020年能源效率行动计划》，斯洛文尼亚计划到2020年提升能源效率20%。为了达到这个目标，斯将对大量住宅进行翻修，从而降低10%的能源消耗。

立陶宛

《立陶宛2030》是立陶宛的国家战略文件，其确立了立陶宛的未来发展愿景。根据该战略文件，到2030年，立陶宛要成为经济和社会更强的国家，对世界开放，同时保持独立的文化特性。具体来说，到2030年，立陶宛在以下几个指标中要居于欧盟前10的位置：生活质量指数、幸福指数、民主指数、可持续社会指数、全球竞争力指数和全球化指数。战略文件包含三个主题：智能社会、智能经济和智能政府。

塞尔维亚

塞尔维亚尚未制定长期经济发展战略。2014年4月27日，时任总理武契奇在就职演说时提出本届政府施政纲领包括以下方面：发展经济、企业改革、公共管理、司法体制改革、外交、文化传媒、医疗卫生。

2017年6月29日，塞尔维亚新政府成立，新政府内阁基本保留了原有阵容，总体施政纲领与前任政府保持一致。新任总理布尔纳比奇在就职演说中对前任政府为振兴塞尔维亚所做出的努力表示感谢，并表示将继承好前任政府打下的良好基础，推动塞尔维亚继续向前发展。布尔纳比奇表示，除继续执行好前任政府的施政纲领外，将把发展信息技术产业、推动国家数字化革命，以及大力发展教育产业作为新政府的两大优先执政目标，同时还承诺将在保持国家财政稳定的基础上，提高国民工资和退休金。

拉脱维亚

2012年12月20日，拉脱维亚议会通过《2014—2020年拉脱维亚国家发展规划》，该规划明确了国家发展目的、优先发展方向、实现的目标和指标、措施和步骤、负责机构和资金来源。呼吁政府和民众共同努力，实现竞争力和生产率、商业环境等12个相互协调和相互关联的战略目标，将有限的劳动力、资金和自然资源有效地转化为有竞争力的产品，实现国民经济发展、国民安全、地区发展三个优先发展方向，达到"经济突破"。到2020年建成自信、准备迎接挑战、合作和善意的社会，改善整个拉脱维亚国民生活质量。该规划成为2014年至2020年拉脱维亚制定国家年度、中期财政支出和使用欧盟基金的依据。

该规划的执行基金主要来源于：国家和地方政府年度财政预算；凝聚政策基金、共同农业政策和共同渔业政策基金等欧盟政策工具；其他金融工具；私人资金。社会伙伴亦可以公私合作模式（PPP）参与项目，政府会确保资金使用透明和符合国家利益。

爱沙尼亚

爱沙尼亚经济交通部于2013年11月出台了《2014—2020年企业活动发展战略》，提出拨款3.82亿欧元，用于支持企业的创新活动和竞争力提升。包括：投资7700万欧元，用于支持新生企业、成长性行业与合作发展；投资5475万欧元，促进工商企业转型，创新商业模式；投资7500万欧元，鼓励研发、生产和营销；投资1.76亿欧元，用于吸引外资、降低融资门槛，培育企业的国际市场竞争力。

爱沙尼亚政府于2015年底公布了《2016—2030年油页岩行业发展规划》，在国会批准后生效。该规划的主要内容有：维持每年2000万吨的油页岩开采数量；允许在自然保护区以外地区开发新矿；增加科研经费以提高油页岩行业生产技术水平，总科研投入将在2000万欧元左右；完善油页岩行业税收制度体系，将更多地考虑世界市场原油、电力价格；适当降低油页岩在爱总体能源中的比重，将其维持在占爱发电总量50%、供热总量80%的水平。

此外，爱沙尼亚还将特别关注"波海高铁"、爱芬海底天然气管线、液化天然气储运码头等已启动或拟议中的跨境项目，以及生物质、风力发电等可再生能源项目。特别是波海高铁，将是未来几年内爱沙尼亚交通领域发展中的"重中之重"。

波黑

根据2010年制订的《波黑发展战略》，2010年至2020年，波黑经济发展的目标为：（1）保持宏观经济稳定，保障财政预算；（2）大力吸引外资，加强基础设施建设，增加生产性投资，扩大出口，解决就业困境；（3）积极发展旅游业，同外国建立各类旅游合作；（4）节约行政开支，紧缩银根；（5）修订行业法规，与欧盟的法规匹配一致。

2010年，波黑出台了为期10年的能源和基础设施建设战略规划，在一百多个待建项目中，有67个已列入10年计划项目。2010年至2020年，波黑能源和基础设施建设工程投资总规模约达218亿欧元。其中，电力项目107亿欧元，煤矿、石油及天然气等能源项目21亿欧元，公路、铁路及通信等基础设施项目90亿欧元。在电力项目中，波黑五大电力企业计划投资40.57亿欧元。在基础设施项目中，重点项目投资59亿欧元。电力企业投资计划和基础设施重点项目投资两项合计99.57亿欧元。近年来，波黑政府倡导大力吸引外资，促进对波黑基础设施建设项目的投资，为外商投资波黑承包工程提供了商机。波黑部长会议通过了《2017—2021年电子通信政策框架和实施计划》，迈出了4G通信网络的步伐。2018年1月，波黑部长会议通过波黑2022年科学发展战略。该战略为波黑科技领域发展规划纲领并指明方向，将推动波黑在科技方面融入欧洲一体化。2018年1月《独立报》报道，根据塞族共和国2018至2020年公共投资计划，未来三年塞族共和国将投资约8.5亿马克，其中最大领域为能源领域，其次是交通基础设施，此外还有农业、林业和水资源管理以及难民、无家可归者管理和健康领域，以上合计占比为89.12%。交通领域计划投资1.9亿马克，主要项目是：巴尼亚卢卡—多博弈高速公路，价值1.2亿马克；萨瓦河桥，价值4100万马克。能源领域计划投资1.7亿马克，主要项目为：合勒古德风电项目，价值1.3亿马克；特来比涅水电站重建项目，价值2040万马克；大坝尔水电站，价值1800万马克。项目主要资金源于政府预算以及欧洲复兴开发银行、欧洲投资银行以及其他国际金融机构提供的贷款。

阿尔巴尼亚

阿尔巴尼亚政府将基础设施建设视为最优先的发展领域。根据阿尔巴尼亚政府制订的《国家发展和一体化战略（2014—2020年）》，基础设施建设的重点主要包括交通、能源、给排水和信息通信等四个方面。

其中，交通基础设施的发展目标为：实现国家主要高速公路、铁路、港口和机场等基础设施的现代化，确保与邻国及泛欧运输网络相兼容，并进一步实现整合；改进区域道路网络，优先确保国家及区域发展中心之间的联系；为国家及地方公路的养护划拨足够资金，以保证道路质量，增强其可持续性；进一步加强交通安全，有效降低道路伤亡人数。

能源基础设施的发展目标为：加快电力传输网络建设，增进阿尔巴尼亚与区域及欧洲能源市场的联系；鼓励可再生能源投资，加快中小型水力及风力发电设施建设，提高国家发电能力；营造有利的法治和融资环境，建立国家天然气分销网络；提高能源使用效率，制定能效方面的法规。

给排水基础设施的发展目标为：将给排水服务的覆盖面扩大至全国所有人口及区域；加大水资源监管力度，尽量减少输配水及农业灌溉造成的水资源流失；提高水供应和废水处理机构的商业化水平；完善水供应和污水处理服务的法律框架，为相关服务的价格制定和成本回收提供良好的法律依据；扩大计量监测的覆盖范围，消除私自接入公共给排水管网的情况，提倡节约用水。

信息通信基础设施的发展目标为：积极推动数字化建设，在国家和地方各级政府实现电子政务服务；加强教育信息化建设，通过新的信息通信技术设施提高教学水平；扩大宽带网络的覆盖面，让所有人都能够用上互联网。

阿尔巴尼亚政府发展重点基础设施建设项目，一般采取授予特许经营权的方式，企业和政府签署特许经营协议，在某领域以BOT的方式投资建设。阿尔巴尼亚负责基础设施建设的主要政府部门有基础设施和能源部，财政经济部等，总理府开发、融资和外援局对国家重大基础设施项目也会做相应协调工作。

北马其顿

北马其顿基础设施相对落后，但因政府财力不足，加之人口稀少，地形多山等不利条件造成的成本增加，相关基础设施升级改造工程进展缓慢。

公路方面，目前北马其顿政府正在计划对沿东西向的欧洲8号走廊公路和南北向的欧洲10号走廊公路进行升级、翻修，改造全国公路路网，未来升级改造国家级和地方级公路。将来计划修建的高速公路主要包括戈斯蒂瓦—基切沃、斯科普里—布拉切公路和戈斯蒂瓦—德巴尔等公路项目。这些公路建设项目的融资除依靠自有资金外，将寄望欧洲复兴开发银行、世界银行等国际金融机构。

铁路方面，北马其顿计划对南北向的铁路进行扩建和升级改造，并建设东西向联通阿尔巴尼亚和保加利亚的铁路，以实现联通邻国的目标。目前北马其顿侧重于开通东西向的铁路，拟利用欧洲复兴开发银行资金修建东线库玛诺沃至保加利亚边境铁路，全长88公里，预计耗资6亿欧元，其中北马其顿边境城市科瑞瓦·帕兰卡至保加利亚边境的34公里铁路已获得欧盟资金，即将开工建设；西线基切沃至阿尔巴尼亚边境铁路，全长70公里，预计耗资3.15亿欧元，目前仍与欧洲复兴开发银行等机构接洽资金来源。

电力方面，北马其顿计划大力发展水电站项目以缓解其能源短缺的局面，列入未来建设计划的水电站包括切布伦与嘎里斯特、波斯科夫·墨斯特、卢科夫、卡门、格拉德克等，投资额约需7.9亿欧元。但由于资金等方面的原因，特别是2015年马政局危机爆发，项目推进基本处于停滞状态，目前正在进行的切布伦与嘎里斯特项目，业主为北马其顿国家电力公司，目前项目正处于企业报名和资格预审阶段，项目建设具体模式（PPP或EPC）也尚未确定。

石油和天然气方面，北马其顿的石油和天然气全部依赖进口，只有一个提炼厂处理从希腊塞萨洛尼基港输来的原油。北马其顿政府重视发展天然气能源，正积极推进国内的天然气配送系统建设。除了目前已有的马保（加利亚）边境至科瑞瓦·帕兰卡天然气管线外，还在规划建设Stip至Negotino和Skopje至Tetovo两条管线，后期还将建设Tetovo至Gostivar和Kicevo，以及Negotino至Prilep、Bitola、Ohrid等主要城市的天然气管线网络。当前，北马其顿基础设施项目主要集中在道路、能源等领域，其资金来源主要为欧洲复兴开发银行、欧洲投资银行及欧洲其他主要商业银行提供的融资，但受限于其自身技术和市场条件，资金落实较为缓慢，近年来北马其顿也在加强与中国基建企业和银行的联系，希望能够利用中国的政策性贷款实施北马其顿基础设施建设项目。负责道路项目的政府部门主要为北马其顿交通部，负责能源项目的为经济部、环保部、北马其顿国家电力公司等。

城市服务改善项目方面，2016年1月，世界银行执董会批准向北马其顿提供2500万欧元贷款，实施第二轮城市服务改善项目［Second Municipal Services Improvement Proment（MSIP2）］。该项目旨在改善北马其顿城市服务，如透明度、财政可持续性、配送体系等，并将在北马其顿大选结束新议会成立后开始实施。项目资金将通过转贷方式拨至各市，用于水供应、污水处理、固体废物处理、地方公路、建筑物能源效率改善及提高市民福利的基础设施等投资。

第三章

市场规模与进口需求

一 宏观经济

受益于优越的地理位置、相对低廉的劳动力成本、宽松的税后环境和税收激励措施，大多数中东欧国家经济态势良好，增长速度普遍高于西欧国家。从国内生产总值（详见表3-1）来看，中东欧国家2017年经济总量达到1.74万亿美元。从经济增速来看，中东欧国家2018年平均国内生产总值增速为4.3%，是新兴经济体中继亚洲之后增速最快的区域。在中东欧十六国中，波兰、捷克、罗马尼亚和匈牙利四国经济总量达1.23万亿美元，占中东欧国家整体的71%，这一优势将在未来几年内继续维持。

表3-1 中东欧十六国近三年国内生产总值（单位：十亿美元）

国家	2016年	2017年	2018年
波兰	471.22	524.89	586.00
捷克	195.31	213.19	245.00
罗马尼亚	187.81	211.32	240.00
匈牙利	129.14	152.28	156.00
斯洛伐克	89.81	95.94	106.00
保加利亚	53.24	56.94	65.13
克罗地亚	51.35	54.52	60.80
斯洛文尼亚	44.73	48.87	54.24
立陶宛	42.79	47.26	53.25
塞尔维亚	38.3	41.47	50.50
拉脱维亚	27.58	30.32	34.84
爱沙尼亚	23.35	25.97	30.28

续表

国家	2016年	2017年	2018年
波黑	16.92	18.06	19.78
阿尔巴尼亚	11.87	13.18	15.06
北马其顿	10.76	11.37	12.67
黑山	4.38	4.76	5.45

资料来源：世界银行

波兰宏观经济

波兰是中东欧十六国中经济总量最大的国家，其人口、面积、对外贸易、吸收外国直接投资额等诸多指标都在中东欧地区居首，且拥有三千八百多万人口的市场，是欧盟内第六大经济体，东西可辐射2亿人口市场。自1992年以来，波兰经济始终保持正增长，特别是2009年克服全球金融危机的负面影响，成为欧盟唯一正增长的国家。2018年国内生产总值（GDP）约合5860亿美元（波兰货币兹罗提本年度大幅升值），本币计算GDP增长5.15%；人均GDP约为1.5万美元。2017年，第一、二、三产业分别占GDP的比重为：3.0%、22.27%和74.73%。2017年投资、消费和出口占GDP的比例分别为：17.5%、79.3%和45.4%。通货膨胀率总体可控，2018年度通胀率为1.6%。政府财政状况稳定，2018年波兰财政收入3801亿兹罗提，支出3905亿兹罗提，赤字为104亿兹罗提；外汇储备为1170亿美元。一般政府赤字占GDP的0.5%；债务规模总体可控，截至2018年底，波兰外债为2796亿兹罗提，占波兰债务总额的29.3%，外债占GDP比例为14.7%，外债未受IMF限制。2018年政府公债为9542.5亿兹罗提，同比减少2.7%，占GDP比重为48.9%。

主权债务等级总体稳定。截至2019年4月19日，国际评级机构惠誉对波兰主权信用评级为A-，展望为稳定；国际评级机构穆迪对波兰主权信用评级维持A2，展望为稳定；国际评级机构标普对波兰主权信用评级为A-/A-2，展望为稳定。

捷克宏观经济

捷克是中东欧十六国中的第二大经济体，其2004年5月加入欧盟，2005年被世界银行列为高收入国家。近年来，捷克经济逐步摆脱金融危机的影响，加速增长。2016年GDP同比增长率为2.4%,2017年增速为4.6%,2018年增速为2.9%,成为欧盟成员国中经济发展最快的国家之一。2018年,捷克政府债务占GDP的比重为32.7%,在合理范围内。捷克中央银行采取审慎的监管措施,银行业发展健康、风险可控。总体看,捷克经济中期前景看好。2018年,第一、二、三产业分别占GDP的比重为:2%、27.5%和70.5%。2018年,投资、消费和出口占GDP的比例分别为:26.2%、67.6%和78.8%。通货膨胀率总体可控,2018年度通胀率为2.1%。债务规模总体可控,截至2018年底,捷克外债为108亿美元,内债为638亿美元,外债未受IMF限制。

主权债务等级总体稳定。截至2019年4月,国际评级机构标普对捷克主权信用评级为AA-,展望为稳定;国际评级机构穆迪对捷克主权信用评级为A1,展望为稳定;国际评级机构惠誉对捷克主权信用评级为AA-,展望为稳定。

罗马尼亚宏观经济

罗马尼亚是中东欧十六国中的第三大经济体。作为新兴工业化国家,罗马尼亚曾被誉为"欧洲之虎",因劳动力、土地、税收等方面优势,成为中东欧地区最有吸引力的投资目的国之一。罗马尼亚经济一直以来保持快速增长势头。2006年至2008年,罗马尼亚国内生产总值的增长速度分别为7.7%、6%和7.1%。受全球经济危机影响,2009年和2010年罗马尼亚国内生产总值同比分别下降7.1%和1.3%。2011年和2012年罗马尼亚经济逐步走出衰退,国内生产总值同比分别增长2.5%和0.7%。2013年、2016年,罗马尼亚国内生产总值同比分别增长3.5%和4.8%,增速在欧盟28个成员国中位列第一。2017年,罗马尼亚GDP同比大幅增长7%,达1875亿欧元,成为自2008年以来罗马尼亚经济增长速度最快的一年。2018年,罗马尼亚GDP增长4.1%,低于4.5%的增长预期。

匈牙利宏观经济

匈牙利是中东欧十六国中的第四大经济体,属中等发达国家,2018年人均GDP超过1.59万美元,经济发展水平在中东欧地区位居前列。2018年经济增长4.9%,外贸进出口额约2410亿美元,创历史新高。在经济稳步增长的同时,成功抑制了通货膨胀,2018年通货膨胀率为2.8%。2018年末匈牙利全年平均失业率为3.9%。匈牙利地理位置优越，区位优势突出，基础设施完善，劳动力性价比高，投资环境较好，这些因素决定了其拥有的欧洲生产基地和物流集散中心的地位。据CIA数据显示，2018年，匈牙利投资、消费和净出口占GDP的比重分别是18%、72%和10%；第一、二、三产业所占比重分别为4.4%、30.9和64.7%。根据匈牙利央行数据，2018年匈牙利政府赤字为9340亿福林，约占GDP的2%。2018年，政府财政收入186170亿福林，同比增加8.5%；支出195510亿福林，同比增加8.6%。2018年，政府债务298070亿福林，约占GDP的70.8%。

截至2019年2月15日，国际评级机构标普对匈牙利主权信用评级为BBB-/A-2，展望为稳定；截至2018年11月23日，国际评级机构穆迪对匈牙利主权信用评级为Baa3，展望为稳定；2019年2月22日，国际评级机构惠誉对匈牙利主权信用评级为BBB，展望为稳定。

斯洛伐克宏观经济

斯洛伐克经济稳定，在过去10年里是欧盟28个成员国中经济增长最快的国家。近年来，大量外国企业到斯洛伐克投资，并形成了汽车、电子等以外资企业为主的支柱产业，成为推动斯洛伐克经济和出口快速增长的主要动力之一。在外资、出口和内需的拉动下，斯洛伐克经济快速增长。2017年斯洛伐克全年GDP达1065.8亿美元，同比增长4.1%。截至2018年年底，斯洛伐克政府债务共计441.4亿欧元，占GDP比重为48.9%，外汇储备约54亿美元，外债总额为1216亿美元。

截至2019年7月26日，国际评级机构标普对斯洛伐克主权信用评级为A+/A-1，长期展望为稳定；截至2019年5月17日，国际评级机构惠誉对斯洛伐克主权信用评级为A+，展望为稳定。

保加利亚宏观经济

近年来，保加利亚经济延续了2015年以来的复苏态势，并呈现出稳步增长势头。国内生产总值稳步增长、失业率持续下降、财政状况运行良好。2018年，GDP为51.8亿欧元，同比增长3.1%，人均GDP为7855欧元。保加利亚GDP构成中，农业、工业和服务业三大产业占比分别为：4.2%、27.4%和68.4%。产业结构方面，服务业仍为保加利亚最主要的产业，且比重仍在上升，而工业等传统产业比重下滑。2018年财政收入为396.77亿列弗（202.3亿欧元），约占GDP的37%；支出395.1亿列弗（201.6亿欧元），约占GDP的37%；盈余0.7亿欧元，约占GDP的0.1%。截至2018年12月，保加利亚外汇储备为224.5亿欧元。截至2018年底，保加利亚外债余额为244.3亿列弗，相当于GDP的22.6%。通货膨胀率为2.8%，失业率为5.2%。

截至2018年11月30日，国际评级机构标普对保加利亚主权信用评级为BBB，展望为正面；截至2019年3月22日，国际评级机构惠誉对保加利亚主权信用评级为BBB，展望为正面。

克罗地亚宏观经济

2003年至2007年，克罗地亚经济保持稳定增长，年均增长率超过4.8%。2008年受全球金融危机辐射影响，克罗地亚经济增速放缓，2009至2014年陷入衰退，2015年，克罗地亚经济走出持续长达6年的衰退，2016年、2017年经济增长加速，2018年经济继续增长——全年经济增长2.6%。第二、第三产业复苏态势明显，工业产出同比增长5%。外贸形势进一步改善，出口同比增长3%，进口同比增长7.5%。公共债务有所下降，占GDP的比率降至74.6%。

截至2019年4月，国际评级机构标准普尔对克罗地亚主权信用评级为BBB–，展望为稳定；国际评级机构穆迪对克罗地亚主权信用评级为Ba2，展望为正面；国际评级机构惠誉对克罗地亚主权信用评级为BB+，展望为正面。

斯洛文尼亚宏观经济

斯洛文尼亚经济属于高度外向型，本身经济规模较小，受世界经济特别是欧洲经济的影响很大。2018年斯洛文尼亚国内生产总值（GDP）为459.48亿欧元，较2017年增长4.7%。2018年，国内消费和出口增长是GDP增长的主要动力。同时就业人数为98.4万人，失业率下降至4.4%。通胀率为1.7%。

截至2018年4月30日，国际评级机构标普对斯洛文尼亚主权信用评级为A+，展望为积极；国际评级机构穆迪对斯洛文尼亚主权信用评级为Baa1，展望为积极；国际评级机构惠誉对斯洛文尼亚主权信用评级为A–/F1，展望为稳定。

立陶宛宏观经济

2018年立陶宛国内生产总值同比增长3.5%，增长亮点表现在工业、批发零售、汽车修理、运输仓储、住宿餐饮等行业。2018年8月，标准普尔和惠誉给予立陶宛中长期借款信用评级为A-，长期展望为积极；2018年3月，标准普尔和惠誉给予立陶宛中长期借款信用评级为A。

塞尔维亚宏观经济

塞尔维亚经济自2009年受全球金融危机的影响出现大幅负增长以来，基本能够保持恢复性增长。虽然2012年、2014年受极端气候灾害影响，经济出现负增长，但并未改变塞尔维亚经济总体复苏的势头。目前，随着政府全面改革的不断深入，塞尔维亚经济重新迈入健康发展轨道。据塞尔维亚财政部统计，2018年塞尔维亚GDP同比增长4.3%，名义GDP达到428亿欧元，名义人均GDP为6110欧元。产业结构中，第一产业占GDP的比重为7.5%、第二产业31.2%、第三产业61.3%。其中，主要工业部门有冶金、汽车制造、纺织、仪器加工等。

截至2019年5月，国际评级机构惠誉对塞尔维亚主权信用评级为BB，展望为稳定；截至2018年12月，标准普尔对塞尔维亚主权信用评级为BB/B，展望为正面。

拉脱维亚宏观经济

20世纪90年代以来，拉脱维亚的转型和经济增长令人印象深刻，经济展现出应对外部冲击较强的能力。2011年至2014年，经济年平均增速达3.8%，其中2012年和2013年增长率分别为5.6%和4.1%，连续两年增速排名欧盟首位。2015年至2018年，拉脱维亚国民生产总值分别增长2.6%、2%、4.5%、4.8%。2018年GDP为293亿欧元，三大产业占GDP比重为：农业3.8%；工业23.1%；服务业73.1%。

截至2019年4月30日，国际主要评级机构对拉脱维亚主权信用评级为：标普为A/A-1，展望为稳定；穆迪为A3，展望为稳定；惠誉为A-，展望为稳定。

爱沙尼亚宏观经济

2018年，受惠于外国投资的增长，爱沙尼亚经济增速达3.9%。GDP总量为288亿欧元，人均GDP为2.19万欧元。爱沙尼亚政府在2018年的赤字为GDP的0.5%，总体债务水平为国内生产总值（GDP）的8%。

截至2018年12月，国际评级机构标普对爱沙尼亚主权信用评级为AA-/A-1+，展望为稳定；截至2019年5月，国际评级机构穆迪对爱沙尼亚主权信用评级为A1，展望为稳定；截至2018年10月，国际评级机构惠誉对爱沙尼亚主权信用评级为AA-，展望为稳定。

波黑宏观经济

波黑宏观经济经过重建、转型及恢复发展三阶段后呈缓慢复苏态势。但是波黑经济对外倚重较大，易受国际金融危机及世界经济波动影响。据波黑国家统计局统计，2018年波黑GDP总额为201.56亿美元，同比增长3.62%，人均GDP为5765美元。在整个GDP中，波黑联邦占比重为65.7%，塞族共和国所占份额为32%，布尔奇科特区占波黑GDP总量的2.3%。根据世界银行2019年6月发布的数据，波黑GDP在全球190个经济体中排名113位。

截至2019年3月9日，国际评级机构标普对波黑主权信用评级为B，展望由稳定上调为正面；截至2018年2月16日，国际评级机构穆迪对波黑主权信用评级为B3，展望为稳定。

阿尔巴尼亚宏观经济

据阿尔巴尼亚国家统计局统计数据，2018年阿尔巴尼亚国内生产总值（GDP）为1.65万亿列克（约合152亿美元），实际GDP增长率为4.2%。据世界银行公布的数据，2017年阿尔巴尼亚人均GDP为5288.9美元。

截至2018年8月，国际评级机构标普对阿尔巴尼亚主权信用评级为B+/B，展望为稳定；截至2019年2月，国际评级机构穆迪对阿尔巴尼亚主权信用评级为B1，展望为稳定。

北马其顿宏观经济

近年来，随着国内外经济环境的改善和各项改革措施的推进，北马其顿经济有所恢复和发展。据北马其顿统计局统计，2018年国内生产总值约为6603亿代纳尔（约126.7亿美元），同比增长2.7%，人均GDP约为6107美元。

截至2019年3月，国际评级机构标准普尔对北马其顿主权信用评级为BB-/B，展望为稳定；国际评级机构惠誉对北马其顿主权信用评级为BB+，展望为稳定。

二　消费市场

中东欧国家总面积有一百多万平方公里，人口在1.2亿左右，2017年国内最终消费支出总额达到1.3万亿美元。持续增长的国内生产总值和人均收入使其消费市场正在继续扩大。

从收入来看，中东欧十六国全部为高收入国家和中高收入国家。根据世界银行按照人均国民收入（GNI）进行的国家分类，同时参照国际货币基金组织的国家分类（发达经济体、新兴市场与发展中经济体），高收入国家有斯洛文尼亚、捷克、爱沙尼亚、斯洛伐克、拉脱维亚、立陶宛、波兰、匈牙利和克罗地亚共9国；中高收入国家则包括罗马尼亚、保加利亚、黑山、塞尔维亚、北马其顿、波黑和阿尔巴尼亚共7国；斯洛文尼亚、捷克、爱沙尼亚、斯洛伐克、拉脱维亚和立陶宛6国同时为发达经济体，其余10国属于新兴与发展中经济体。这表明中东欧十六国消费市场具有客观的增长潜力。

从国内最终消费支出（详见表3-2）来看，波兰、罗马尼亚、捷克和匈牙利是中东欧十六国中最大的消费市场，2018年，4国国内最终消费支出总额达到9050亿美元，占中东欧十六国最终消费支出总额的69.6%。

表3-2　中东欧十六国近三年国内最终消费支出（单位：亿美元）

国家	2016年	2017年	2018年
波兰	3599.41	3989.00	4450.00
捷克	1292.47	1433.49	1650.00
罗马尼亚	1444.80	1646.09	1890.00
匈牙利	882.50	968.89	1060.00
斯洛伐克	663.64	707.34	786.49
保加利亚	407.52	440.97	510.85

续表

国家	2016年	2017年	2018年
克罗地亚	395.45	424.07	469.70
斯洛文尼亚	322.54	346.54	372.39
立陶宛	348.44	379.86	438.55
塞尔维亚	338.47	363.82	421.44
拉脱维亚	219.26	241.69	266.46
爱沙尼亚	171.49	185.54	210.64
波黑	168.57	173.88	192.71
阿尔巴尼亚	112.56	119.23	136.78
北马其顿	88.27	93.08	100.83
黑山	42.15	45.29	50.57

数据来源：世界银行

波兰消费市场

波兰是中东欧十六国中市场规模最大的国家，其2018年国内最终消费支出达到4450亿美元，比上年增长4.47%。根据波兰中央统计局公布的社会经济月度运行情况，2018年12月，波兰企业员工月平均工资为5275兹罗提，同比增加6.1%。2017年10月至2018年9月，家庭人均月支出1245.4兹罗提，同比增加4.4%。波兰家庭收入消费结构中，食品和非酒精饮料的支出占比最高，为25.3%；其次是住房、水、电、天然气及其他燃料，为20%，其中，电、天然气及其他燃料占11%；此外，交通支出占9.2%。

捷克消费市场

捷克共和国是中东欧十六国中市场规模第三的国家，其2018年国内最终消费支出为1650亿美元，同比增长3.53%。根据捷克统计局数据，2017年，捷克的生产资料销售总额为4万亿克朗（约合1711亿美元），消费品（不含汽车）零售总额为10591亿克朗（约合453亿美元）。2017年捷克人的平均月工资约为29504克朗（约合1262美元），同比增长7%。2016年捷克居民年人均消费净支出12.6万克朗（约合5386美元），其中，住房、水电、天然气等项支出最多，占家庭总支出的20.8%，食品（含非酒精类饮料）占19.8%，交通费用占11%，文化娱乐支出占9.5%，日常家庭维护支出（包括家具购买等）占6.1%，餐馆和酒店消费占5.7%，服装和鞋类支出占5.1%，手机等通信费占4.1%，烟酒类产品支出占2.9%，健康方面支出占2.6%，教育支出占0.5%，其他服务业包括保险和个人护理等方面则占11.8%左右。

罗马尼亚消费市场

罗马尼亚是中东欧十六国中市场规模第二的国家，其2018年国内最终消费支出为1890亿美元，同比增长4.78%。罗马尼亚国家统计局公布的数据显示，2018年第四季度，罗马尼亚家庭月平均可支配收入为4608列伊（约合980欧元），居民人均可支配收入为1772列伊（约合377欧元）。家庭平均月支出额为3981列伊（约合847欧元）；人均平均月支出1531列伊（约合326欧元），占总收入的86.4%。

匈牙利消费市场

匈牙利是中东欧十六国中市场规模居于前列的国家，其2018年国内最终消费支出为1060亿美元，同比增长3.66%。2018年，匈牙利实现消费品零售总额389亿美元，同比增长6.5%。

斯洛伐克消费市场

据斯洛伐克统计局数据，2017年斯洛伐克零售（不含汽车）总额为209亿欧元，同比增长6%。其中，餐饮业规模为10.7亿欧元，同比增长7.4%；住宿行业为4.3亿欧元，同比增长2.1%；汽车及汽车保养维修业为64亿欧元，同比增长16.7%。

在消费能力方面，据斯洛伐克统计局数据，2018年斯洛伐克人均月工资为1013欧元，同比增长6.2%。2016年斯洛伐克居民全年净收入为人均5291欧元，支出为5131欧元，其中食品支出824欧元，占16%；住房、水、电、气及家具和家居用品购置793欧元，占15.5%；交通支出482欧元，占9.4%；文化娱乐支出267欧元，占5.2%；邮政通信方面的支出213欧元，占4.2%；教育支出30欧元，占0.6%。

保加利亚消费市场

据保加利亚统计局最新数据，2018年，保加利亚全社会消费支出总额为670亿列弗（约合343亿欧元）。

在消费能力方面，2018年，保加利亚人均支出约5772列弗（约合2945欧元），同比增长10.4%。其中，日用消费支出4692列弗，税收318列弗，社保420列弗，其他支出284列弗，储蓄305列弗，还贷134列弗。

克罗地亚消费市场

根据克罗地亚国家统计局公布的数据，2015年克罗地亚家庭在日常用品、个人卫生用品、服装和食品价格以及广义商品（含服务和交通等）的消费为81315库纳，其中食品饮料支出占29.5%，住房和能源消费支出占16.2%，交通支出占13%，服装和鞋帽支出占6.8%，文化娱乐支出占6%，通信支出占5.5%，教育支出占1.1%。

斯洛文尼亚消费市场

据斯洛文尼亚国家统计局统计，2018年斯洛文尼亚的零售总额为130亿欧元，批发总额为138亿欧元。

从消费能力来看，2018年，斯洛文尼亚居民平均月净收入为1093欧元，实际增长1.2%，税前平均月收入为1682欧元，实际增长1.7%。公有部门月人均税前收入为1946欧元，私有部门月人均税前收入为1558欧元。

立陶宛消费市场

2018年，立陶宛国内消费品零售额为377亿欧元。其中，汽车和摩托车批发、零售及维修业销售额为38亿欧元；食品、饮料、烟草零售额为46亿欧元。

从消费能力看，2018年12月，立陶宛银行的居民存款总额为138亿欧元。2018年，立陶宛居民人均税前月工资为921欧元，税后月工资为725欧元。

塞尔维亚消费市场

2018年，塞尔维亚社会消费品零售总额为1.58万亿第纳尔（约合157亿美元），同比增长6.9%。主要零售商品占比分别为：食品32.2%、燃油22.1%、医疗用品6.3%、烟草5.9%、服装等纺织品5.1%。

从居民消费能力看，根据塞尔维亚国家统计局数据，2018年塞尔维亚居民人均生活支出为6.4万第纳尔（约合643美元）/月，同比增长3.5%。人均开支中最大的是食品和非酒精饮料，占比34.3%；居第二位的是住房、水电及煤气，占比16.7%；第三是交通，占比9.3%。

拉脱维亚消费市场

在消费市场方面，2018年拉脱维亚零售总额同比增长4%，其中食品类零售额同比增长4%，非食品零售（除汽车燃料销售外）额同比增长3%，汽车燃料销售额同比增长6%。

在消费能力方面，2016年拉脱维亚家庭每月平均支出为332.93欧元。其中，食品类支出87.28欧元，占比26.2%，烟酒支出10.79欧元，占比3.2%，服装和鞋类支出20.1欧元，占比6%，水电气燃料等支出50.79欧元，占比15.3%，家具用具保养维护支出16.14欧元，占比4.8%，健康支出21.99欧元，占比6.6%，交通支出46.21欧元，占比13.9%，通信支出14.44欧元，占比4.3%，文化艺术支出25.26欧元，占比7.6%，教育支出4.04欧元，占比1.2%，餐馆、咖啡、酒店支出16.04欧元，占比4.8%，其他杂项支出19.83欧元，占比6%。

爱沙尼亚消费市场

根据爱沙尼亚统计局公布的数据，2018年爱沙尼亚商业部门总利润为29亿欧元，比上年增长4%。2018年爱沙尼亚企业商品和服务的销售总额为610亿欧元，比上年增长10%。经济部门中占比最大的贸易和生产企业的营业额分别增长了9%和7%。

波黑消费市场

波黑统计局数据显示，2018年波黑批发和零售总额为46.8亿马克，同比增长7.1%。

据波黑中央银行数据，截至2018年底，波黑银行储蓄总额为217.5亿马克，同比增长10.6%；波黑贷款总额为194.9亿马克，同比增长5.8%。

2015年，波黑家庭每月用于食品和无酒精饮料的平均消费支出占29.9%，27%用于居住及水电气，10%用于交通。据联合国数据，波黑是所在地区最贫困的国家。波黑统计局4年发布一次的报告数据显示：2015年波黑相对贫困率为16.3%，约16万户家庭或约49万人口低于相对贫困线。

阿尔巴尼亚消费市场

据阿尔巴尼亚国家统计局初步统计数据，2017年阿尔巴尼亚家庭最终消费支出总额为1.2万亿列克（约合104.2亿美元），占GDP的79.9%。

据阿尔巴尼亚国家统计局公布的家庭预算调查数据（2018年），阿尔巴尼亚全国共有约76.8万户家庭，每户家庭平均人口为3.7。户均月消费水平约7.3万列克（约合668美元），人均月消费水平为1.96万列克（约合178美元）。从户均月消费支出情况看，在纳入统计的十二大类生活消费品和服务中，食品和饮料消费占比44.1%，居住和水电燃气及其他燃料占10.9%，其他商品和服务占6.1%，交通占7.2%，家具、家庭设备及房屋维修占4.8%，衣着占4.3%，酒店和餐饮占5%，教育占3.9%，医疗保健占3.9%，烟酒占3.5%，通信占3.4%，娱乐和文化占3.0%。

北马其顿消费市场

北马其顿2015年零售总额约为1269.66亿第纳尔（约合20.6亿欧元）。2016年北马其顿人均收入38万第纳尔（约合6185欧元）。2016年，四口之家年生活支出费用总额为38.5万第纳尔（约合6300欧元）。相较于其他欧洲国家，北马其顿人均生活支出偏低。

三 进口规模

中东欧国家对世界进口总体呈上升趋势。从2007年至2018年，中东欧整体货物进口量从6941亿美元增加到10037亿美元，进口总量增加了45%。将2018年与2007年进口总量对比，结果显示几乎所有中东欧国家的进口总量都出现了大幅增长，其中北马其顿进口总量增长幅度最大，为71%。见表3-3。

表3-3 中东欧十六国2018年进口总额及占比

国家	进口总额（亿美元）	占比（%）
波兰	2665.0	26.6

国家	进口总额（亿美元）	占比（%）
捷克	1846.5	18.4
罗马尼亚	977.8	9.7
匈牙利	1216.8	12.1
斯洛伐克	938.9	9.4
保加利亚	378.8	3.8
克罗地亚	282.0	2.8
斯洛文尼亚	422.7	4.2
立陶宛	365.0	3.6
塞尔维亚	258.8	2.6
拉脱维亚	196.7	2.0
爱沙尼亚	191.2	1.9
波黑	116.3	1.2
阿尔巴尼亚	59.3	0.6
北马其顿	90.5	0.9
黑山	30.1	0.3
合计	10036.5	100

数据来源：世界贸易组织

波兰进口规模

2018年，波兰进出口贸易额为5295亿美元，同比增加14.5%。其中，出口2618亿美元，增加13%；进口2677亿美元，增加15.9%。发达国家，特别是欧盟国家是波兰对外贸易的主要市场。具体贸易国家当中，德国仍是波兰最大贸易伙伴、最大出口市场和最大进口来源国。中国是波兰第21大出口市场和第二大进口来源国。见表3-4。

表3-4　2018年波兰前十大进口来源国

排序	进口来源国	占总进口比重（%）
1	德国	22.4
2	中国	11.6

排序	进口来源国	占总进口比重（%）
3	俄罗斯	7.4
4	意大利	5.0
5	法国	3.6
6	荷兰	3.6
7	捷克	3.4
8	美国	2.8
9	比利时	2.5
10	英国	2.4

资料来源：波兰中央统计局

捷克进口规模

捷克是欧盟成员国，同时也是经合组织、世贸组织、国际货币基金组织、欧洲复兴开发银行和世界知识产权组织等国际组织成员国。捷克除了执行欧盟对外经济政策外，还要履行有关国际组织规定的义务。2018年，捷克对外贸易总额为3858亿美元。其中，出口2021.5亿美元，进口1836.6亿美元，贸易顺差185亿美元。见表3-5。

表3-5 2014—2018年捷克对外贸易及进口额（单位：亿美元）

指标	2014年	2015年	2016年	2017年	2018年
对外贸易总额	3260	3074	3048	3424	3858
进口额	1522	1448	1421	1620	1837

资料来源：捷克统计局

罗马尼亚进口规模

罗马尼亚国家统计局公布的数据显示，2018年，罗马尼亚货物贸易进出口总额为1506亿欧元，同比增长8.9%。其中，进口828.7亿欧元，同比增长9.6%。2018年，罗马尼亚货物贸易逆差为151.3亿欧元，同比增长16.7%。其中，同欧盟国家贸易逆差为98.9亿欧元，同比增长0.96%；同非欧盟国家贸易逆差为17.2亿欧元，同比增长6.6%。

匈牙利进口规模

匈牙利的地理位置使其成为东、西方贸易的转运站，也是横跨欧盟新、老成员国之间便利的营销基地，众多跨国制造企业在此落户，设立生产组装基地，促进了匈牙利对外贸易的迅速发展。2018年，匈牙利对外货物贸易总额达2410亿欧元，创历史新高。其中，进口额为1170亿欧元。

匈牙利是欧盟成员国，贸易伙伴主要为欧洲国家，其主要货物贸易伙伴及双边贸易情况见表3-6。

表3-6 2018年匈牙利前十大货物贸易伙伴（单位：亿欧元）

排序	国家	贸易额
1	德国	644
2	奥地利	138
3	斯洛伐克	125
4	波兰	121
5	意大利	119
6	捷克	116
7	荷兰	105
8	罗马尼亚	101
9	法国	99
10	中国	93

资料来源：匈牙利中央统计局

在服务贸易方面，2018年匈牙利服务贸易总额为492.51亿美元，其中出口296.47亿美元，进口196.04亿美元。主要行业为：运输、旅行、商务相关服务、维修及知识产权等。服务贸易主要伙伴包括德国、美国、英国、奥地利等欧美国家。

斯洛伐克进口规模

根据斯洛伐克统计局数据，2018年斯洛伐克外贸总额达1571.1亿欧元，同比增长7.3%，其中进口773.3亿欧元，增长7.8%。据斯方统计，2018年斯洛伐克贸易顺差为24.6亿欧元，德国、英国和法国是其主要顺差来源国；越南、韩国和中国为其前三大贸易逆差来源国。

保加利亚进口规模

2018年，保加利亚进出口总额为711亿美元，同比增长3.7%。其中，进口额为378亿美元，同比增长6.2%。

欧盟国家一直是保加利亚最大的贸易伙伴，随着欧元区国家经济的好转，2018年，保加利亚与欧盟货物贸易总额达468.3亿美元，其中进口227.5亿美元，增长9.1%。除欧盟外，2018年，保加利亚十大贸易伙伴依次为：土耳其、俄罗斯、中国、塞尔维亚、美国、埃及、北马其顿、乌克兰、格鲁吉亚、瑞士。

克罗地亚进口规模

2018年，克罗地亚出口总额为1077.2亿库纳（约合171.8亿美元），进口总额达1755.5亿库纳（约合280.1亿美元），贸易赤字为678.31亿库纳（约合108.3亿美元）。主要贸易伙伴是德国、意大利、斯洛文尼亚、奥地利和匈牙利等。主要进口来源国为德国、意大利、斯洛文尼亚、匈牙利、奥地利、荷兰、波兰、中国和波黑。

斯洛文尼亚进口规模

斯洛文尼亚经济高度依赖国际贸易，货物和服务出口占GDP的65%~70%。货物贸易占GDP的比重在该地区属于较高的国家之一。斯洛文尼亚2018年商品出口额为442.1亿美元，同比增长15%，达到加入欧盟以来最高水平。其中，进口额为422.3亿美元，同比增长17%；贸易顺差19.8亿美元。主要贸易伙伴是欧盟成员国。最主要的贸易伙伴是德国、意大利、奥地利、克罗地亚和法国。

立陶宛进口规模

2018年立陶宛对外贸易总额达699亿美元，同比增长12.45%。其中，出口334亿美元，增长11.69%；贸易逆差为31亿美元。欧盟、独联体国家是立陶宛主要贸易伙伴。

塞尔维亚进口规模

2018年塞尔维亚对外贸易在2017年基础上强势增长，全年进出口总额451.2亿美元，同比增长15.9%。其中，出口192.4亿美元，同比增长13.2%；进口258.8亿美元，同比增长18.1%；贸易逆差66.4亿美元，同比增长34.9%。2018年，塞尔维亚前五大贸易伙伴是：德国、意大利、俄罗斯、波黑和中国；前五大出口市场是：意大利、德国、波黑、俄罗斯和黑山；前五大进口来源地是：德国、意大利、中国、俄罗斯和匈牙利。

拉脱维亚进口规模

据拉脱维亚统计局统计，2018年，拉脱维亚对外贸易总额为278亿欧元，同比增长8.8%。其中，出口123.4亿欧元，同比增长7.2%；进口154.6亿欧元，同比增长10.1%；贸易逆差31.2亿欧元。

2018年，拉脱维亚主要进口源自欧盟和独联体国家，主要进口来源国为立陶宛、德国、波兰、爱沙尼亚、俄罗斯。

爱沙尼亚进口规模

2018年，爱沙尼亚全年进出口贸易额为306亿欧元。其中，出口144亿欧元，上涨12%；进口162亿欧元，上涨10%；贸易逆差为18亿欧元，比去年减少了6900万欧元。

2018年，爱沙尼亚全部出口商品中，出口至欧盟国家的占68%；爱沙尼亚全部进口商品中，来自欧盟国家的占78%。在与欧盟国家的贸易中，出口增加了6%，进口增加了4%。与非欧盟国家的贸易获得极大发展，出口增加了27%，进口增加了37%。

波黑进口规模

波黑对外贸易总量不大，从贸易走势看，波黑进出口呈逐年增长态势，主要特点是贸易逆差居高不下。2018年，波黑进出口总额188.1亿美元，同比增长11.7%。其中，进口16.3亿美元，同比增长11%；贸易逆差44.5亿美元，同比增长8.2%。

根据波黑中央银行数据，2018年，波黑服务贸易出口17.8亿欧元，同比增长7.6%；服务贸易进口5.2亿欧元，同比增长4.8%。服务贸易进出口总额为23亿欧元，顺差为12.6亿欧元。

阿尔巴尼亚进口规模

据阿尔巴尼亚国家统计局公布的数据，2018年，阿尔巴尼亚对外贸易总额为9518.02亿列克（约合86.79亿美元），同比增长5.9%。其中，出口额为3103.97亿列克（约合28.27亿美元），同比增长13.7%；进口额为6414.05亿列克（约合58.42亿美元），同比增长2.4%；贸易逆差为3310.08亿列克（约合30.15亿美元），同比下降6.3%。

北马其顿进口规模

据北马其顿国家银行和国家统计局发布的数据，2017年北马其顿对外贸易进出口总额为133.9亿美元，同比增长16%。其中，出口56.7亿美元，同比增长18.5%；进口77.2亿美元，同比增长14.2%；当年贸易逆差为20.5亿美元。

四 贸易结构

中东欧各国对世界进口量差别较大。从2006年至2017年，中东欧各国占中东欧整体进口量的比重都十分稳定。2018年，进口量占比排名处于前三位的国家分别是波兰、捷克、匈牙利，其占比分别为26.6%、18.4%和12.1%；2018年占比低于1%的三个国家分别是北马其顿、阿尔巴尼亚和黑山，占比分别为0.9%、0.6%和0.3%。

波兰贸易结构

2018年，波兰进出口贸易额为5295亿美元，同比增加14.5%。其中，出口2618亿美元，增加13.1%；进口2677亿美元，增加15.9%。

波兰主要的贸易伙伴是欧洲国家。2018年，德国仍是波兰最大的贸易伙伴、最大出口市场和最大进口来源国。中国是波兰第21大出口市场和第二大进口来源国。见表3-7、表3-8。

表3-7　2018年波兰前十大出口目的国

排序	出口目的地	占总出口比重（%）
1	德国	28.2
2	捷克	6.4
3	英国	6.2
4	法国	5.5
5	意大利	4.6
6	荷兰	4.5
7	俄罗斯	3.1
8	美国	2.8
9	瑞典	2.8
10	匈牙利	2.7

资料来源：波兰中央统计局

表3-8　2018年波兰前十大进口来源国

排序	进口来源国	占总进口比重（%）
1	德国	22.4
2	中国	11.6
3	俄罗斯	7.4
4	意大利	5.0
5	法国	3.6
6	荷兰	3.6
7	捷克	3.4
8	美国	2.8
9	比利时	2.5
10	英国	2.4

资料来源：波兰中央统计局

在商品结构方面，2017年，波兰进口商品主要有：机械工业产品（占进口总额比重约12.3%，下同），电气设备及其零件（11.8%），车辆及其零附件（9.9%），塑料及其制品（5.9%），矿物燃料（7.4%），钢铁（3.9%），药品（2.9%），钢铁制品（2.4%），光学、照相、电影、计量、医疗、精密仪器设备及其零附件（2.2%），纸及纸板、纸浆、纸或纸板制品（2.1%）。

波兰出口商品主要有：机械工业产品（占出口总额比重约13.2%，下同），车辆及其零附件（12%），电气设备及其零件（10.8%），家具、寝具等（5.8%），塑料及其制品（4.6%），钢铁制品（3.1%），矿物燃料（2.6%），橡胶及其制品（2.4%），肉及食用杂碎（2.3%），钢铁（2%）。

在服务贸易方面，2017年，波兰服务贸易出口总额为584亿美元，同比增加17.3%；进口总额为382亿美元，同比增加11.7%。波兰对中国服务贸易出口3.48亿美元，自中国进口4.6亿美元。见表3-9、表3-10。

表3-9　2017年波兰服务贸易前十大出口目的国

排序	出口目的地国	占总出口比重（%）
1	德国	23.1
2	瑞士	8.1
3	英国	7.3
4	荷兰	6.2
5	美国	6.1
6	法国	4.0
7	瑞典	3.2
8	捷克	3.1
9	比利时	2.6
10	爱尔兰	2.4

资料来源：波兰中央统计局

表3-10　2017年波兰服务贸易前十大进口来源国

排序	进口来源国	占总进口比重（%）
1	德国	21.8
2	英国	8.4
3	法国	5.6
4	荷兰	5.3
5	美国	5.1
6	捷克	4.8
7	瑞士	4.4

排序	进口来源国	占总进口比重（%）
8	爱尔兰	4.1
9	意大利	3.9
10	奥地利	3.0

资料来源：波兰中央统计局

服务贸易出口主要包括：交通运输（包括海运、空运、铁路、公路、内河、管道、电力传输及相关服务业，占服务贸易出口总额的26.9%，下同），旅游（21.7%），法律、会计、咨询、社会调查、广告等商业服务（35.8%），通信及信息（10.9%），制造（7.2%），建筑（3.4%），维修保养（3.0%），金融（1.6%），文化娱乐（1.3%），保险养老（0.9%）。

服务贸易进口主要包括：法律、会计、咨询、社会调查、广告等商业服务（占服务贸易进口总额的43.1%，下同），旅游（23%），交通运输（22.9%），通信及信息（9.5%），知识产权使用费（8.2%），金融（2.5%），维修保养（2.5%），文化娱乐（2.1%），建筑（1.2%），制造（1%）。

捷克贸易结构

在贸易伙伴方面，捷克主要贸易伙伴国有德国、波兰、斯洛伐克、中国、法国、俄罗斯、奥地利、意大利、英国、荷兰等。2018年，中国为捷克第二大贸易伙伴。见表3-11。

表3-11　2018年捷克与主要贸易国货物进出口金额（单位：亿美元）

国家/地区	出口金额	进口金额
德国	655	459
中国	26	260
波兰	122	140
斯洛伐克	153	91
法国	103	60
奥地利	90	54
英国	38	95

资料来源：捷克统计局

捷克出口商品主要包括车辆、机械设备、电子产品、化工医药产品等；进口商品主要包括机械产品、电子产品、电信设备、通用机械、石油及其产品、轻工产品、食品等。见表3-12。

表3-12　2018年捷克主要进口产品情况（单位：亿美元）

进口商品种类	进口金额	主要来源国（地区）
车辆	183	德国、波兰、韩国
电动机械、仪器设备	198	德国、中国、英国
办公机械和自动数据处理设备	118	中国
通讯及录音设备	141	中国
通用工业机械及设备	95	德国、意大利、中国
工业制成品	85	德国、中国
金属制成品	74	德国、波兰、中国
钢铁	80	德国、斯洛伐克、波兰
发电机械设备	62	德国、斯洛伐克、波兰
医药产品	52	德国、法国

资料来源：捷克统计局

罗马尼亚贸易结构

罗马尼亚最主要的贸易伙伴为欧盟国家。2018年，与欧盟国家之间的进出口总额达到1138.6亿欧元，同比增长8.7%，占罗马尼亚同期进出口总额的75.6%。其中，出口519.8亿欧元，同比增长9.5%，占同期出口总额的76.7%；进口618.7亿欧元，同比增长8.0%，占同期进口总额的74.7%。同期，与非欧盟国家之间的进出口总额为367.4亿欧元，同比增长9.7%，占罗马尼亚同期进出口总额的24.4%。其中，出口157.5亿欧元，同比增长3.9%，占同期出口总额的23.3%；进口209.9亿欧元，同比增长14.6%，占同期进口总额的25.3%。

在商品结构方面，2018年，罗马尼亚主要的进出口货物大类为机械和运输设备（分别占同期出口总额的47.3%和进口总额的38.0%），以及其他加工类产品（分别占同期出口总额的32.9%和进口总额的30.7%）。见表3-13、表3-14。

表3-13 2018年罗马尼亚出口商品结构表

商品大类	在总出口中所占比重（%）
机械和运输设备	47.3
其他加工类产品	32.9
食品、饮料及烟草	7.5
化学品及相关产品	4.4
原材料	4.1
矿物燃料、润滑油等	3.8

数据来源：罗马尼亚国家统计局

表3-14 2017年罗马尼亚进口商品结构表

商品大类	在总进口中所占比重（%）
机械和运输设备	38.0
其他加工类产品	30.7
化学及其关联产品	12.6
食品、饮料及烟草	8.2
矿物燃料和润滑油	7.5
原材料及材料	3.0

数据来源：罗马尼亚国家统计局

匈牙利贸易结构

匈牙利是欧盟成员国，贸易伙伴主要为欧洲国家。其主要货物贸易伙伴及双边贸易情况见表3-15。

表3-15 2018年匈牙利前十大货物贸易伙伴（单位：亿欧元）

排序	国家	贸易额
1	德国	644
2	奥地利	138
3	斯洛伐克	125
4	波兰	121

排序	国家	贸易额
5	意大利	119
6	捷克	116
7	荷兰	105
8	罗马尼亚	101
9	法国	99
10	中国	93

资料来源：匈牙利中央统计局

在产品结构方面，主要出口产品包括：电机、电气、音像设备及零件；机械产品及零件；车辆及其零部件（铁道车辆除外）；药品；塑料及其制品；光学、照相、医疗等设备及零件；矿物燃料、橡胶及其制品；谷物。主要进口商品包括：电机、电气、音像设备及零件；机械产品及零部件；车辆及其零部件（铁道车辆除外）；矿物燃料；塑料及其制品；药品；钢铁及钢铁制品等。

在服务贸易方面，2018年匈牙利服务贸易总额为492.51亿美元，其中出口296.47亿美元，进口196.04亿美元。主要行业为：运输、旅行、商务相关服务、维修及知识产权等。服务贸易主要伙伴包括德国、美国、英国、奥地利等欧美国家。

斯洛伐克贸易结构

斯洛伐克主要贸易伙伴有德国、捷克、意大利、奥地利、匈牙利、波兰、英国、法国、俄罗斯、中国、韩国等。主要出口商品有汽车及零部件、电气设备及备件、电站锅炉、钢铁制品等；主要进口产品有机械、电子设备、交通工具及零配件、矿产品（非贵金属）等。

保加利亚贸易结构

从商品类别看，2018年，保加利亚各类商品出口结构并无明显变化，仍以原材料、机械运输设备、食品活禽、制成品、化工产品等传统优势产品为主。前十大贸易伙伴依次为：土耳其、俄罗斯、中国、塞尔维亚、美国、埃及、北马其顿、乌克兰、格鲁吉亚、瑞士。见表3–16。

表3-16　2018年保加利亚进出口贸易主要国家和地区（单位：亿美元）

国家和地区	出口	同比增长率（%）	进口	同比增长率（%）
欧盟国家	227.5	9.1	240.8	5.5
德国	49.3	16.2	47.0	7.5
意大利	28.7	10.0	28.6	10.4
罗马尼亚	28.3	10.2	26.0	3.4
希腊	22.3	9.9	16.5	5.1
非欧盟国家	105.9	12.5	138.9	7.4
土耳其	25.5	12.9	23.8	5.4
俄罗斯	4.5	48.5	37	0.9
中国	8.8	10.1	15.5	18.6

资料来源：保加利亚统计局

克罗地亚贸易结构

2018年，克罗地亚农林渔业进口额为6.72亿欧元，出口额为6.94亿欧元；采矿和采石业进口额为17.1亿欧元，出口额为0.96万亿欧元；制造业进口额为205.5亿欧元，出口额为130.4亿欧元。

2018年，克罗地亚主要出口产品包括：药品、电力、柴油、95号汽油、10伏液体介质变压器、非木制座椅部件、血红蛋白和球蛋白血清、白糖、皮革或皮革合成制品和血液免疫产品等。2018年，克罗地亚主要进口产品包括：原油、电力、药品、血红蛋白和球蛋白血清、1.5～2.5升柴油车辆、柴油、手机或其他无线设备、粒面剖层整张羊皮、天然气和液晶电视显示屏等。

斯洛文尼亚贸易结构

在斯洛文尼亚的货物贸易中，半成品和中间产品是主要的贸易内容。斯洛文尼亚宏观经济研究院预测，未来，出口仍然是斯洛文尼亚经济增长的主要动力。见表3-17、表3-18。

表3-17　2018年斯洛文尼亚出口商品结构

产品名称	比例（%）
车辆及其零附件（铁道车辆除外）	19.46
电机、电气、音像设备及其零附件	10.48
锅炉、机械器具及零件	10.04
药品	8.18
矿物燃料、矿物油及其产品、沥青等	4.99
塑料及其制品	4.37
钢铁	4.03
铝及其制品	3.38
家具、寝具等、灯具、活动房等	3.18
木及木制品；木炭	2.75
出口总额	442.08亿美元

资料来源：斯洛文尼亚统计局

表3-18　2018年斯洛文尼亚进口商品结构

产品名称	比例（%）
车辆及其零附件（铁道车辆除外）	17.48
锅炉、机械器具及零件	9.36
矿物燃料、矿物油及其产品、沥青等	9.01
电机、电气、音像设备及其零附件	8.90
塑料及其制品	5.24
钢铁	5.08
药品	4.61
铝及其制品	2.95
钢铁制品	2.19
有机化学品	2.13
进口总额	422.32亿美元

资料来源：斯洛文尼亚统计局

立陶宛贸易结构

立陶宛出口商品主要有：矿物燃料、矿物油；机械、电机、电气；家具寝具；灯具；塑料及其制品；车辆及零附件；木材及木制品；肥料；药品；光学、照相、医疗等设备及零附件等。

进口商品主要有：矿物燃料、矿物油；机械；电机、电气；车辆；塑料及其制品；药品；有机化学品；木及木制品；木炭；钢铁制品等。

塞尔维亚贸易结构

在塞尔维亚对外贸易中，原料性商品出口所占比重较大。2018年塞尔维亚主要出口商品分别是车辆和运输设备、食品及电子产品等；主要进口商品分别是车辆和运输设备、化学产品、机械设备及电子产品等。

拉脱维亚贸易结构

拉脱维亚主要出口产品有：木材及木制品、电子机械设备及其零部件、锅炉设备、汽车及其部件、饮料和酒精、钢铁、矿物油及其蒸馏物、医药产品、钢铁制品、家具等。主要进口产品有：电子机械设备及其零部件、火车和有轨电车车头及其零部件、非有机化学品及贵金属化合物、飞机及零部件、钢铁制品、橡胶及其制品、化肥、食品加工业残渣及废物、软木制品、船舶等。

爱沙尼亚贸易结构

2018年，爱沙尼亚出口最多的商品是电气设备，占爱沙尼亚总出口额的15.79%；其次是矿产，占比14.79%；第三位是木材与木制品，占比10.61%。爱沙尼亚进口的主要商品是矿产品，占爱沙尼亚总进口额的15%；其次是交通设备，占比13%；其后是农产品和预制食品、机械用具和矿产品，各占比10%。

波黑贸易结构

出口主要商品类别是基本金属及其制品，机械、电气和机电产品，其他制造产品，矿产品。主要进口商品类别是矿产品，机械、电气和机电产品，基本金属及其制品，化工产品。

2018年，根据协调制度分类，波黑出口排名前6位的大类商品为：贱金属及其制品（13.8亿美元）、机电产品（8.7亿美元）、矿产品（7.8亿美元）、杂项制品（包括家具在内，共7.4亿美元）、化学工业及相关工业产品（6亿美元）、木材及木制品（4.8亿美元）。

2018年，根据协调制度分类，波黑进口排名前6位的大类商品为：矿产品（17.9亿美元）、机电产品（16.1亿美元）、贱金属及其制品（13.3亿美元）、化学工业及相关工业产品（10.8亿美元）、食品、饮料、酒和烟草制品（9.5亿美元）、车辆、航空器、船舶等交通工具（8.2亿美元）。

阿尔巴尼亚贸易结构

2018年，阿尔巴尼亚主要出口商品为：纺织品和鞋类（占比39.9%），建筑材料及金属（占比7.1%），矿物、燃料和电力（占比8.2%）；主要进口商品为：机械设备和零部件（占比22.2%），食品、饮料和烟草（占比16.6%），纺织品和鞋类（占比13.7%）。

北马其顿贸易结构

2018年出口商品主要包括：贵金属催化剂、纺织服装。主要进口商品为：石油及其制品、贵金属。服务贸易方面，该国尚未发布相关统计数据。

第四章

投资合作商业机会

一 产业基础

中东欧国家与欧盟关系密切，产品安全、技术标准接轨欧盟，部分国家港口地理优势突出，既是中国通往欧洲腹地的重要门户，也是实现中国产品"欧洲化"的重要周转之地。

部分中东欧国家经济基础扎实，产业特色明显，科教水平较高，汽车制造、飞机船舶制造、生物制药等行业技术领先。多年来，中东欧各国对内转型经济体制，对外扩大开放程度，经济发展势头良好，科技实力保持领先，被称为"欧洲工厂"。

中东欧地区还拥有丰富的矿产、农牧等自然资源，葡萄酒、蛋奶等特色农产品丰富。与此同时，得益于较优的劳动力资源和薪酬结构，波兰、捷克、斯洛伐克等国每年可培养的工程师不少于28万名，工匠文化浓厚，工程技术水平较高。

波兰产业基础

波兰工业和农业都较为发达，并拥有特色产业，服务业增速较快。

1. 农业

波兰是欧洲农业大国。根据波兰中央统计局2018年公布的年鉴数据，波兰2017年农业用地共1462万公顷，其中耕地占73.8%。2017年农业总产值为1156亿兹罗提，同比增长0.3%，占GDP的5.8%。主要农作物有小麦、黑麦、马铃薯、甜菜、油菜籽等，产量均居欧洲前十位。肉制品、奶制品、苹果、洋葱、卷心菜和菜花等果蔬产量也居欧洲前列。

2. 矿业和矿山机械工业

根据波兰中央统计局2018年工业年鉴数据，2017年波兰采矿业产值为

507.8亿兹罗提，较上年增长3.4%，占工业总产值的3.6%。煤炭占波兰国内初级能源的60%左右，占发电用燃料的92%。波兰是居俄罗斯之后欧洲第二大硬煤生产和出口国，也是褐煤的重要生产国。2017年，波兰硬煤和褐煤的产量分别为7080万吨和6020万吨，分别同比减少2.6%和4.6%。2016年，波兰硬煤探明储量约为586亿吨，主要分布在西里西亚和卢布林地区，已开采量占总储量的37.9%；褐煤探明储量约为235亿吨，分布在波兰中部和西南部，已开采量占总储量的5.8%。按现有储量计算，硬煤可开采160年以上，褐煤可开采30年以上。波兰重点煤矿的地下硬煤开采已经基本上采用了目前国际通行的现代综合机械化采煤法——"长壁式采煤法"，能够保证安全、高效、回收率高。波兰FAMUR公司是矿山机械设备的主要生产企业，产品包括矿山工作面综合采煤、输送、选煤设备，以及吊挂列车、液压和控制系统、钻探、矿山救护专用设备等，产品出口欧盟、俄罗斯、哈萨克斯坦、美国、墨西哥、越南等十几个国家。近年来该公司加大了开拓中国市场的力度，利用波兰政府对华优惠贷款向中国出口液压支架等。波兰煤矿安全体系健全，采矿安全技术和管理水平处于国际领先地位。国家采矿局行使安全监督职能，下设11个地区安全监察机构。在铜矿方面，波兰是居俄罗斯之后欧洲第二大、世界第九大产铜国。2016年铜银矿储量19.49亿吨，其中已开采量占87.5%。铜矿主要分布在下西里西亚地区，深度为地下1200米。铜矿含银量较大，开采收益率较高。波兰白银生产量占世界第6位，欧洲第1位。产出的铜和银大部分出口到欧盟国家市场。波兰铜业集团股份公司是波兰最大的铜生产商、出口商和世界最大铜、银生产商之一。

3. 钢铁工业

2000年以来，波兰钢铁产业经历了衰退、重组、恢复和发展几个时期。2008年2月，欧盟委员会公布了关于加强冶金企业竞争力的公报，对保持和加强钢铁企业的竞争力以及加强建筑、汽车、造船等产业的附加值提出了完整的产业指导意见，并与2020年实现减排目标的战略挂钩。近年来，波兰钢铁产能无法满足日益增长的国内市场需求，外国钢铁产品，特别是高附加值钢材开始大量涌入波兰市场。国际钢铁巨头阿赛洛米塔尔集团旗下的波兰米塔尔钢铁集团是波兰最大钢铁企业，有4条最大生产线，总产能占波兰整个钢铁产业的60%以上。

4. 化学工业

波兰化学工业企业数量多、产品范围广，但产业基础薄弱，产能有限，产品内需旺盛，多数产品需要进口，总体而言化工产品贸易逆差较大。本国主要化工产品有硫酸、氢氧化钠、纯碱、丁二烯、甲苯、苯酚、己内酰胺、氮酸、氨合成气等。其中化肥（特别是氮肥）生产占主要份额、产品出口比重高。进口方面，波兰每年需要进口大量塑料、橡胶、染料和油漆等产品。据波兰中央统计局2018年工业年鉴数据，2017年波兰化学制品、化工产品产值为540亿兹罗提，同比增长6.8%，占整体工业产值比重约4.6%。截至2017年底，在波兰登记从事化学制品、化工产品生产经营业务的经济体共有2556家，从事医药制品生产经营业务的经济体共有379家。主要化工企业包括：PKN Orlen股份公司、CIECH股份公司等；主要药品生产企业和研究机构包括：POLFA集团、抗生素生化研究所、医药研究所、Zielarski药厂、化学药剂厂和私人非处方药生产厂。

5. 汽车工业

在汽车工业方面，波兰汽车工业的主要特点是：外资企业占主导地位，以汽车装配为主，汽车零部件生产商技术标准高、品种齐全、加工生产增长较快；汽车已成为波兰重点产业、热门出口行业，产品种类多、品牌多且外需旺；波兰国内对新车需求不旺，近年来波兰国内市场二手车销售是新车的两倍。波兰最大的4家汽车制造商，包括菲亚特汽车波兰公司、通用汽车波兰公司（波兰欧宝）、大众汽车波兹南公司和波兰FSO股份公司，这四家公司的产量占波兰汽车总产量的99%。菲亚特为最大生产商，市场占有率在50%以上。波兰生产的汽车和零部件大部分用于出口。根据波兰海关统计数据，2018年载人机动车出口额前十大市场分别为德国、意大利、英国、法国、土耳其、西班牙、匈牙利、比利时、瑞士、捷克。根据波兰中央统计局2018年工业年鉴数据，2017年波兰汽车业产值为1452亿兹罗提，同比增长9.7%，约占整体工业产值的12.4%。汽车行业员工总数约19万名，就业同比增长5.6%。汽车类产品出口1099亿兹罗提，占波兰出口总额的13.8%。波兰是欧洲大客车的重要产地，德国是波兰大客车主要出口市场之一。根据波兰汽车工业协会数据，2016年波兰共生产10座以上客车5234辆，同比增加2.6%。近年，波兰汽车零部件产业蓬勃发展，已成为欧洲汽车零部件主要生产国之一。根据波兰汽车工业协会数据，2017年，波兰汽车零部件出口923亿兹罗提。主要产品包括发动机、汽车紧固件、焊接件、塑料件、电子布线、铸件、汽车玻璃等。

6. 电子工业

近年来，波兰已成为液晶显示器（含电视机显示器）以及多数品牌家用电器的重要生产地。主要企业有捷普（电视显示器、电子产品）、LG电子（电视显示器和其他通用电子产品）、三家通信设备生产商（西门子、阿尔卡特、朗讯）、日本船井等。

7. 海洋经济

波兰北邻波罗的海，大小海港十余个，其中最主要的包括：格但斯克、格丁尼亚、什切青、希维诺乌伊希切。根据《2017年波兰海洋经济年鉴》，2016年海港码头总长度94468米，其中可用长度77900米。其中，上述四港可用码头长度分别为20434米、13393米、15049米和7924米。波兰主要内河包括维斯瓦河（Vistula，长度1047公里）、奥得河（Oder，长度854公里）、瓦尔塔河（Warta，长度808公里）。

8. 木材工业

与其他工业相比较，波兰木材业附加值较高，收益高于工业企业平均水平，出口持续较快增长。但也存在部分加工行业创新水平相对较低，研发投入不够及劳动生产率较低等问题。波兰家具及木地板生产和贸易在国际上占有一席之地，是世界第三大多孔纤维板生产国，第六大刨花板和硬纤维板生产国，第十大家具生产国和第四大出口国。波兰家具出口增长最快的市场包括：俄罗斯、乌克兰、白俄罗斯、中国和印度等国，对日本、韩国和美国出口也有所增加。2016年末，波兰木材、造纸、家具经营企业3.8万家，员工人数近39万。木材及相关制品产值385亿兹罗提，约占工业总产值的2.8%。造纸业产值394亿兹罗提，约占工业总产值的2.8%。2016年，波兰出口木材、纸类和家具497亿兹罗提，进口195亿兹罗提。

9. 轻工业

至2016年底，波兰拥有纺织、服装和皮革等轻工企业2.2万家，产值312亿兹罗提，约占工业总产值的2.3%。2016年，波兰纺织、服装和皮革制品出口额135亿兹罗提，进口额83亿兹罗提。

10. 旅游业

波兰自然风光优美，历史文化遗产丰富。近年来，赴波兰旅游人数持续增加。2007年加入《申根协定》后，波兰与欧洲其他国家之间的跨境旅游更为便利。重点旅游城市包括华沙、克拉科夫和格但斯克等。根据《2018年波兰国家年鉴》，2017年入境波兰的外国游客为1795万人次，同比增长7%。

捷克产业基础

捷克工业历史悠久，在机械、电子、化工和制药、冶金、环保、能源等领域有着雄厚基础，许多工业产品，如汽车、纺织机械、机床、电站设备、光学仪器、环保设备、生物制药等在全世界享有盛誉。2018年捷克工业生产总值671亿美元，占GDP的27.5%。

1. 汽车工业

汽车工业在捷克已有一百多年历史，是捷克国民经济支柱产业，捷克汽车工业产值在工业生产和出口中占比均为21%，同时以3.1%的就业人口比例创造了7.5%的GDP产值。捷克汽车行业的直接就业总人数超过15万人，有近40万人在与汽车生产相关的行业中工作。2018年，捷克汽车产量超过143.7万辆，同比增长1.7%，在中东欧国家中汽车产量排名第一。

捷克有数百家汽车零部件制造供应商，世界汽车零部件厂商50强中有一半在捷克投资设厂，并且越来越多的知名汽车厂家将其设计、创新和技术研发中心设在捷克，从而形成密集完整的汽车产业链，使捷克成为世界上汽车制造、设计与研发集中程度最高的国家之一。为提高汽车产业整体竞争力，捷克投资局也专门设立了汽车零部件供应商数据库。

目前，捷克拥有3家小汽车整车生产企业，即斯柯达汽车公司、丰田标致雪铁龙汽车厂和韩国现代汽车厂。斯柯达汽车公司是捷克的工业龙头和百强企业之首，也是捷克最大的出口企业。该公司在捷克有三个生产基地，其技术开发部是大众集团第三大研发中心，可独立开发全新车型。2018年，斯柯达汽车在中国销量为34.1万辆，斯柯达公司一直将中国视为目前以及今后相当长时间内最重要的海外市场。见表4-1。

表4-1　捷克三大汽车厂商2018年经营状况

企业名称	成立年份	雇员数	年产量（万辆）
斯柯达	1895年（1991年并入大众汽车）	2.8万	88.6
丰田标致雪铁龙	2002年	3000	21.1
现代	2006年	3400	34

2. 机械制造业

机械制造业是捷克最重要的制造行业之一。机器设备制造在捷克有着悠久历史与传统，涵盖了电力设备、化工设备、食品机械、建筑机械、农林机械、机床、矿山机械、冶金机械、橡胶塑料加工机械、纺织机械、印刷机械、皮革加工机械、玻璃及烟草机械、军工机械等。经过十多年重组改造和外资大规模进入，捷克机械制造业产品技术水平和质量明显提高。目前，捷克机床、电站设备、锅炉、矿山机械、食品机械、环保设备、纺织机械及军工产品等在国际上具有较强竞争力。该行业收入在制造业的占比超过10%，从业人数占全国制造业总就业人数的12.5%，产品的80%～90%销往国外。

（1）机床。捷克机床生产已有150年历史，TOS、MAS、ŠKODA、ZPS和ŽDAS等都是捷克知名机床品牌。在中东欧各国中，捷克是唯一一个加入CECIMO（欧盟机床工业协会）的国家。近年来，捷克机床和成型机行业生产能力、技术含量和产品竞争力稳步增长，优良的质量和独特先进的设计使捷克成为排名欧洲第7、世界第14的机床生产国。捷克机床工业主要研发机构包括布拉格机床、机床加工研究所（VUOSO）和制造技术研究中心（RCMT）。近年受世界金融危机影响，捷克机床出口出现下降。捷克机床主要出口市场包括德国、俄罗斯和中国等。

（2）发电设备。捷克有120多家生产电力能源设备的企业，产品种类多，技术水平高。主要产品包括发电机、变压器、输变电设备、热压交换器、电力控制设备、汽轮机、涡轮机、水轮机、电气设备、原子能反应堆等。该行业每年可吸引外资约50亿美元，主要外国投资者包括西门子、ABB等跨国公司。代表性企业包括斯柯达动力公司等。

（3）采煤技术和设备。捷克是欧盟第四大硬煤生产国（仅次于波兰、英国和德国），硬煤可采储量20亿吨，60%为优质焦煤。捷克采矿历史悠久，技术成熟，90%以上露天和井下煤矿采掘使用本国设备和技术。捷克采矿设备公司拥有开采与处理矿物的丰富经验，包括设计矿场，选择合适技术，硬件设备的设计、安装和调试等。此外，捷克在矿震预测、预报和预防技术上也已形成一套有效机制和体系，多年来未发生因矿震导致伤亡的事故。究其原因，特别是其爆破卸压技术带来的效果显著，捷克曾采用大当量（3吨炸药）爆破卸压预防矿震。这项技术有效预防了矿震事故发生，对中国解决煤矿矿震危害具有借鉴作用。捷克采矿设备工业协会和主要生产商积极开拓中国市场，希望与中资企业开展合作。

（4）环保技术和设备。捷克在环保技术和设备方面具有较高水平，尤其是在污水及工业和城市垃圾处理设备、污水生物处理技术方面有独到之处，其环保技术和设备出口到世界许多国家。另外，捷克农业废料和城市垃圾处理、废物焚烧、工业除尘和脱硫设备工作效率高，运行成本低，有较高性价比。

①污水生物处理技术。捷克污水沉积物过滤技术达到世界先进水平，其特有的流体过滤技术（简称USBF，专利技术）符合欧洲及美国污水处理标准，领先于目前很多国家仍在使用的SBR污水处理技术，在美国、德国、意大利、加拿大、西班牙等国家都有以这种技术为核心建造的污水处理厂。

②固体垃圾处理。捷克企业能够设计和制造把城市垃圾（金属、塑料和公共垃圾）密封焚烧后生成煤气的处理设备，并已广泛使用。

③脱硫技术。捷克企业采用独创的干法脱硫工艺不仅解决了烟气排放污染问题，而且脱硫效率高、运行成本低。

（5）纺织机械。捷克纺织机械行业有悠久历史，曾发明气流纺纱机，并大量对外出口。此外，捷克利贝雷茨市捷克纳米纤维设备制造公司（Elmarco）与利贝雷茨技术大学（TUL）合作，成功开发世界第一台纳米纤维工业生产设备。该设备可工业化生产纤维直径200～500纳米的无纺布，产品广泛用于过滤、医疗、建筑、汽车、工业制造及化妆品生产等众多领域。公司主要产品有：NS LAB纳米纤维新材料研发实验室设备、NS LINE纳米纤维材料工业化生产线、具有独特吸音功能的纳米纤维新材料生产设备、能清除空气和生物杂质并制造抗菌纳米新材料的机械设备。且设备生产能力已提高至8小时生产10公里长、幅宽1.45米的纳米织物。

此外，在机械制造领域，斯柯达交通设备公司生产的电力机车、地铁车组和城市有轨电车，以及维特科维采重机公司和比尔森钢铁公司生产的大型曲轴和涡轮机转子等产品在国际市场上颇受青睐，市场份额稳步增长，也是捷克机械工业优势产品。

3. 电气电子工业

捷克电气电子工业历史悠久，是捷克最具竞争力的制造产业之一，销售额仅次于交通运输制造业和冶金业，居第三位，该行业产值占捷克制造业总产值的14%。全国电气电子企业超1.7万家，雇佣员工总数逾18万人。电气电子工业主要包括强电流电气技术，计算机，影音设备和电子元件，仪器和自动化设备这四大行业，其中强电流电气技术行业产值占捷克整个电气电子工业产值的44%。

电气电子工业也是捷克制造业中第一大出口行业，出口产品主要有强电流设备、计算机设备和电子配件等，出口至德国、荷兰、法国和英国等欧盟国家；进口则主要来自德国、中国、荷兰和日本，产品包括影音设备、电子元件和计算设备等。

在过去十年中，该行业吸引外商投资46.3亿美元，占捷克吸引外资总量的30%，仅次于汽车工业。富士康、松下、宏碁、西门子等许多国际知名企业均在捷克建立工厂和代表处。

（1）强电流电气技术。此行业电机设备在捷克电气工业中的优势地位一直相对稳定，主要产品有电动机、发电机和变压器；配电设备、开关和控制系统；绝缘电缆和导线；蓄电池和原电池；电源灯和照明类器具等。近年来，外资大量进入使该领域产品种类扩大，汽车工业电子设备、产品和服务水平也逐步达到先进水平。代表性企业包括ATAS Electromotors Nachod股份公司等。

（2）计算机。近年来，捷克计算机产业迅速发展，主要是为世界知名品牌贴牌生产，产品几乎全部销往跨国公司设在欧洲的分拨中心。计算机设备约占捷克电子工业总产值的24%，但其工作人员数量仅占捷克电子工业人员总数的5%。

中国台湾富士康、大众和华硕三家电脑企业每年在捷克生产计算机四百多万台，使捷克成为欧洲最大的电脑生产国之一。其中，富士康捷克有限公司在捷克巴尔杜比采和库特纳霍拉有两个生产工厂，已成为捷克第三大工业企业和第二大出口商。

（3）影音设备和电子元件。近几年，捷克电子元件和电信产业发展迅速，主要产品有电子管、晶体管、电容器、电阻器、印制电路板等电子零件；广播和电视发射器，电话设备；广播和电视接收器，音频或视频录制和复制设备等。1999年至2004年间，捷克利用外资以绿地投资项目方式建成一些电子元器件和电信设备生产企业。捷克是欧洲主要的液晶显示器和平板彩电生产国，代表性企业有日本松下AVC网络技术公司、IPS Alpha公司和日立公司。中国四川长虹公司也在捷克投资建设了彩电生产厂。

（4）仪器和自动化设备。捷克仪器和自动化设备行业主要生产和销售医疗器械和设备；测量和检测仪器；导航及其他装置和设备；工业过程控制装置；光学及摄影器材和设备；时间测量仪等，同时提供项目设计等服务。该领域从业人员占捷克电子工业总从业人员的19%。

捷克的精密光学仪器在国际上颇具名气，有较强竞争力。特别值得一提的是，2014年全球生产的电子显微镜中，有1/3产自捷克。主要产品有电子显微镜、扫描电镜、军民用望远镜和夜视仪等。代表性企业主要包括：FEI、Tescan Orsay Holding、Delong Instruments和Meopta-optika等公司。

在信息技术领域，捷克是吸引信息技术投资的主要欧洲国家之一。目前，已有Skype、DHL、Red Hat、SolarWinds、NetSuite和IBM等公司在此投资。捷克本土也有一些著名的软件开发企业，如AVG技术公司和AVAST软件公司都是在网络安全领域较著名的企业。

另外，捷克是全球一系列知名游戏软件的原产地。著名的游戏软件开发商包括：波西米亚互动工作室（Bohemia Interactive）、Warhorse Studios工作室和2K Czech。

4. 飞机制造业

飞机制造业在捷克有较长历史，是传统优势产业。除传统的喷气教练机、轻型战斗机之外，捷克主要生产民用、运动和小型私人飞机，是欧洲仅次于德国的超轻型飞机生产国。每年约生产550架轻型飞机、运动飞机和1400个螺旋桨，产品80%以上出口。近年来，快速发展的超轻型飞机与传统喷气教练机、轻型战斗机、运动飞机、滑翔机，还有飞机零配件、雷达设备和机场空管系统，已成为捷克飞机制造业的主流产品。中捷克州是捷克飞机制造业最集中的地区，目前有7家飞机制造企业，其中AERO Vodochody和Evektor-Aerotechnik两家公司的规模最大。

目前，有多家跨国公司在捷克成立其航空航天产品的生产和研发基地。这些企业包括：霍尼韦尔、通用电气航空等。

另外，捷克在卫星导航系统领域的发展也并不落后，首都布拉格是欧洲导航卫星系统管理局（GSA）的所在地。

5. 制药和生物技术

捷克对现代生物学发展做出了突出贡献。捷克科学家杨·伊万杰利斯塔·浦肯野创立了胚胎学；格雷戈尔·孟德尔对豌豆植物的遗传性进行研究，被称为"遗传学之父"。另外，现代高分子化学家奥托维赫特莱发明了人工聚酰胺纤维、水凝胶和软性隐形眼镜；米兰·哈塞克博士是无性杂交（又被称作"营养杂交"）的共同发现者。

捷克生物技术在过去十年中发展迅速，其应用范围涵盖多个领域，包括医疗保健、农业和工业。2005年捷克政府通过法令，将分子遗传学和生物技术列入长期基础研究的优先领域，同时捷克也是欧洲五个被授权培育生产转基因粮食作物的国家之一。

捷克拥有完善的生物技术研究机构网络。截至2007年底，全国共有308个生物技术研究实体，其中47%在布拉格，22%在南摩拉维亚地区。大部分研究设施属捷克科学院、大学和卫生部。其生物技术、分子生物学和医药研发中心主要分布在布拉格和奥洛莫茨、赫拉德茨-克拉洛韦、比尔森、布杰约维采、布尔诺等大城市。其中，布尔诺在医学界颇负盛名，尤其是在心血管疾病和癌症研究领域。由于具备良好的基础设施、完善的大学和研究机构网络，布尔诺在当地政府支持与鼓励下，正发展成为生物技术公司的枢纽。

捷克在生物技术领域经验丰富，2000年大学就开设了以基础生物技术研究为导向的课程。捷克大约有57000名大学生就读生命科学专业，每年大约有7400名该专业毕业生。

捷克制药技术具有较高水平。1990年，捷克科学院高分子化学研究所研发了一种治疗伤口的药物——"Hemagel（希马洁）"亲水性凝胶。1997年，该药品申请了专利，之后进行临床试验。2006年，捷克一家制药厂购买生产许可证，并开始生产销售。该药在捷克国内、美国、加拿大和英国等市场陆续获得成功，其中，在美国市场被授予奖项。该药品在美国市场命名为"Wound-Be-Gone"，被美国医学协会列为20种推荐药品之一，也是首个获此推荐而非美国原产地的药品。

捷克生产的治疗心血管疾病药物、化疗辅助药物具有世界先进水平。近几年，捷克发明的治疗癌症的生物技术引起广泛关注。

另外，捷克在开发人用和兽用药品、诊断学、发酵技术、垃圾清理和环境保护，以及动植物生物技术等方面也有一定实力。EXBIO Praha和BioVendor是两家比较重要的生物技术公司，由它们开发的，也是最先投入市场的可溶性HLA-G ELISA检测试剂盒，将人工授精成功率从29%提升到了70%。

6. 纳米技术

纳米技术与机械制造、汽车、航空工业、电子、信息技术、生命科学和商业支持服务等行业，同属于捷克鼓励外商投资的优先领域。

捷克在纳米领域代表性企业包括Elmarco公司等。具体如下：

（1）Elmarco公司是全球知名的纳米技术公司之一，是世界上第一个、同时也是唯一能生产纳米纤维工业量产设备的企业，拥有170名员工。它生产的"纳米蜘蛛"（Nanospider）工业生产线和实验室生产设备采用静电纺丝技术生产纳米纤维。经不断完善和改良，纳米蜘蛛技术现在可适用于有机、无机和熔体等三种聚合物。该技术非常灵活，生产的纳米纤维参数可随时调整。

公司网址：www.elmarco.com

（2）Crytur公司是捷克知名纳米技术公司之一，其前身是国有企业Monokrystaly公司。该公司总部设在图尔诺夫市，拥有60名员工。Crytur公司是扫描电子显微镜探测器和探测部件、激光器用单晶体材料、高品质光学仪器介质表面等产品的生产商和供应商。该公司管理层有意与外国伙伴创办合资企业，从事泵浦激光器二极管系统生产、激光系统和夜视系统装配等业务。

公司网址：www.crytur.cz

（3）Optaglio公司是捷克成功的纳米技术企业之一。该公司位于布拉格附近舍日村，拥有独特的全息图超精密电子光刻生产技术。该公司主要接受政府订单，向六十多个国家提供全息邮票和标签技术。目前，该公司正在为其电子全息光刻技术寻找在光伏、印刷电子和工业衍射器件生产等领域的应用。

公司网址：www.optaglio.cz

（4）Generi Biotech公司前身是大学附属医院遗传实验室，主要生产外来病原体特殊诊断试剂盒和亲子鉴定试剂盒，在研究领域则主要致力于各种病原体检测、基因表现和伤口持久不愈等问题研究。该公司长期研究重点是基因治疗和纳米结构在药物标靶传输中的应用，测试DNA电性能，特别是电导率，以创造不用验血检测受损DNA的方法。该公司欢迎与外国伙伴在相关领域开展合作。

公司网址：www.generi-biotech.com

（5）Limtek公司是由前国有企业Metro Blansko转制而成的小型公司，主要生产机械制造、微电子、气象实验室和大学等使用的激光干涉仪。二十多年来，其产品出口欧洲和其他国家，没有发生保修索赔事件。该公司非常欢迎战略伙伴加盟，或收购公司部分股权，共同生产激光干涉仪。

公司网址：www.limteklaser.com

罗马尼亚产业基础

罗马尼亚重点/特色产业包括：石油化工、机械、汽车、医药、软件、纺织服装、食品加工、葡萄酒酿制、生态农业等。

1. 石油化工

罗马尼亚石油储量在欧洲（不包括俄罗斯）位居挪威、英国和丹麦之后，排第4位。2018年，罗马尼亚原油产量为337.3万吨油当量，同比下降1.4%；石油进口约826.5万吨油当量，同比增长6.6%。根据罗马尼亚能源部公布的能源战略预计，2030年至2050年，罗马尼亚原油产量将延续下降态势，从193万吨油当量降至115万吨油当量。2018年，罗生产煤炭425.9万吨油当量，同比下降8.6%；进口净煤量为55.1万吨油当量，同比增长7%。同年，生产天然气829.6万吨油当量，同比下降0.5%；进口119.8万吨油当量，同比增长26.8%。罗马尼亚重要的石化企业有OMV Petrom公司、Rompetrol公司、Lukoil公司等，多为外资控股。

目前，罗化工行业约有4598家企业，拥有89696名员工，占就业总人数的2.3%。该行业主要分为四大领域：焦炭和精炼石油产品生产、化学和化工产品生产、基础制药和制剂产品、橡胶和塑料产品。

其中，在焦炭和精炼石油产品领域，企业集中度较高；在化学和化工行业产品种类繁多，存在大量同行企业，市场集中度较低；而制药和制剂行业集中度为中等水平；橡胶和塑料行业近几年出现一定的集中度，但是价值最低的行业，市场竞争激烈。

2. 农业

农业是罗马尼亚传统经济部门。长期以来，罗马尼亚一直是欧洲主要的粮食生产国和出口国，曾有"欧洲粮仓"的美誉。2018年，罗马尼亚农业产值为87.1亿欧元，占国内生产总值的4.4%。种植业是罗马尼亚农业中最重要的部分，产值占整个农业产值的1/2以上。种植业包括粮食作物、经济作物和各种瓜果蔬菜等，主要粮食作物为小麦、玉米、马铃薯等，主要经济作物包括向日葵、油菜、葡萄、苹果等。罗马尼亚具备发展传统及生态农业的优越自然条件，拥有肥沃的黑土地和充足的阳光，是欧洲最具发展绿色环保农业潜力的国家之一，在政府鼓励下，近年来正大力发展生态农业。罗马尼亚主要农业企业有：Interagro公司、Cervina公司、Vegetal公司等。农业存在投入严重不足的问题，农业基础设施如灌溉水渠等，存在数量上的不足。

3. IT通信和服务外包

自1990年至2014年，罗共成立了3万多家IT领域公司，从事产品开发和服务外包工作，其中70%于近10年内成立。目前，罗从事IT服务和软件开发的公司超过9000家，就业人数约11万人，排名中东欧国家第一位，全国主要的IT外包和客户软件开发中心包括布加勒斯特、蒂米什瓦拉、克鲁日–纳波卡、布拉索夫和雅西。在2017年10月份发布的德勤中东欧国家Fast 50排行榜上，有3家罗马尼亚初创型IT公司上榜：Tredcadis排名第19位，Uipath公司排名第39位，Tremend软件公司排在第47位。

4. 葡萄酒酿制

罗马尼亚葡萄产量丰富，品种优质，全国各地遍布着众多的葡萄种植园，很多公路都通向知名种植园或酒窖。罗马尼亚人称自己的国家是"葡萄酒的土地"，罗马尼亚葡萄种植面积排名欧洲第5位（在西班牙、法国、意大利和葡萄牙之后），世界排名在前15位之内，葡萄种植面积占全国可耕地面积的5%以上，葡萄产量排在欧洲第6位，仅次于意大利、法国、西班牙、葡萄牙和德国。罗马尼亚重要的葡萄酒生产商有Murfatlar（穆尔法特拉尔）、Jidvei（吉德韦）、Cotnari（科特纳尔）、Vincon（文孔）、Tohani（托哈尼）等。

5. 零售业

受增值税下调、居民收入增加等因素影响，零售业越来越成为拉动罗马尼亚经济增长的重要行业，新的购物城、超市拔地而起，移动支付、网上购物发展迅猛，"黑色星期五""圣诞购物节"等线上线下促销活动不断，消费结构也越来越多元化，文化产品、消费电子、美容护理逐渐取代生活日用品成为新的消费增长点。据欧盟统计局发布的数据，2018年，罗马尼亚零售业同比增长5.7%。主要食品零售企业包括Kaufland、Carrefour、Auchan、Lidl、Mega Image等；主要服装类零售企业包括H&M、C&A、Inditex等；主要药品零售企业包括Sensiblu、helpnet、farmaciaDona等；主要在线商店包括eMag、Flanco等。

匈牙利产业基础

匈牙利制造业在国民经济中占有重要地位。2018年在各工业领域中，包括电子工业、电子设备制造业、木材加工和造纸等在内的主要生产部门实现增长；机械设备制造等部门产值下降。

1. 汽车工业

汽车工业是匈牙利支柱产业，2018年产值超过280亿美元，在制造业中占比高达30%以上，匈牙利共有七百四十多家汽车及零部件生产企业，从业人数达17.58万人。该行业90%以上产值面向出口，半数销往德国。

目前，世界最大20家一级汽车供应商有14家落户匈牙利，并且生产规模在不断扩大。完善的本地供应商体系加上优越的地理位置和丰富的人力资源，使匈牙利汽车产业极具吸引力。外资在匈牙利汽车工业中占举足轻重的地位，乘用车和发动机生产企业基本为外资，本土企业主要从事商用车和汽车零配件的生产。主要企业包括：奥迪匈牙利公司，从事发动机生产和汽车组装，为全球第三大发动机生产商，也是该国第一大出口商，2013年增资12.4亿欧元，在匈牙利设立新组装厂；铃木匈牙利公司，主要从事轿车生产，产量占该国汽车总产量的80%左右；欧宝匈牙利公司，主要生产发动机、汽缸盖及变速箱等；梅赛德斯-奔驰匈牙利公司，主要生产A级和B级轿车，于2012年正式投产。

2. 制药业

匈牙利制药业历史悠久，是该国最富竞争力的产业之一。匈牙利也是中东欧地区第一大药品生产和出口国，2018年产值达32亿美元。2018年，匈牙利登记注册的制药企业有七十余家，从业人员约3.2万人，药品生产种类1400种左右。主要制药企业包括Richter、Egis、Snofi-Aentis/Chinoin、Teva、Béres和Alkaloida，以上6家企业产值占匈制药业总产值的90%左右。

3. 生物技术

近年来，在政府的大力扶持下，匈牙利生物技术产业取得迅速发展，规模及技术水平已跃居欧盟新成员国前列。目前，匈牙利约有85家核心生物科技企业，从业人员约900人，研发领域包括：土壤和水污染处理、生物质能的生产和处理、再生处理、基因工程、纳米技术、分子化学等。近年来，布达佩斯连续位列全球生物技术最具竞争力城市榜前列。

4. 电子工业

匈牙利是中东欧地区最大的电子产品生产国和世界电子工业主要生产基地，近年年产值一直保持在100亿欧元左右，占中东欧和欧盟电子工业总产值的30%和4.5%。2018年，匈牙利电子工业产值约135亿美元。世界知名原始设备制造商和电子产品代工企业均在匈设立生产基地和研发中心。其中，原始设备制造商20家，包括通用电气、三星、飞利浦、博世、IBM、西门子、国家仪器、爱立信、伊莱克斯等；代工企业5家，包括富士康、伟创力、捷普科技、新美亚科技、卓能电子。外资企业在该国电子工业中占据主导地位，产值占80%以上。匈牙利生产的电子产品主要包括：手机、电视机、电脑、电冰箱、电工器材、小家电、汽车电子配件等。

5. 物流业

匈牙利地理位置优越，是中东欧地区重要的交通枢纽之一。匈牙利政府把加强物流基础设施建设作为国家战略发展方向之一，不断推进多式联运物流中心建设。目前，匈牙利已建成十余个多式联运物流中心，每个物流中心至少可提供两种以上的运输方式。数据显示，2018年，匈牙利每年每平方米仓储价格为42欧元，在中东欧地区颇具竞争力。2018年，匈牙利高速公路里程总长1924千米，位居中东欧国家榜首，是欧洲地区高速公路密度较高的国家之一。铁路里程达7811千米，其中电气化铁路里程达5421千米。

斯洛伐克产业基础

2018年斯洛伐克工业生产总值为298亿欧元，占国内生产总值的28%。主要工业部门有汽车、电子、钢铁、食品、烟草加工、石化、机械等。

汽车工业是斯洛伐克主要支柱产业之一，具有"外资主导，出口导向"的特点，在其经济中占有重要的战略地位。2018年，斯洛伐克汽车制造业占国家工业总产值比重达47%；汽车出口占工业出口总额的35%。目前，大众、标致雪铁龙、起亚和路虎捷豹四大世界知名汽车生产商均在斯洛伐克投资建厂，并成为斯洛伐克汽车产业核心企业。2018年，四大汽车厂年产汽车108万辆，斯洛伐克平均每千人生产198辆，成为世界人均汽车产量最多的国家。

电子工业是斯洛伐克经济的重要产业之一。近年来，在政府鼓励政策支持下，外资进入斯洛伐克电子工业的增速明显上升，三星、索尼等跨国公司纷纷在斯洛伐克落户。这些大型外资项目的实施给斯洛伐克电子工业发展带来了雄厚的资金、先进的技术和管理经验，使其产品质量得到提升，附加值增加。同时，斯洛伐克汽车行业，特别是三大汽车厂的快速发展为汽车相关的电子产品，如车载通信设备和车载娱乐设备的发展带来了较大空间，进一步促进了电子工业的发展。2016年，斯洛伐克电子产品工业产值达6.14亿欧元。

斯洛伐克冶金和机械制造业历史悠久，早在17世纪就出现了采矿、冶金和金属加工业。第一次世界大战后，斯洛伐克机械制造业有了较大发展，并在20世纪90年代成功转型。目前，斯洛伐克主要冶金企业是位于科希策的美国钢铁公司。机械制造业主要产品有：建筑机械、林业机械、电站及锅炉、铁路机车、车厢、机床、教练机发动机、医疗器械、轴承等。据欧盟统计局统计，2016年斯洛伐克采矿冶金工业产值3.2亿欧元，机械设备制造业产值13.1亿欧元。

据欧盟统计局统计，2017年斯洛伐克农业生产总值为21.6亿欧元，占国内生产总值的2.6%。2017年，农业用地为191.07万公顷，可耕地面积为134.29万公顷。森林面积194.3万公顷，覆盖率约41%。农业人口约占总劳动力的4.4%。农作物总产量350.75万吨，主要农作物有大麦、小麦、玉米、油料作物、马铃薯、甜菜等。

斯洛伐克自然风光静谧质朴，历史文物景点众多，拥有城堡、温泉、雪山、森林、喀斯特岩洞等多种旅游资源。自斯洛伐克加入欧盟和《申根协定》后，旅游业成为斯洛伐克发展迅速、前景广阔的产业之一。从地区结构来看，斯洛伐克首都布拉迪斯拉发是斯洛伐克游客访问率最高的地区，其次是日利纳、普雷绍夫、班斯卡·比斯布里察以及科希策地区。根据斯洛伐克交通部统计，2018年斯洛伐克旅游人数为560万人次，同比增长4.1%。其中，外国游客为230万人次。斯洛伐克外国游客主要来自其周边国家，如捷克、匈牙利、波兰和奥地利。近年来，意大利、德国和英国游客有所增加。同时，斯洛伐克旅游协会认为，亚洲和拉美地区将是其未来潜在市场。2018年来自中国的游客人数为6.7万人次，同比增长9.2%。

保加利亚产业基础

化工工业是保加利亚的传统优势行业，在国民经济中占有重要地位，布尔加斯市是化工工业的生产基地。2016年，保加利亚化工产品出口额29.3亿欧元。生产和出口的化工产品主要有：无机化工产品、化肥、碳酸灰、塑料、PVC、聚酰胺、化纤、油漆、酞酸盐、清洁剂、医药原料、香水、化妆品、香精等。

保加利亚因独有的地理位置和气候条件成为最适合种植高品质油料玫瑰

的国家，享有"玫瑰之国"的美誉，其玫瑰油产量居全球第二。玫瑰油有"液体黄金"之称，被用于香水、化妆品及制药和食品工业领域。保加利亚共有3800公顷农地用于玫瑰种植，主要分布在旧扎果拉（42%）、普罗夫迪夫（41%）和帕扎尔吉克（15%）大区，卡赞勒克和卡尔洛沃所在的"玫瑰谷"是著名的玫瑰产区。保加利亚玫瑰种植品种主要有"大马士革玫瑰"和"阿尔巴玫瑰"。3~5吨玫瑰花大约提炼1公斤玫瑰精油，多数油料玫瑰由本地企业采购用作玫瑰油生产原料。

酿酒业是保加利亚经济的重要传统产业，20世纪七八十年代，保加利亚是全球第二大瓶装葡萄酒出口国。保加利亚前总统帕尔瓦诺夫称"葡萄酒是保加利亚的象征，是国家经济的一道靓丽风景线"。每年在普罗夫迪夫国际博览会举办的葡萄酒国际展会，是中东欧地区规模最大的酒类国际展会之一。2017年，保加利亚酿造的葡萄酒总产量达1.4亿升。俄罗斯、罗马尼亚、波兰、捷克、德国等为其主要市场。保加利亚葡萄酒进军国际市场的另一个方向是美国、加拿大、中国和日本。近年来，保加利亚对中国的葡萄酒出口正逐年增加。

保加利亚IT业产值已连续多年获得两位数增长，是同期保GDP增速的5倍。IT业从业人员达19000名，85%的就业人员年龄在35岁以下，创造了该国2.25%的GDP。进驻保加利亚的跨国IT公司有思科、VMware、微软等。IT人才主要来自索菲亚大学和科技大学，保加利亚每年有超过3500名IT相关行业应届毕业生。目前，保加利亚软件行业是该国最具投资吸引力和创新能力的领域。

保加利亚乳制品加工历史长、品种全，是酸奶的发源地，主要乳制品是牛奶、酸奶和奶酪（白酪和黄酪）。2016年，由于受粗皮病的影响，保加利亚液体奶总产量有所下降，降幅为0.3%，其中，牛奶产量下滑0.9%，总产量略超100万吨。

保加利亚地形多变、气候宜人、旅游资源丰富，被誉为"上帝的后花园"。旅游业是保加利亚经济支柱产业，2018年保加利亚全年入境游客数量约1237万人次。保加利亚主要旅游项目有：海滨游、冬季（滑雪）游、文化历史游、生态环境游、SPA浴疗旅游、葡萄酒旅游、探险运动游等。保加利亚东濒黑海，瓦尔纳和布尔加斯等度假城市各具特色，每年5月下旬至9月上旬是海滨度假的黄金季节，世界各国游客蜂拥而至，来保游客最多的国家是罗马尼亚、德国、希腊、俄罗斯、土耳其。鲍洛维茨和班斯科是保加利亚最具盛名的冬季旅游胜地。

克罗地亚产业基础

克罗地亚是地中海旅游胜地，旅游业有着悠久历史，也是克罗地亚支柱产业。重要的旅游资源有亚得里亚海沿岸及一千多个岛屿、8个国家公园（如著名的普利特维采湖，即中国人俗称的"十六湖"）和10个自然公园、受联合国教科文组织保护的历史文化遗产（如杜布罗夫尼克古城堡）。克罗地亚温和的地中海气候非常适合游客前往。

克罗地亚造船业已有几百年的历史，技术水平较高。2016年，克罗地亚造船业排在欧洲第二位，仅次于罗马尼亚。克罗地亚造船业在全球排在第九位，占全球0.3%的市场份额，占到欧洲市场份额的16.8%。2016年，克罗地亚造船业成交量达19亿美元。2017年以来，最大造船企业乌利亚尼克集团遭遇困境，2019年上半年进入破产程序。

克罗地亚食品加工业较发达，是克罗地亚加工业中就业人数最多的行业，其总收入列加工业第一位。克罗地亚主要出口商品种类包括烟草、调味品、汤料、糖果、鱼罐头、牛肉罐头、烈性酒和啤酒。克罗地亚"波斯图普"和"丁加奇"牌葡萄酒及部分火腿肉、奶酪、李子酒等产品享有欧洲原产地保护商标。

克罗地亚在医药工业方面有一定的开发和生产能力，每年生产各类医药产品1700多吨。普利瓦（Pliva）药业公司是中东欧地区最大的制药企业之一。

受不同气候、地形特点的影响，克罗地亚农产品种类丰富，从工、农业作物到葡萄园经济作物，以及温带、热带水果、蔬菜一应俱全。克罗地亚主要产粮区在北部的平原地区，中部山区和南部沿海地区适于发展畜牧业和种植水果，特别是葡萄的培育。克罗地亚农业污染程度很低，具有发展绿色农业的优越条件。

克罗地亚林地面积为275.9万公顷，约占国土面积的48.75%。其中国有林地面积为209.7万公顷，占76%；私有林地面积为66.2万公顷，占24%。森林蓄积量为3.98亿立方米。克罗地亚森林以阔叶树种为主，生长面积居前五位的树种分别是：山毛榉（约占森林面积36%）、夏栎（约占12%）、无梗花栎（约占10%）、鹅耳枥（约占9%）和银冷杉（约占8%）。

斯洛文尼亚产业基础

斯洛文尼亚拥有良好的工业、科技基础。自2004年加入欧盟以来，斯洛文尼亚政府积极推行自由贸易政策，重点开拓欧盟及中欧市场，优势产业不断加强，对外贸易逐年攀升。具有比较优势的产业主要是：汽车产品制造业、金属加工业、化学与医药制造业、能源生产业、电气电子和电信产品及服务业、旅游业。

斯洛文尼亚汽车工业历史悠久，早在1900年就开始制造摩托车等相关产品。汽车工业是斯洛文尼亚制造业的一个重要部门，亦是优势产业之一。斯洛文尼亚生产的主要汽车产品为座椅及部件、车厢内部装饰材料、底盘、制动系统、汽车发动机、电子/电气元件、转向系统、动力部件、点焊设备，传动部件，并提供研发服务。斯洛文尼亚汽车产品主要以出口为主，企业对于质量标准有着较为严格的控制和管理，并按照QS-9000、VDA6.1、EAQF和ISO/TS16949标准生产供应汽车部件。

金属加工业是斯洛文尼亚历史最为悠久的行业之一，其中钢铁制造业拥有四百年历史。斯洛文尼亚主要金属加工产品为车辆部件、水轮机、水泵和各种金属制品。此外，金、银、铅、锌、铜、铝等有色金属制造业也比较发达。产品主要出口市场为德国、法国、意大利、克罗地亚、爱尔兰、荷兰、瑞士和奥地利。

化学工业在斯洛文尼亚发展较早。从19世纪中期第一家为奥匈帝国生产军用黑火药的化学工厂（即现在KRKA公司前身）成立至今，斯洛文尼亚已经形成以生产医药及医药中间体、化妆品、化学制剂、橡胶及塑料制品等为主的现代化学工业格局。随着汉高、诺华、固特异、科莱恩特等知名外资化工企业的进入，斯洛文尼亚化工产业正逐渐向生产专利技术及高附加值产品转型。主要出口市场是奥地利、意大利、德国、爱尔兰、美国、阿尔巴尼亚、波黑、克罗地亚、北马其顿、黑山、塞尔维亚、俄罗斯、波兰、罗马尼亚、斯洛伐克。

斯洛文尼亚能源对外依存度正逐渐降低，主要原因为自身水电和核电站发电量不断攀升。可再生能源产业在斯洛文尼亚发展良好，包括太阳能电站、热电联产机组、沼气电站、水电站及其他形式发电等。随着《国家可再生能源行动计划2010—2020》的实施，可再生能源事业在斯洛文尼亚将取得进一步发展。

电气、电子工业是斯洛文尼亚几大出口行业之一。斯洛文尼亚电气、电子工业主要产品为电动机、家用电器、电信设备、电子仪表设备、电子测量系统、医疗设备和光学器械、配电设施、电子元器件。主要出口国家是奥地利、克罗地亚、丹麦、法国、德国、意大利、俄罗斯、英国。

信息和通信业是斯洛文尼亚最具活力的部门，亦是国家优先发展的行业。斯洛文尼亚电信业主要产品是电信设备、电信服务、IT服务、软件、硬件、设备供应、网络服务。2017年，斯洛文尼亚互联网用户为73.4万人，互联网普及率达82%。近年来，斯洛文尼亚信息技术和服务出口高速增长。主要出口市场为澳大利亚、奥地利、白俄罗斯、波黑、克罗地亚、塞浦路斯等。

近年来，斯洛文尼亚旅游外汇收入持续增长，旅游业已成为国民经济的重要组成部分。据斯洛文尼亚旅游协会统计，斯洛文尼亚共有5553家企业从事旅游业。其中，2596家为旅游公司，其余为个体旅游经营业者。90%以上的旅游企业为小型企业，雇员不超过10人。全国旅游从业人员近4万人，占斯洛文尼亚就业人口的6.4%。

斯洛文尼亚零售批发企业增长最快的领域是药品、医疗器械和化妆品，其次是烟草、绿色商品、服装鞋类。前十大零售商创造了超过40%的零售收入；前十大批发商销售收入占20%。

立陶宛产业基础

共享服务和商业外包产业。作为中东欧地区共享服务和外包产业发展最快的城市，维尔纽斯已经成为地区的共享服务和商务流程外包中心。此外，考纳斯也是这一产业的新兴城市。2017年，立陶宛的商业服务雇用专业人员数量达到56000名，并有望继续增长。

高新科技产业。凭借世界领先的宽带速度和中东欧地区最先进的信息和通信技术基础设施，立陶宛正逐渐成为小型软件和游戏开发初创企业，以及大型信息和通信技术公司的地区性聚集中心。2016年，立陶宛高新科技产业总产值约38亿欧元。

制造业。立陶宛的制造业投资增长速度位列全球第四。越来越多的国际制造工程企业在立陶宛落户，推动立陶宛制造业在近年快速增长。这些大型制造工程企业包括Schmitz Cargobull、Mars、Peikko、Cowi，以及Phillip Morris

等。立陶宛在机械工程和电子制造业领域表现突出，尤其是石油和天然气、机器人、航空和汽车工业领域都有成功的案例。这些技术专长结合优越的地理位置，使立陶宛成为全球制造业投资的良好选择。

激光产业。激光产业是立陶宛最值得骄傲的产业之一。立陶宛激光研究起步较早，并一直处于先进水平。立陶宛的激光企业早在20世纪80年代就跻身国际市场，产品包括激光发生器，电子光学元件，切割、涂层等激光加工设备及工作站等。目前，世界上有10%的科学激光仪源自"立陶宛制造"，飞秒激光仪占到全球市场的50%。不少享有国际声誉的尖端科研机构都是立陶宛激光产品的重要用户，全球排名前一百位的大学中有九十余所都在使用立陶宛制造的激光设备。

生命科学产业。立陶宛在生命科学领域是中东欧国家中的佼佼者，现在正依靠遗传工程药品及遗传工程相关的生物化学和化学媒介进入西方市场。在国际市场上，立陶宛在分子生物和基于分子生物开发的不同生物技术应用方面获得了相当高的评价，其生物技术专家已在东欧和远东地区享有一定的声誉。立陶宛主要生命科学公司有UAB Fermentas、UAB Sicor Biotech、UAB Biocentras等。自2010年以来，生物技术和制药研究生产部门的年均增长率达到14%，产品出口比率超过70%。

金融科技产业。近年来，立陶宛政府倾力打造欧洲金融科技中心，出台了宽松的金融创新政策，包括企业申请取得电子货币机构（EMI）和支付机构（PI）牌照仅需三个月，比欧盟其他国家快2~3倍。截至2018年，立陶宛境内有170家金融科技公司。

塞尔维亚产业基础

农业是塞尔维亚传统优势产业之一。塞尔维亚土地肥沃，雨水充足，农业生产条件良好。塞尔维亚共有农业土地509万公顷，主要集中在北部伏伊伏丁那平原和塞尔维亚中部地区。其中耕地330万公顷，果园24.2万公顷，葡萄园5.8万公顷，草场62.1万公顷。在农业生产中，种植业占63.2%，畜牧业生产占36.8%。主要农作物有玉米、小麦、甜菜、马铃薯、向日葵、苜蓿、大豆、李子及苹果等。

汽车工业曾是塞尔维亚经济的辉煌产业之一。2008年，塞尔维亚政府再次将汽车工业列为经济重点发展产业，意大利菲亚特集团投资10亿欧元控股原属国有的克拉古耶瓦茨市"红旗汽车厂（ZASTAVA）"，并以此为中心重建汽车产业中心，包括整车制造和零配件生产，计划将其打造成东南欧地区的汽车制造和零配件加工中心。2001年以来，共有60家外资企业在塞尔维亚投资汽车组装、零配件生产等，投资总额约17亿欧元，创造了2.7万个就业机会，占塞尔维亚吸引外资总量的10%。

信息与通信技术产业（ICT）是塞尔维亚具有比较优势的产业之一。目前，塞尔维亚共有一千六百余家ICT企业，约14000名从业人员。微软也在塞尔维亚投资设立了研发中心，拥有一百三十余名技术人员。

塞尔维亚唯一的钢厂——斯梅戴雷沃钢厂始建于1919年，可生产热轧板、酸洗卷、冷轧卷和电镀锡板等产品。目前拥有员工5050人，设备较为老旧，以20世纪七八十年代的设备为主，年产能约200万吨。2016年4月18日，河北钢铁集团同斯梅戴雷沃钢厂签署收购协议，河北钢铁集团出资4600万欧元收购该钢厂全部资产，并全部接纳其5050名工人，当年即实现扭亏为盈，2017年销售收入7.5亿美元，实现全面盈利。

拉脱维亚产业基础

拉脱维亚经济的四个基石是农业、化工、物流和木材加工。其他著名的行业包括纺织、食品加工、机械生产和绿色技术。

拉脱维亚林业、木材加工及家具制造业在其制造业中占据重要位置。2018年，拉脱维亚林产品出口26.2亿欧元，增长15.6%。拉脱维亚主要树种及占比为：松树（29%）、桦树（28%）、云杉（17%）、灰赤杨（10%）、山杨（8%）、黑赤杨（5%）、其他（3%）。

拉脱维亚地处俄罗斯与西欧、北欧的十字交叉口，拥有三个国际性不冻海港，坐拥波罗的海地区最大机场——里加国际机场，因其优越的地理位置以及良好的基础设施，在波罗的海乃至中东欧地区运输中扮演了重要的货物转运角色。经其中转的货物可在48小时内覆盖波罗的海东岸、独联体和斯堪的纳维亚地区2640万人口的市场。转运业在拉脱维亚是仅次于林业及木材加工业的第二大国民经济部门，每年带来超过10亿欧元的收入。航空业占拉脱维亚国内生产总值的比例接近3%，就业人数占总就业人数的2%。

拉脱维亚有非常多样化的自然风光，广袤的森林地区，大沼泽和郁郁葱葱的草地，辽阔壮观的海岸与白色沙滩，无数的湖泊和河流风景如画。有4个国家公园，42个自然公园，4个自然保护区，1个生物圈保护区，2个历史性的植物园。

拉脱维亚生态良好，出产大量的浆果、野草莓、蓝莓、牛肝菌、鸡油菌和高品质的乳制品、肉类产品、油浸鲱鱼罐头及蜂蜜。2017年拉畜牧业肉类产量为9.12万吨，较上年增长4.6%。

企业主要集中在里加、瓦尔米耶拉和多贝莱地区，外向型特点突出，46%化工产品和30%医药产品出口至国外。

爱沙尼亚产业基础

爱沙尼亚工业包括制造业、矿产业和电力、天然气及热力供应。制造业是爱沙尼亚支柱产业之一。2017年，爱沙尼亚制造业创造了近三年来的最快发展速度，增加值比去年增长3.9%，为30.53亿欧元，产量比去年增加了7%，67%的产品用于出口，产量增长主要是由于木材产品、食品、金属制品和电器设备的生产增加所导致。

建筑业是爱沙尼亚经济的重要组成部分，2018年，爱沙尼亚建筑业总产值为30亿欧元，较2017年增长18.6%，建筑业产值占GDP的7.7%。

交通运输业在爱沙尼亚国民经济发展中起着举足轻重的作用。2017年交通运输与仓储业增加值为15.04亿欧元。2018年全年累计客运量达2.09亿人次，货物运输量为5730万吨。主要交通运输企业有爱沙尼亚塔林港、爱沙尼亚塔林客运公司、爱沙尼亚铁路公司、爱沙尼亚塔林机场、爱沙尼亚航空公司等。

爱沙尼亚电信和IT业发达，在欧盟处于领先地位。2017年，信息和通信行业增加值为12.25亿欧元，增长15.6%。2016年，电信及IT从业人员24841人，其中，从事ICT服务业务的有19747人，从事ICT生产业务的有5094人。

2017年，爱沙尼亚金融业实现增加值7.85亿欧元。主要银行有瑞典银行（Swedbank）、SEB银行（SEB）、爱沙尼亚诺底亚银行（Nordeapank Eesti）。主要保险公司有ERGO保险公司、Hansapanga保险公司、Salva保险公司等。主要租赁公司有Hansa租赁公司、Nordea租赁公司、Uhisliising租赁公司等。主要证券交易所是塔林证券交易所。

爱沙尼亚农业以畜牧业和种植业为主，畜牧业主要饲养奶牛、肉牛和猪；2016年全国已耕种农业用地100.35万公顷，占国土面积的22%，适于作物种植的土地有69.02万公顷。主要农作物有小麦、黑麦、马铃薯、油菜籽、蔬菜、玉米、亚麻和饲料作物。2017年，爱沙尼亚农业增加值为5.65亿欧元。

爱沙尼亚旅游业较为发达。森林覆盖率近50%，保留众多完好的中世纪古迹，拥有自然迤逦的田园风光和明媚的海边度假胜地，每年都会吸引大批欧洲游客前来观光，年均入境外国旅游者人数超过爱沙尼亚本国人口，大大带动了爱沙尼亚旅游业、运输业和零售业的发展。

波黑产业基础

能源产业。波黑的电力产业主要包括燃煤发电和水力发电两种形式。燃煤发电在波黑仍具有很大的开发潜能。波黑的煤炭已探明储量为55亿吨，其中，泥炭和褐煤20亿吨，块状褐煤35亿吨。两种褐煤可开采储量合计26亿吨。目前，波黑火力装机总量为206.5万千瓦；水力装机总量208.4万千瓦。根据波黑2018—2027年发展规划，计划新建39座水电站，装机量为193.1万千瓦。目前的水力发电潜能利用率达到40%，尚有60%的水力潜能待开发利用。

旅游产业。波黑将旅游列为经济发展重要产业之一。2018年，波黑旅游人数为146.54万人次，同比增长12.1%；游客过夜天数达304万天，同比增长13.5%。尽管波黑当前旅游业还不发达，但发展潜力大，波黑为重点发展旅游业，也在大力吸引外资。波黑允许申根多次签证持有者免签入境7天。

林业和木材加工业。根据波黑外国投资促进局数据，波黑全国的森林和林地覆盖率高达63%，其中，国有森林占80%，私有森林占20%。主要树种有：榉木、橡木、松木、冷杉及云杉等。波黑的林业和木材加工业有悠久的历史，从19世纪后半叶起，林业和木材加工业就已成为波黑经济的主要产业之一。

金属加工业是波黑经济的重要产业之一。战前，波黑金属加工业对国内生产总值的贡献率是12%，战后，贡献率下降至3%。目前，金属加工业占波黑制造业比重的20%，是波黑制造业的支柱产业。主要企业有：米塔尔-泽尼察钢铁公司、莫斯塔尔铝厂、比拉茨氧化铝厂等。

波黑拥有发展多样化农业的自然条件，食品加工业有悠久的历史传统。波黑多山，农业用地仅占土地总面积的42.2%，总计约239万公顷，其中，100万公顷为集约化农业耕地。另外，波黑有104万公顷天然草地和牧场，35万公顷土地专用于果园、葡萄园，以及用于种植生产医药保健品的草药和香料香草等。

阿尔巴尼亚是一个传统的农业国，农业在国民经济中占有十分重要的地位。据阿尔巴尼亚国家统计局公布数据，2017年农业增加值对当年GDP的贡献为21.7%；农业从业人员占全国就业人口总数的42.4%。阿尔巴尼亚的药用及香料植物、橄榄油、蜂蜜、葡萄酒等特色农产品都具有一定市场竞争力。目前，阿尔巴尼亚农业生产力水平仍整体不高，农业科技含量较低，缺乏大型农产品加工型企业，政府对发展农业机械化、现代化的愿望较为迫切。

阿尔巴尼亚工业基础薄弱，工业体系建设较为落后。工业产品主要为纺织品、鞋类等基本轻工产品，以及矿产、石油等资源性产品。

近年来，阿尔巴尼亚服务业发展较快，以旅游业为代表的第三产业已成为拉动经济增长的重要动力。据阿尔巴尼亚国家统计局公布的数据，2018年阿尔巴尼亚吸引外国游客数量超过590万人，同比增长15.8%。据世界旅游业理事会（WTTC）公布的数据，2018年阿尔巴尼亚旅游业对经济的直接贡献超过42.75亿美元，约占全年GDP的27.3%；旅游业带动各类就业约28.7万人，约占就业人口总数的25.2%。阿尔巴尼亚政府高度重视旅游业发展，正积极从加快旅游基础设施建设、规范旅游从业市场、加强对外宣传等多方面着手，不断加大旅游资源开发力度，进一步激发旅游市场的活力和潜力。

北马其顿经济多元化，部分产业具有投资和出口潜力。有潜力吸引外国直接投资的行业包括：纺织及皮革制品、水果蔬菜种植和加工、葡萄酒、烟草、旅游、化学和医药、基础设施、电信等。

黑色和有色冶金行业已拥有一大批设施和设备先进齐全的企业，生产出来的产品以出口为主。主要产品包括热轧和冷轧钢板、铝棒、焊接管、铁合金、镍制品、铅、锌、铜、黄金、白银等。

金属制造、汽车和电器设备制造业产品包括巴士、铸件、钢管、电池、电缆、水泵、家用电器等，还生产五金、木材和塑料加工的机械。该行业产值约占其国内生产总值的10%。

化学工业占北马其顿工业生产总值的10%。北马其顿在基础化工产品、人造纤维、聚氯乙烯，以及洗涤剂、化肥、聚氨酯泡沫塑料和纤维等产品方面具有很强的生产能力。

纺织和皮革业产值占GDP的20%，行业公司数量占北马其顿公司总数的8.84%，是北马其顿提供就业的主要行业，从业人口占就业人口的24.10%。主要产品包括棉线和布料、羊毛纱线及其制品、针织品等，出口供应欧洲和北美市场。

建筑业是北马其顿较发达的行业，较大型公司有6家。北马其顿技术人员对现代技术的应用为业界所公认，尤擅长土木工程和水利建设。北马其顿已成为中东欧、中东和俄罗斯项目建设的主要劳务供应国。

北马其顿有农业用地126.8万公顷，其中可耕地41.4万顷。当地气候条件良好，适合各种农作物的生长。主要农作物有小麦和燕麦、玉米、水稻、棉花、烟草、向日葵、蔬菜、葡萄、水果，其中水果和蔬菜出口量较大。农业综合产业（包括农业加工）是北马其顿经济的重要组成，占其国内生产总值约10%，农业就业人口占总就业人口的19%（约13万）。主要出口农产品包括：烟草原料和制成品、葡萄酒、羊肉和园艺产品。主要农产品贸易伙伴是欧盟、塞尔维亚与黑山。主要进口产品包括冷冻和加工肉类、植物油和动物油脂、食糖、小麦等。

北马其顿食品和饮料加工业发达。蔬菜和水果的加工能力分别是7万～10万吨蔬菜和3万～4万吨水果。葡萄年产量达到24万吨，90%以上出口到西欧市场（如德国、法国、荷兰、奥地利、比利时、丹麦等）。

二　外资需求

中东欧各国政府重视利用外资，为吸引外商投资而不断修改和完善外资法律法规，以创造更好的投资环境。同时，大量外资的进入对中东欧国家经济的恢复和高速发展起到了重要的推动作用。

波兰外资需求

波兰是中东欧地区吸收外国直接投资最多的国家，其中50%以上为其入盟后所吸收。联合国贸发会议发布的2019年《世界投资报告》显示，2018年波兰吸收外资流量为114.8亿美元；截至2018年底，波兰吸收外资存量为

2318.5亿美元。

根据波兰央行公布的数据，2017年波兰吸引外国直接投资91.8亿美元。截至2017年底， 波兰累计吸引外国直接投资2384.8亿美元，其中92%来自欧盟成员国。累计对波投资额排名前5位的国家分别是荷兰（458.4亿美元）、德国（418.8亿美元）、卢森堡（331.9亿美元）、法国（215亿美元）、西班牙（144.4亿美元）。外资主要投资行业包括：制造业（738.4亿美元，占比31%）、金融保险业（488.3亿美元，占比20.5%）、批发零售及机动车维修业（331.7亿美元，占比14%）、房地产业（205.7亿美元，占比8.6%）。见表4-2。

表4-2　2013—2017年波兰吸收外国直接投资情况（单位：亿美元）

年度	外国直接投资金额
2013	29.3
2014	119.3
2015	134.7
2016	139.3
2017	91.8

资料来源：波兰中央银行数据

汽车、家电、电子、物流等行业聚集了相当一部分在波兰投资的大型跨国公司，如菲亚特克莱斯勒、通用、大众、奔驰等汽车制造商分别在波兰投资了整车生产基地，带动了汽车产业链的发展；博世、伊莱克斯、三星、惠而浦、LG分别在波投资建设家用电器生产基地；戴尔、捷普、伟创力、冠捷、康柏支撑了波兰电子装配产业；亚马逊2017年在波兰开设第5个物流中心。

捷克外资需求

捷克被认为是经济成功转型的国家，人均吸引外资额在中东欧地区名列前茅。1998年，捷克实施《投资鼓励法》，鼓励外国直接投资进入捷克。根据捷克投资局和捷克工贸部公布的数据，2017年经由捷克投资局协调的投资项目达到246个，总投资额超过115亿美元。投资领域主要集中在汽车制造、金属加工和塑料工业，有1/4的投资为有较高附加值的高科技项目。投资项目主要分布在乌斯季州、摩拉维亚-西里西亚地区、比尔森及南摩拉维亚地区。

2017年，在捷克投资的外资主要来自荷兰、德国、奥地利和美国。同期，中国在捷克投资份额也有所增长。见表4-3。

表4-3　捷克国内主要国际投资项目

公司名称	投资国	行业	投资规模（亿美元）
现代汽车	韩国	汽车	12.2
耐克森轮胎	韩国	橡胶	9.45
丰田、标致雪铁龙	日本、法国	汽车	8.5
大众	德国	汽车	8.45
博世	德国	电子工程	4.5
蒙迪	荷兰	造纸	4.36
尼玛克	墨西哥	运输	3.17
电装	日本	运输	2.63
敦豪快递	英国	物流	1.9
大陆集团	德国	运输	1.84

资料来源：捷克投资局

罗马尼亚外资需求

据罗马尼亚国家银行公布的《2017年罗马尼亚FDI报告》显示，2017年罗马尼亚吸引外商直接投资总额49亿欧元，同比增长6.8%。罗马尼亚前五大外资来源地依次为荷兰、德国、奥地利、法国和塞浦路斯，分别占外资总额的25.9%、12.8%、12.6%、6.2%和6.2%。主要的外资企业有：Erste Bank（奥地利）、OMV（奥地利）、Gaz de France（法国）、Orange（法国）、Vodafone（英国）、Ford（美国）、MOL（匈牙利）、ENEL（意大利）、E.ON（德国）等。

匈牙利外资需求

20世纪90年代，伴随着私有化进程，匈牙利开始实施积极引进外资的政策，一度成为中东欧地区吸收外资最多的国家，但近几年势头有所减弱。据联合国贸发会议发布的2019年《世界投资报告》显示，2018年匈牙利吸收外资流量为63.9亿美元；2018年，匈牙利吸收外资存量为887.4亿美元。

从投资领域来看，零售、金融、通信、汽车、电子等行业是外商主要投资领域，约占吸收外资总额的三分之二。目前，匈牙利移动通信业、保险业、电力分销企业几乎全部由外资控制，银行业80%以上的资产由外资控制，批发零售业近一半的市场份额掌握在外资手中，95%以上的汽车由外资企业生产。

从投资国别（地区）来看，欧洲国家是匈牙利外资主要来源地。其中，德国为匈牙利第一大外资来源国，其次为荷兰、奥地利、卢森堡、瑞士和法国。美国为匈牙利在欧洲以外最大投资国。亚洲地区主要对匈投资国为韩国、日本、中国、新加坡和印度。

目前，匈牙利全国约有3万多家外商投资企业。外商投资的主要地区是首都布达佩斯和西部地区。外资企业增加值占匈牙利GDP的三分之一左右，出口额占匈牙利总出口额的70%以上。

斯洛伐克外资需求

斯洛伐克2004年加入欧盟后，进行了包括税收、劳动力市场、社保、医疗、公共财政等一系列改革，投资环境得到全面改善，吸引了大批外商到斯洛伐克投资，利用外资项目数量和金额逐年增长。据联合国贸发会议发布的2019年《世界投资报告》显示，2018年，斯洛伐克吸收外资流量为4.8亿美元；截至2018年底，斯洛伐克吸收外资存量为571.1亿美元。

主要投资国是德国、意大利、奥地利、荷兰、韩国、捷克、匈牙利和日本等国家。外资主要投向金融、房地产和汽车、电子等行业领域。主要跨国公司有西门子、大众、三星、起亚、索尼、戴尔、联想等。主要外资项目有大众汽车制造厂、标致雪铁龙汽车制造厂、起亚汽车制造厂、三星液晶显示器厂、索尼液晶电视机厂等。

保加利亚外资需求

据保加利亚央行统计，2018年，保加利亚外商直接投资额为17.44亿欧元（占GDP的3.2%），较上年同比增加3.55亿欧元，同比增长25.6%。荷兰、匈牙利和德国为保加利亚外商投资最大来源国（分别新增投资额12.65亿欧元、5.88亿欧元和1.85亿欧元）。此外，希腊、德国、意大利等欧洲发达国家在保加利亚的投资存量也一直维持在较高水平。据保加利亚央行统计，截至2018年底，外资存量约430亿欧元，未发生外资回流现象。

克罗地亚外资需求

据联合国贸发会议发布的2019年《世界投资报告》显示，2018年，克罗地亚吸收对外直接投资流量为11.59亿美元；截至2018年底，克罗地亚吸收的对外直接投资存量为328.85亿美元。

外资主要分布于金融业、批发零售业、房地产业、电信业、化工业等。外商对克罗地亚投资的主要特点是投资领域窄，主要集中在金融业和批发零售业。外资主要来源地是荷兰、奥地利、意大利、德国和卢森堡等。

斯洛文尼亚外资需求

据联合国贸发会议发布的2019年《世界投资报告》显示，2018年，斯洛文尼亚吸收外资流量为14.19亿美元；截至2018年底，斯洛文尼亚吸收外资存量为168.09亿美元。

从投资的行业分布看，外商投资最多的是制造业、零售业（含车辆维修）以及金融和保险业（不包括养老基金）；其次是通信、房地产、高科技和能源领域。从地域分布来看，斯洛文尼亚的外资主要集中在中部，特别是卢布尔雅那及周边地区。

从投资国别及投资企业来看，对斯洛文尼亚的主要投资国包括奥地利、瑞士、德国、荷兰、克罗地亚和意大利。

立陶宛外资需求

立陶宛自恢复独立以来，随着市场开放，企业私有化进程逐步展开，外国直接投资不断增长。特别是2004年加入欧盟后，经济快速发展，投资环境趋于改善，利用外国直接投资进入新的发展阶段。据联合国贸发会议发布的2019年《世界投资报告》显示，2018年，立陶宛吸收外资流量为9.05亿美元；截至2018年底，立陶宛吸收外资存量为177.48亿美元。

立陶宛前六大外国直接投资来源国为：瑞典（占其累计吸引外资的23%，下同）、荷兰（13.5%）、爱沙尼亚（7.6%）、德国（7.4%）、塞浦路斯（7.2%）、波兰（6.1%）。

立陶宛吸收外资主要集中在金融保险业（27.1%）、制造业（18.9%）、批发零售以及车辆修理业（13.4%）、房地产（13.2%）、信息通信（7.5%）等领域。

塞尔维亚外资需求

2007年至2018年，塞尔维亚实际利用外资总额累计达271亿欧元，50%以上是私有化投资。主要投资领域为汽车、食品加工、纺织、建筑、电力工程和电子产品、机械设备、金融服务、商业批发和零售、交通、通信和房地产等。据联合国贸发会议发布的2019年《世界投资报告》显示，2018年，塞尔维亚吸收外资流量为41.3亿美元；截至2018年底，塞尔维亚吸收外资存量为398.3亿美元。

拉脱维亚外资需求

据拉脱维亚央行统计，2018年全年吸引外资增长5亿欧元。截至2018年底，拉脱维亚外资存量为151亿欧元，其中76%来自欧盟国家。外资存量较大的领域有金融和保险业（36.3亿欧元），批发零售及汽摩维修（24.0亿欧元），房地产业（22.8亿欧元），制造业（17.5亿欧元），电力、煤气和蒸汽供应业（8.5亿欧元）。

拉脱维亚外国投资存量前五大来源国为：瑞典（26.4亿欧元，占17.7%）、俄罗斯（16.8亿欧元，占11.1%）、爱沙尼亚（14.6亿欧元，占9.7%）、塞浦路斯（10.8亿欧元，占7.1%）、荷兰（11.3亿欧元，占7.5%）。

爱沙尼亚外资需求

据爱沙尼亚央行最新数据显示，截至2018年底，爱沙尼亚吸引外商直接投资存量为217.44亿欧元。其中，前五大投资国分别是瑞典、芬兰、荷兰、立陶宛、俄罗斯。主要投资领域集中在金融、地产、制造业、批发零售、专业的科技类活动。世界500强在爱沙尼亚投资企业主要有：西门子公司、三星公司、俄罗斯天然气工业公司、Deutsche Post、Statoil、Fujitsu、ABB、Bertelsmann、Skanska、Skandinaviska等。

据统计，外商投资企业产值约占爱沙尼亚GDP的1/3，出口占爱沙尼亚出口总额的50%以上。近十年来，外商对爱沙尼亚直接投资的年均收益率为

11%，高于立陶宛、拉脱维亚和波兰的外资收益率。在欧盟国家中，爱沙尼亚的外资收益率仅次于捷克（12%），甚至在2009年金融危机期间，爱沙尼亚的外资收益率也达到了6%，这反映出爱沙尼亚拥有良好的投资环境。

据联合国贸发会议发布的2019年《世界投资报告》显示，2018年，爱沙尼亚外资流入量为13.09亿美元；截至2018年底，爱沙尼亚吸收外资存量为243.42亿美元。

波黑外资需求

波黑重建后吸引外资曾逐年增加，但是由于受国际金融危机和欧债危机的影响，2008年以来波黑引进外资呈大幅下滑态势，2017年以来外国投资额又呈回升态势。但波黑吸引外资的环境仍不理想，波黑投资委员会表示，政治不稳定、政体复杂、获得必要投资许可过程太长、税收框架的不可预测性以及法规不一致等因素，均导致外国投资与波黑擦肩而过。据世界银行2019年《世界投资报告》显示，2018年，波黑吸收外资流量为4.68亿美元，吸收外资存量为83.3亿美元。

阿尔巴尼亚外资需求

据联合国贸发会议发布的2019年《世界投资报告》显示，2018年，阿尔巴尼亚吸收外资流量为12.94亿美元；截至2018年底，阿尔巴尼亚吸收外资存量为79.02亿美元。

据阿尔巴尼亚国家统计局公布的数据，截至2017年底，在阿尔巴尼亚注册登记的外资企业共6295家，占全国企业总数的3.9%。其中，来自意大利和希腊的企业最多，合计占外资企业总数的54.0%。来自欧盟的企业占外资企业总数的66.7%。外资在阿尔巴尼亚的主要投资领域为金融、电信、能源、矿产、交通、建筑、纺织鞋服装、专业服务等。

北马其顿外资需求

据北马其顿国民银行统计数据，2018年共吸引外国直接投资4.7亿美元。截至2017年底，北马其顿前5位外资来源国家是奥地利、塞浦路斯、德国、土耳其、瑞士，占其外资存量总额的56.2%。

三 重点地区

2013年以来，中国与中东欧领导人会议先后通过《中国—中东欧国家合作布加勒斯特纲要》及《中国—中东欧国家合作贝尔格莱德纲要》，将投资作为双方合作的重要领域，推动中国对中东欧国家投资快速增长。目前，保加利亚、塞尔维亚、捷克、匈牙利和克罗地亚是中国在中东欧地区投资的5大主要目的地。

欧盟统计局数据显示，中国对中东欧投资分布广泛。其中，制造业投资主要集中在波兰、匈牙利等地区大国，主要投资项目包括：烟台万华实业集团收购匈牙利宝思德化学公司，广西柳工集团并购波兰HSW公司工程机械部，湖北三环集团并购波兰最大的轴承制造企业KFLT轴承公司，山东金禾生化集团和安徽丰原索尔诺克生化公司分别投资约1亿欧元在匈牙利设立柠檬酸工厂等。基础设施和能源领域投资主要集中在塞尔维亚、波黑、北马其顿和黑山等巴尔干半岛的东南欧国家。

波兰重点地区

从经济和文化发展程度来看，华沙、克拉科夫等大型城市是投资重点地区。华沙是波兰第一大城市，面积450平方公里，人口175.4万（截至2016年），年平均气温9.6℃，是全国的工业、贸易及科学文化中心，也是全国最大的交通运输枢纽。华沙位于国内中部平原上，坐落在维斯瓦河中游，横跨此河，是中欧诸国贸易的通商要道，自古以来就是繁华之地。克拉科夫市位于波兰南部离华沙约300公里的维斯瓦河畔，人口76.5万，是波兰最大的文化、科学、工业与旅游中心。格但斯克市位于波罗的海沿岸维斯瓦河的入海口，人口约46.4万，是波兰北部最大的城市，与索波特、格丁尼亚两市形成庞大的港口城市联合体——三联城。其他重要城市还有罗兹、卡托维茨、波兹南等。

从波兰地区发展规划来看，波兰制订了东部发展规划（又称"东墙计划"），适用于波兰东部5省，即卢布林省、下喀尔巴阡省、波德拉谢省、圣十字省和瓦尔米亚-马祖里省。规划内容主要包括：增加东部各省投资吸引力；拓展重点大城市功能；道路基础设施建设和技术援助。发展资金主要源于欧盟援助资金，同时由波兰中央政府和地方自治政府根据欧盟地区发展基金原则共同资助项目实施。

波兰16个省共设有14个经济特区，在经济特区投资可享受的主要优惠政策为减免所得税，还可享受地方政府提供的房产税优惠（由当地政府决定），投资优惠根据投资金额、雇佣员工数、经济特区所在地经济发达程度而定，自投资完成5年后（中小企业3年），区内企业可以逐年享受税收抵扣，但优惠额度不超过地区补贴上限，经济特区内企业可以享受政策优惠的投资下限是10万欧元。经济特区对产业无特别限制，但贸易企业和物流企业不可享受经济特区政策。

根据欧盟和国内法规，波兰经济特区的优惠政策将于2026年到期。截至2016年底，14个经济特区在波兰全境设立了387个分区，吸引投资约276亿欧元，占波外资存量的约16.8%，创造就业32万个，发放经营许可证2816个。2018年2月，波政府表示拟将经济特区扩大至波兰全境从而进一步增强投资吸引力。根据新法，税收优惠政策将向提升地区竞争力和创新能力的项目倾斜，比如技术转移、研发一体、产业集群，同时也将关注项目对员工的友善程度。优惠门槛主要取决于企业规模和投资地失业率，一般来说企业规模越小，当地失业率越高，税收优惠所要求的投资门槛越低。新法还对税收优惠年限做了宽松处理，标准期限为10到15年，某地区欧盟允许的援助金越高，该地投资优惠年限也越长。对于在既有经济特区运行的投资项目，相关优惠将在2026年后视情况延长15年。为了更好地推动企业使用税收优惠，现有经济特区管理部门将继续提供有关服务，各地区也会设立服务中心，各级管理部门将在企业技术部和波兰投资贸易局指导下开展工作。新法案有待提交议会审议。见表4-4。

表4-4　波兰14个经济特区主要情况

序	经济特区名称	主要情况
1	米尔莱兹经济特区欧洲（Euro-Park Mielec SEZ）	位于波兰东南部，面积1643公顷，拥有32个子区域。已颁发304个经营许可证，累计投资额90亿兹罗提，创造就业岗位2.9万个，主要投资领域：航空航天、汽车及零部件、木材加工、电子及家用电器等。主要投资来源地：美国、德国、奥地利、瑞典等。湖北三环集团并购的克拉希尼克滚子轴承股份公司在此经济特区
2	苏瓦乌基经济特区（Suwalki SEZ）	位于波兰东北部，面积635公顷，拥有13个子区域。已颁发223个经营许可证，累计投资额30亿兹罗提，创造就业岗位1万个，主要投资领域：木材加工、建材、金属制品、印刷、精密仪器等。主要投资来源地：波兰、德国、丹麦、俄罗斯等

续表

序	经济特区名称	主要情况
3	卡托维兹经济特区（Katowice SEZ）	位于波兰东南部，面积2614公顷。已颁发290个经营许可证，累计投资额260亿兹罗提，创造就业岗位6.2万个，主要投资领域：汽车（占总投资的63%，下同）、玻璃（6.9%）、电子及家用电器（6%）、建筑（5.1%）、钢铁（4.3%）、食品加工（2.9%）。主要投资来源地：美国（35.8%）、意大利（22.4%）、波兰（11.8%）、德国（9.5%）、日本（6.8%）
4	卡米那古拉经济特区（Kamienna Gora SEZ for Medium and Small Business）	位于波兰西南部，面积373.83公顷，拥有15个子区域。已颁发43个经营许可证，累计投资额22.36亿兹罗提，创造就业岗位7083个，主要投资领域：汽车零部件（德、美、日）、纺织（德、法、波）、金属制品（德、荷、波、意）、木材加工（德、波）、陶瓷（意、波）、印刷（德国）
5	考斯申–斯乌比采经济特区（Kostrzyn–Slubice SEZ）	位于波兰西部，面积2165公顷，拥有56个子区域。已颁发309个经营许可证，累计投资额69亿兹罗提，创造就业岗位3.2万个，主要投资领域：汽车及零部件、电子及家用电器、造纸、木材加工、金属制品等。主要投资来源地：德国（大众等德系整车及配套企业）、丹麦、比利时、波兰、瑞典等。中国冠捷电子（TVP）在此特区内设厂
6	经济特区克拉科夫技术园（SEZ Krakow Technology Park）	位于波兰南部，面积866公顷，拥有32个子区域，2个科技孵化器和1个种子基金。已颁发224个经营许可证，累计投资额41.9亿兹罗提，创造就业2.34万个，主要投资领域：IT、通信、商务流程外包、化学、汽车等。主要投资来源地：美国、波兰、法国等
7	莱格尼察经济特区（Legnica SEZ）	位于波兰西南部，面积1700公顷，拥有21个子区域。已颁发145个经营许可证，累计投资额77.2亿兹罗提，创造就业1.3万个，主要投资领域：汽车和金属工业，75%投资来自德国（大众汽车及其产业链）
8	罗兹经济特区（Lodz SEZ）	位于波兰中部，面积1339公顷，拥有44个子区域。已颁发300个经营许可证，累计投资额130亿兹罗提，创造就业岗位3.3万个，主要投资领域：IT（戴尔等）、商业流程外包、医药和化妆品、电子及家用电器（吉列、宝洁、博世、惠而浦等）、包装等。主要投资来源地：美国、日本、德国、法国等。中国山西运城制版公司在此投资约400万美元
9	滨海经济特区（Pomeranian SEZ）	位于波兰北部，面积2246.29公顷，拥有35个子区域。已颁发123个经营许可证，累计投资额114亿兹罗提，创造就业岗位2.2万个，主要投资领域：电子（伟创力、金雅拓）、轮胎（普利司通）、塑料成型模具、造纸、金属制造等。主要投资来源地：美国、日本、波兰、丹麦、挪威、芬兰等
10	斯乌普斯克经济特区（Slupsk SEZ）	位于波兰北部，面积910公顷，拥有18个子区域。已颁发82个经营许可证，累计投资额14亿兹罗提，创造就业岗位5700个，主要投资领域：建筑材料、金属加工、塑料加工、冷链物流等。主要投资来源地：波兰、瑞典、瑞士、塞浦路斯等

序	经济特区名称	主要情况
11	斯塔拉霍维斯经济特区（Starachowice SEZ）	位于波兰东南部，面积644公顷，拥有15个子区域。已颁发165个经营许可证，累计投资额21.3亿兹罗提，创造就业岗位6974个，主要投资领域：办公设备、陶瓷、金属加工、化学、汽车及零部件等。主要投资来源地：波兰、瑞士、意大利、法国、德国等
12	塔诺波莱戈经济特区（Tarnobrzeg SEZ "Euro–Park Wislosan"）	位于波兰东南部，面积1868.2公顷，拥有22个子区域。已颁发329个经营许可证，累计投资额84.5亿兹罗提，创造就业岗位1.77万个，主要投资领域：电子及LED（LG）、塑料制品、金属加工、印刷等。主要投资来源地：韩国、芬兰、日本、波兰等
13	瓦布日赫经济特区投资园（Walbrzych SEZ "Invest Park"）	横跨波兰西南部4个省份，面积3550.53公顷，拥有53个子区域。在金融时报集团的FDI杂志对全球六百多个经济特区评选中，位居波兰第1、欧洲第4和全球第22位。已颁发200个经营许可证，累计投资额235亿兹罗提，创造就业岗位4.8万个。主要投资领域：汽车及零部件、电子及白色家电、IT等。吸引了德国大众、奔驰、博世；瑞典伊莱克斯；美国IBM；日本丰田、普利司通等大型跨国企业入区投资。由福建鸿博集团投资的波兰清洁能源欧洲有限责任公司在此经济特区
14	瓦尔米亚–马祖里经济特区（Warminsko–Mazurska SEZ）	位于波兰东北部，面积1057公顷，拥有30个子区域。已颁发79个经营许可证，累计投资额45亿兹罗提，创造就业岗位9469个，主要投资领域：轮胎、电子、木材加工、家具、汽车零部件等。主要投资来源地：法国、韩国、德国、瑞典、波兰等

资料来源：波兰投资与贸易局

捷克重点地区

从经济和文化发达程度看，首都布拉格是第三产业和高端制造业投资重点地区。布拉格是全国最大的城市，位于该国的中波西米亚州、伏尔塔瓦河流域，面积496平方公里，人口128万（截至2016年底）。该市地处欧洲大陆的中心，在交通上一向拥有重要地位，与周边国家的联系也相当密切。其他主要经济中心城市还包括布尔诺、奥斯特拉发和皮尔森市等。

在特殊经济区方面，2005年1月1日，捷克工贸部颁布《工业园区开发支持规划》，成为规范和指导工业园区发展的主要规定。随后又颁布了《商业地产与基础设施建设支持规划》，旨在支持和推动国家战略工业园区的发展。工业园区投资者除能享受《投资鼓励法》规定的优惠政策和欧盟结构基金中的各项援助计划外，从2015年5月起，企业在特别工业园区还可免除5年不动产税并享受每新增一个就业岗位可享受30万克朗的补助。同时，企业还可获得工业园区及其所在地的地方政府提供的各种优惠措施，如基础设施配套、交通设施便利、全程跟踪式投资服务、土地优惠及特殊就业补贴等。另外，政府还对建立科技园区提供总金额50%的补贴，提供科技园区50%的建设经费。

捷克已建成109个工业园区，包括6个国家战略工业园。国家补贴额超过100亿克朗（约5亿美元），园区入驻率达70%。工业园区共有606家企业入驻，投资总额达2100亿克朗（约122亿美元），解决就业约10.3万人。目前，捷克政府重点推广的国家战略工业园区主要有：豪乐秀夫工业园、奥斯特拉瓦–莫斯诺夫工业园、三角工业园、约瑟夫工业园及科林–奥夫卡里工业园、诺莎维采工业园（全部由韩国现代公司入驻）等六大园区。

罗马尼亚重点地区

从经济发展程度看，罗马尼亚首都布加勒斯特是全国的政治、经济、文化和交通中心，位于罗马尼亚东南部瓦拉几亚平原中部，多瑙河支流流经市区。城市面积605平方公里，人口210万。布加勒斯特是全国最大工业中心，工业以机械制造、化学、电子和纺织服装、食品工业为主，也是罗重要旅游城市。

罗全国地区发展和公共行政部批准的工业园区共有81个，分布在27个省和布加勒斯特市，其中普拉霍瓦省最多，达14个，其次为布拉索夫省（10个）和克鲁日省（9个）。伊尔福夫、图尔恰、哈尔吉塔、梅赫丁齐等12个省尚未有经认定的工业园区。农业和乡村发展部、国家地籍和不动产署以及地方政府可以依据2013年第186号法律规定的税费优惠形式，向符合条件、拟进行原始投资的园区企业提供地区性国家援助，用于购买与项目相关的土地、建筑物、设备等资产，中小企业还可用于支付技术转移等非资产费用。有关投资必须在欧盟批准的可给予地区性国家援助的地区进行，援助强度（援助金额和合理性开支的比例）不得超过有关上限，布加勒斯特–伊尔福夫地区为40%，其他地区为50%，除交通运输类企业外，援助强度可对小微企业上浮20%，中型企业上浮10%。获得援助的大企业的投资必须维持至少5年，中小企业至少3年。

罗马尼亚现有建成科技园区4个。其中Tehnopolis科技园位于东北地区文化教育中心雅西，由当地政府和大学共建，重点发展的产业包括信息技术、视听技术、食品加工和生物技术。加拉茨科技园成立于2002年，位于东部的加拉茨市，重点发展产业包括软件开发、知识产权研究等。Minateh科技园位于布加勒斯特市，重点发展产业包括显微和纳米技术、新材料等。蒂米什瓦拉科技园成立于2004年，位于西部重要城市蒂米什瓦拉市，重点科研领域包括化学、物理、环境保护和计算机科学等。2013年，克鲁日-纳波卡Tetapolis科技园获得建设批文，2016年罗议会批准了其建设用地许可，通过划拨Tetatrom I 工业园区扩区部分土地用于建设，面积约10公顷，将汇集生物技术、光学、IT、数字传媒等领域企业及相关研究机构。在该科技园内投资可享受以下优惠条件：（1）由地方政府给予的科技园土地使用和固定资产税收减免以及法律允许的其他优惠；（2）科技园使用土地免缴土地用途变更税；（3）科技园投入使用前连接公用设施的材料和设备可延迟缴纳增值税；（4）可获得中央和地方政府、企业及国外援助的基础设施投资和提供的设备。

　　罗马尼亚共有6个一类保税区，分别位于苏里纳、康斯坦察、加拉茨、布勒伊拉、久尔久和库尔蒂奇-阿拉德。罗马尼亚关于保税区的管理规定与欧盟的法律法规一致，现行法律为1992年第84号关于自由区（保税区）的管理法，后经2004年第244号法律作出修改。商品进入保税区无须缴纳进口关税和增值税，具体由海关进行监管。保税区分为两类，一类保税区设有边界围栏，商品进入该区域则享有保税区待遇；二类保税区相当于保税仓库，主要针对计征消费税的产品，获批后享受保税区待遇。设立保税区须经政府通过政府决定的形式批准，保税仓库由罗财政部批准设立。苏里纳保税区是罗首个保税区，拥有超过7万平方米的露天储存区域，5000平方米的仓库，可进行商品储存、分类、测量、包装、加工、装配、制造、检验、展览等多项活动。康斯坦察保税区位于港口城市康斯坦察，水陆交通方便，划分为四个区域，1A区面积20.2公顷，主要用于商品储存、加工和销售；1B区面积6.33公顷，基础设施正在建设中，主要用于商品储存、加工和销售；2区面积10.55公顷，部分出租用于工业生产、商业和银行活动；3区面积97.55公顷，出租用于建设石油和化工散货及集装箱终端，也可开展工业和商业活动。加拉茨保税区位于加拉茨市东部，靠近摩尔多瓦和乌克兰，总面积136.98公顷。布勒伊拉保税区总面积114.418公顷，划分为4个区域，重点发展轻工业如食品加工、纺织品、化妆品、建筑材料等。久尔久保税区总面积153.56公顷，位于久尔久市，该市为多瑙河沿岸最重要的港口之一，距离首都布加勒斯特仅61公里，重点引进出口加工企业。库尔蒂奇-阿拉德保税区位于罗西部，是最新成立的保税区，由两个区域组成，一部分位于库尔蒂奇市，面积75公顷；另一部分位于阿拉德国际机场内，面积15公顷。

匈牙利重点地区

首都布达佩斯是全国的政治、经济、文化和科技中心。其他主要城市有德布勒森、塞格德、米什科尔茨、佩奇、久尔等。德布勒森曾两次成为国家的临时首都，也是目前发展最快的城市之一。

中资企业在匈牙利已建立的园区有中欧商贸物流合作园区（部分）和中国匈牙利宝思德经贸合作区，建议中资企业在这两个园区聚集。

中欧商贸物流合作园区是根据国家商务部统一部署，由山东省政府承建、山东帝豪国际投资有限公司具体实施，按照"一区多园"的模式，在欧洲地区建设的首个国家级境外经贸合作区和首个国家级商贸物流型境外经贸合作区。中欧商贸物流合作园区规划总面积0.75平方公里，总投资2.64亿美元，目前已基本完成了"一区三园"的规划布局建设，即在欧洲地理中心——匈牙利首都布达佩斯建设完成的"中国商品交易展示中心"和"切佩尔港物流园"，在欧洲重要的基本港——德国第二大港不来梅港建设完成的"不来梅港物流园"，完成开发面积9.87万平方米。中欧商贸物流合作园区通过一个商贸中心（中国商品交易展示中心）和两个物流园（切佩尔港物流园和不来梅港物流园）的服务，集商品展示、运输、仓储、集散、配送、信息处理、流通加工等功能为一体，初步形成了覆盖欧洲和中国主要城市的快捷、便利、畅通的配送网络体系，并逐步建立起以现代物流配送中心和高效信息管理系统为支撑的商贸物流型园区雏形。

中国匈牙利宝思德经贸合作区是由亚太最大的聚氨酯企业——万华实业集团有限公司主导开发的以化工、轻工、机械制造、物流等为核心产业的加工制造基地，该园区前身为匈牙利宝思德（BC）公司工业园（1997年获得匈牙利政府批准），2011年万华实业收购BC公司96%股权项目后改为中国匈牙利宝思德经贸合作区，2016年，已通过商务部、财政部境外经贸合作区的确认考核。目前，园区已累计完成项目投资15亿欧元，拥有工业用地4.2平方公里，入驻企业15家，其中中资企业11家，外资企业4家，具有不同投资主体且已开工建设的企业5家。

斯洛伐克重点地区

布拉迪斯拉发是斯洛伐克首都,人口64.2万,是该国总统府、议会和政府的所在地,也是文化中心,拥有数座大学、博物馆、歌剧院、美术馆以及其他重要的文化与教育机构。斯洛伐克许多大型商业与金融机构的总部也设在布拉迪斯拉发。

斯洛伐克于2008年1月1日开始实施《国家资助法》,其适用范围是特定地区,旨在解决地区间发展不均衡和扶持欠发达地区经济发展,向欠发达地区提供引资和创造新就业岗位支持。2009年和2011年,斯洛伐克政府先后对该法进行了修订,最新的《国家资助法》自2011年8月1日开始实施。资助比例根据当地失业率水平决定。根据欧盟要求,自2014年7月起,斯洛伐克将国内可享受补贴地区最高补贴比例从50%降至35%。调整后的资助比例分别为认定投资支出的35%(A区,失业率高于平均失业率35%以上)、35%(B区,失业率高于平均失业率)和25%(C区,失业率低于平均失业率)。对于中型企业,最高补贴比例可提高10个百分点;对于小型企业,最高补贴比例可提高20个百分点。大型投资项目的补贴比例按地区补贴上限进行调整。对于超过5000万欧元(含)以上的大型投资项目,合格费用低于5000万欧元的部分,补贴上限为地区补贴比例的100%;合格费用在5000万至1亿欧元之间的部分,补贴上限为地区补贴比例的50%;合格费用超过1亿欧元的部分,补贴上限为地区补贴比例的34%。

保加利亚重点地区

首都索菲亚,人口约132.5万,是保加利亚政治、经济、文化中心。第二大城市是普罗夫迪夫,第三大城市为瓦尔纳。

保加利亚地区鼓励政策的主要对象以高失业地区为主。为更好地吸引外资,保加利亚政府在全国各主要城市陆续建立工业园区(与中国的经济开发区类似),提供良好的交通、水、电、电讯、办公楼和厂房条件等(价格约为:25~40欧元/平方米)。所有工业园区均紧靠重要的泛欧洲走廊和国际公路,运输便利且毗邻海运/河运港口或机场,拥有较好的劳动力资源,位于或邻近制造业、服务业高度集中的城市,且在投资和收入上享受优惠待遇。在保加利亚投资的美国惠普公司、韩国LG公司、中国华为技术有限公司均选址在工业区内。

保加利亚国家工业园区公司为国家控股，负责工业园区和创新项目的发展和管理，为投资者创造便利的投资环境，推动新兴行业的投资，鼓励企业创新和科研成果的转化应用，促进知识驱动型产业聚集、发展与合作，提供专利权保护、许可和商业化等服务，支持保加利亚不同经济区域的发展。目前保加利亚有3个成熟的自由贸易区——鲁塞、维丁和斯维林格拉德；5个工业园区正处于发展阶段，包括索菲亚市的博茹里什泰经济区，布尔加斯工业和物流园区，卡尔洛沃、普列文/雷里什和瓦尔纳西部的工业园区。

克罗地亚重点地区

萨格勒布是克罗地亚首都，同时也是克罗地亚的政治、经济、文化中心。该市主要工业部门有石化、电力、医药、机械、电器和食品加工等。著名的大企业有伊纳石油公司、克罗地亚电力公司、普利瓦制药公司和康查尔机电公司等。萨格勒布也是克罗地亚最重要的文体、教育和科研中心之一。其他主要的经济中心城市有斯普利特、里耶卡、奥西耶克等。

克罗地亚现有11家自由（经济）区，主要包括：别洛瓦尔自由区、奥西耶克自由区、萨格勒布自由区、库克雅诺沃自由区、普拉港自由区、斯普利特港自由区、武科瓦尔自由区、里耶卡港自由区等。克罗地亚自由区均位于海港、空港、河港、国际公路等重要交通枢纽毗邻区域。自由区内企业主要从事进出口贸易、转口贸易、商业性或工业性加工生产、仓储、物流及金融服务等业务。部分自由区位于开发区内，但与开发区其他区域相隔离。

斯洛文尼亚重点地区

首都卢布尔雅那是政治、经济、文化中心。马里博尔是斯洛文尼亚第二大城市，也是斯洛文尼亚重要的交通枢纽和重要的工业中心，汽车、化学、铝材、纺织等产业较为发达。

斯洛文尼亚全国目前共有13个经济技术园区，其中两个经济技术园区由中央政府管辖，其余归属地方政府。斯洛文尼亚的经济技术园区开辟特定的区域供企业使用，并提供必要的水电能源和交通等基础设施。园区内企业并不享有如税收优惠、水电价格优惠等任何形式的补贴措施。斯洛文尼亚经济技术园区的核心产业包括高科技、研发、物流服务、化学和制药等，产品以出口为主。

立陶宛重点地区

维尔纽斯是立陶宛的首都和最大城市,面积400平方公里,2017年人口80.5万。维尔纽斯的工业产值占立陶宛全国工业总产值的三分之二以上。工业产品主要有车床、农机、电子计算器和电子仪器、纺织品、服装、食品等。

目前,立陶宛建有4个工业园、6个自由经济区和5个科技园区。

正常运营的较大规模工业园区共4个,分别为帕吉及埃、热迪维利丝基斯、热梅加拉和阿利图斯,运营面积分别为30公顷、15.5公顷、12.4公顷和49公顷。如入驻工业园,地方政府可为投资者提供土地和房产税减免等优惠政策。2018年4月,新的维尔纽斯创新工业园投入建设,目前已经确定工业园地界,预计到2022年将吸引700万投资。

6个自由经济区分别是:考纳斯自由经济区、克莱佩达自由经济区、首莱自由经济区、帕尼韦日斯自由经济区、凯代尼艾自由经济区和马里亚姆波列自由经济区。立陶宛自由经济区主要实行如下优惠政策:针对运营管理公司,国家对土地出让金减免50%,允许土地按照市场价格向入驻企业转租,土地使用期为49年。针对入驻企业,前十年免征公司所得税(立陶宛公司所得税15%),后6年减半征收,免房地产税、土地税和红利税。

立陶宛建有5个科技园区,分别是位于维尔纽斯的"Saulėtekis Valley"和"Santara Valley",位于考纳斯的"Santara Valley"和"Nemunas Valley",位于克莱佩达的"Marine Valley"。上述园区分别依托维尔纽斯大学、考纳斯大学和克莱佩达大学等大专院校,推行产、学、研相结合,从事激光、新材料和纳米、半导体和电子、生物医药、信息通信、新能源、农业技术、食品安全、海洋等技术创新活动,形成产学研一体的产业集群。

塞尔维亚重点地区

首都贝尔格莱德市是全国的政治、经济、文化及科研中心,是仅次于伊斯坦布尔、雅典和布加勒斯特的东南欧第四大城市。

塞尔维亚自贸园区是指位于塞尔维亚关境以内但实行与其他关税区域不同经济政策的特殊区域,尤其适合出口导向型的企业进驻。目前,塞尔维亚批准建立并运营的自贸园区有13个,其中包括1个专为菲亚特汽车厂及配套零部件供应商建立的自贸园区，以及2个新建并初始运营的自贸园区。自贸园区基本沿泛欧10号公路、铁路走廊及泛欧7号水路走廊布局，连接欧洲大陆和西亚、北非，交通较为便利。除此之外，各城市和地区为吸引外资也设有地方性的经济开发区或工业园区。目前，塞尔维亚有3个全国性工业园区正在建设，一个是位于北部城市因吉亚的通信和信息技术产业工业园；第二个是位于中部城市克拉古耶瓦茨的汽车产业工业园；第三个是位于南部城市尼什或皮罗特市的电子电器产业工业园。

塞方希望中国企业在以下地区投资建设中国企业自贸专区：乌日策市，位于塞西部波黑边境，高速公路、铁路配套齐全，并正计划将该市泊尼克乌军用机场转为货运为主的民用机场，可供开发土地面积550公顷；奈戈廷市，位于塞东部多瑙河沿岸，与罗马尼亚、保加利亚接壤，泛欧4号、7号（水运）走廊交汇处，拥有建成码头，可供开发土地面积19公顷；皮罗特市，位于塞东南部保加利亚边境，泛欧4号、8号和10号走廊交汇处，铁路、公路交通便利，可供开发土地面积200公顷；巴查卡帕兰卡市，位于塞西北部克罗地亚边境，泛欧7号（水运）、10号走廊交汇处，铁路、公路交通便利，拥有建成码头，可供开发土地面积162公顷。

拉脱维亚重点地区

首都里加是拉脱维亚全国的政治、经济、文化中心，是三个波罗的海国家（立陶宛、拉脱维亚、爱沙尼亚）中最大的城市，也是波罗的海地区重要的工业、商业、金融和交通中心。

拉脱维亚设有5个经济特区：里加自由港、文茨皮尔斯自由港、利耶帕亚经济特区、雷泽克内经济特区和拉特盖尔经济特区。在2035年12月31日前投资以上特殊经济区，并在投资援助计划有效期内，获得了对投资实行直接税收减免的批准，且签署了投资合同的，可享受以下优惠：

（1）房地产税最高减免80%；

（2）公司所得税减免80%；

（3）仅对非居民代扣的红利、管理费、知识产权使用费纳税减免80%；

上述情况累计向投资者返还总投资金额的上限为35%（中型企业为45%，小型企业为55%）。

（4）提高固定资产折旧率到150%～200%；

（5）亏损结转后期；

（6）区内供货和销售，以及出口免增值税；

（7）对在本国缴纳了社会安全税的外国投资者免征社会安全税等。

爱沙尼亚重点地区

首都塔林是全国的政治、经济、文化中心。塔林的主要经济产业是加工工业、建筑、能源、运输、通信、金融、批发零售等。塔林的GDP约占全国的50%以上，全国有近一半的公司设在塔林。依托塔林理工大学的科研、人员优势，该市的信息技术产业闻名欧洲。著名的"Skype"网络通话软件即源自爱沙尼亚。大量外资高科技企业落户塔林及其周边地区，使爱沙尼亚成为欧洲电讯基础设施最先进的国家之一，首都塔林也被誉为"波罗的海的硅谷"。塔林还是北欧著名的运输港口，塔林港为其最大货运港口，老城港为其最大客运港口。

爱沙尼亚共有3个自由贸易区和11个主要工业园区。自由贸易区由爱沙尼亚政府设立，由爱沙尼亚税务和海关委员会监督。爱沙尼亚的所有自由区都向外国直接投资开放。爱工业园区的共同特点是：地理位置优越、交通发达便利。面积都在20~80公顷之间，靠近爱沙尼亚主要城市，基础设施较为完善，主要功能为生产、加工、仓储和技术研发。

波黑重点地区

萨拉热窝市为波黑首都，人口约27.6万，是波黑的第一大城市，也是全国的政治、经济和文化中心；同时也是波黑联邦的首府及萨拉热窝州的首府。

目前，波黑尚无经济开发区或工业园，仅建立了自由贸易区。现有四个自由贸易区，属于海关保税区。根据《波黑自由贸易区法》，进入自贸区的投资商可以为一个或多个在波黑注册的本国或外国法人。区内企业可享受的优惠及便利待遇包括：免缴增值税和进口关税（包括进口自用设备），投资、利润自由转移，投资转移免缴各种费用。区内的企业可经营的范围包括：生产、劳务、外贸、商品批发与零售、银行及其他金融业务、财产及人寿保险、旅游等。

阿尔巴尼亚重点地区

阿尔巴尼亚经济主要集中在首都地拉那和港口城市都拉斯。地拉那是阿尔巴尼亚首都及全国第一大城市，也是阿尔巴尼亚政治、经济、文化中心。都拉斯是阿尔巴尼亚第二大城市，位于阿尔巴尼亚西部沿海都拉斯湾北岸，濒临亚得里亚海东南侧，是欧洲最古老城市之一，在1914—1919年间为阿尔巴尼亚首都。都拉斯拥有阿尔巴尼亚境内最大海港，也是全国最大的铁路枢纽、公路交通中心和重要的工业中心，主要工业有船舶修造、机车、橡胶、化学、食品加工等。都拉斯港口海域渔产丰富，是全国最大的海洋渔业生产基地。

2008年1月以来，阿尔巴尼亚政府以授予特许经营权等方式陆续批准了9个经济开发区的建设，包括8个工业园区和1个自贸区，但由于土地产权不明晰、基础设施建设不到位等原因，至今没有一个园区得以建成并吸引企业进驻。目前，阿尔巴尼亚政府已着手再次开始推进相关项目。

阿尔巴尼规划中的开发区主要有3个，分别是位于都拉斯的斯皮塔里、北部的科普利克和南部的发罗拉。在开发区建设方面，阿尔巴尼亚拟采取"政府授权、开发者建设、使用者经营"的模式，即政府划拨土地，设定经营范围，并按一定条件进行招标；开发者负责园区的具体规划、建设和招商；入园企业与开发者签订合同并报阿政府审批，租用园区设施并开展生产经营。斯皮塔里开发区主要涉及3类生产经营活动：一是制造业、工业和农产品加工活动；二是贸易和货物仓储；三是服务业。开发商的选择将通过竞争性的程序决定，首批推出101公顷的土地供开发使用，土地租金象征性地收取1欧元，使用期为99年。

北马其顿重点地区

首都斯科普里是北马其顿政治、经济、文化和交通中心，位于北马其顿西北部。该市是巴尔干半岛通往爱琴海和亚得里亚海的重要交通枢纽，是全国最大烟草加工中心，还有冶金、机械制造（汽车、农业机械等）、化学、电气器材、水泥、玻璃等工业。

北马其顿在全国规划建设了14个技术工业开发区，合计面积约874公顷，目前已有位于首都斯科普里的2个开发区和什蒂普开发区等开始运营。其他开发区尚在规划中，还未开发建设。

技术工业开发区的目标是：在执行最高环保标准的前提下支持高新技术的发展。该区的建立、发展和监控工作均由技术工业开发区董事会执行。绝大多数的商业生产和服务活动可以在技术工业开发区内进行，但造成环境污染或危险性较大的生产活动、产生危险废料的特定化学产品的生产和一些特殊的商业行为除外。

四 重点项目

中国与中东欧国家在很多方面达成了合作共识，在合作基础良好的国家和领域，推动了一批有需求和共识、影响力大、带动性强的重点项目。根据中东欧地区的现状、特点以及投资者的偏好，中国投资者可重点考虑基础设施、制造业和旅游业等行业的投资机会。

中东欧国家的基础设施建设较为落后，亟须在基础设施建设领域进行更多的投资，以匹配其经济发展速度，为持续增长奠定基础。在该领域，中东欧地区主要的投资机会集中在交通基础设施领域如公路、铁路和港口等，以及能源、公用事业领域。

捷克和波兰的南部地区是欧盟最大的制造业基地，汽车年产量占整个欧盟地区的33%以上。该区域在毗邻的德国、意大利等高度发达工业国家的带动下，具有完善的制造业上下游产业链。因其完善的汽车行业产业链上下游配套、物流运输、研发机构、劳动力成本、税收优惠等优势条件，在并购和绿地投资方面均具有较好的前景。近年来，中国汽车企业以绿地投资和跨境并购的方式加快了"出海"步伐，并购的主要标的是零部件企业，包括新能源电机、控制系统、汽车安全和汽车电子等新兴领域。

另外，中东欧地区拥有丰富的旅游资源，包括秀美的自然风光和悠久的历史人文景观。在整个欧洲范围，中东欧地区的游客到访数量增长最快。其中，2017年上半年波黑的游客到访数量增长了23%，保加利亚增长了17%，塞尔维亚和克罗地亚均增长了15%。根据世界经济论坛的旅游业竞争力报告，中东欧地区有7个国家排名在前50位。随着该地区交通基础设施建设的完善，以及与中国通航次数的增加，预计未来旅游业将继续保持稳定的增长。

波兰重点项目

波兰基础设施特别是交通领域较为落后，2013年1月波兰基础设施与发展部公布《2020年交通发展战略及2030年展望》，对下阶段交通发展做出规划。

公路基础设施方面，波兰政府将公路基础设施建设作为经济发展最重要的战略之一，主要目标包括：发展高速路和快速路；与地方政府合作发展地方道路及其与国道和省道的连接；通过建立城市环路系统，减少过境货车对于城市交通的影响；发展交通安全基础设施；发展创新科技解决方案以使交通流量最大化并消除拥堵。根据《2020年交通发展战略及2030年展望》，波兰将投入203亿欧元用于新建和改造相关道路。其中，波兰东部公路建设地位突出，尤其是改善比亚韦斯托克、卢布林两大城市与华沙之间的公路状况，对提升东西欧国家间的运输基础设施质量至关重要。波兰政府优先考虑高速公路和快速路建设，将更广泛地采用公私合营（PPP）等方式建设新的高速公路，计划在2020年前实现加入欧盟时的承诺，最终将建成7200公里的高速公路和快速公路网络，其中高速公路约2000公里。2015年，波兰政府通过了《2014—2023年国家道路建设规划》，其目标是完善波兰国家道路交通网，并将连接主要城市的公路运行时间降低15%。其中不仅包括波兰2023年前的公路建设项目清单，还涉及对道路交通安全的投资，根据规划，国家道路基金每年将投入3亿至6亿兹罗提用于消除事故多发地的安全隐患。波兰国家经济银行从欧洲投资银行获得34亿兹罗提的长期贷款用于道路基础设施建设。其中，5.5亿欧元用于波兰西部地区S5快速路部分路段的建设，2.5亿欧元用于建设华沙市内Pulawska到Lubelska街支路。此外，波兰还有望在该项目下获得另外一项用于在华沙新建一座跨维斯瓦河大桥的贷款。波兰新一届政府出台的《负责任的发展计划》提出促进东波兰地区发展，包括建立基本的基础设施，特别是比亚韦斯托克—卢布林—热舒夫S19快速路。

铁路基础设施方面，未来几年，波兰计划将客运火车提速到时速160公里，货运火车提速到时速120公里，并完成华沙中央站、格丁尼亚、弗洛茨瓦夫、克拉科夫火车站的现代化改造以及华沙西站、华沙东站、波兹南中央站、卡托维兹站、罗兹站等火车站的建设。欧洲投资银行为波兰国家铁路基础设施运营商PKP PLK贷款2.5亿欧元，用于华沙至卢布林171公里铁路的现代化改造和卢科夫至卢布林51公里货运支线的重建；并向波铁货运公司提供4000万欧元信贷资金，用于购买多系统机车。根据《2020年交通发展战略及2030年展望》，2020年前，波兰政府将作出是否建设华沙—罗兹—波兹南/弗罗茨瓦夫的"Y"型高速铁路的决定。预计到2030年，波兰将完成大部分铁路系统的现代化改造，连接泛欧交通网（TEN-T）的车辆最低时速将达到100公里；恢复并扩建城市铁路，促进城市铁路与公路系统相融合；新建并扩建一批铁路联运集装箱码头。波兰政府的《负责任的发展计划》提出，为促进东波兰地区发展，适时建设维尔纽斯—比亚维斯托克—卢布林—热舒夫铁路。另外，发展部最新提出建设华沙、罗兹、波兹南、弗罗茨瓦夫高速铁路网。

　　航空基础设施方面，航空运输作为波兰综合交通体系的重点之一，主要目标包括：增加现有机场的吞吐量，以确保航空市场参与者有效地提供服务；有效发展支线机场，特别是东部和西北部地区；提高空运在联合运输中的份额；通过执行"单一欧洲天空计划"增加空域容量；确保波兰航空市场适当发展。波兰将通过建设货运基础设施并确保其与公路和铁路的连接来实现上述目标。此外，波兰发展航空基础设施的举措还包括：发展部最新提出在华沙以西的马佐维亚建设吞吐量4500万人次的中央机场，投资额约31亿欧元；波兰政府正在为波兰国家航空公司寻找投资者；波方有意与中国在开发远东和欧洲航空市场方面开展更紧密的合作。

　　海运方面，波兰拟从以下三方面对海运发展予以引导：发展港口的陆上和海滨基础设施；加强港口的经济作用；提高海上客运、货运在运输链的重要性。为此，政府将采取以下行动：通过对现有深水码头设施的扩建以提高现有设施的装卸能力，加强波兰与世界的海运联通；开辟包括公路、铁路及内陆航运在内的与海运港口连接的内陆运输"走廊"；对现有港口设施进行扩建，实现以下目的：（1）提高能源安全并执行欧洲能源政策（如2014年完成对希维诺乌伊希切港液化天然气码头的改造）；（2）调整海运港口，满足市场需求（计划2020年前，完成对深水集装箱码头的改造）；（3）降低环保压力（如通过加强废物管理）。发展部最新提出建设格但斯克外港深水集装箱码头及格但斯克港和格丁尼亚港仓储物流园区。波兰海洋经济及内河航运部也在研究内河航运业发展战略，推进在维斯瓦河沙嘴建设运河的项目，该工程耗资8.8亿兹罗提，计划2022年完工。这一计划意味着在埃尔布隆格建设新的海港，可以使大型船只不必绕道俄罗斯加里宁格勒地区的波罗的斯克海峡，这对波兰来说也具有重要的战略意义。

能源基础设施方面，根据《波兰能源2030年规划》，波兰能源政策六大方向为：一是努力提升能源利用效率，目标是经济增长但能源消耗量零增长，单位能耗产出达到欧元区15国的水平；二是稳定石油天然气等能源安全，规划将波兰储量丰富的煤炭作为稳定能源安全的重要砝码，同时考虑加强油气的运输和存储建设，多元化油气来源，提升与周边邻国互换电力的能力；三是多元化电力能源结构，为应对欧盟碳减排要求，将引入核电，削弱火电占比的电力结构成为方向之一，对此，规划2020年开始建设核电站，2030年前建成至少两座，拥有4500兆瓦装机量；四是发展可再生能源，欧盟要求波兰2020年可再生能源占最终能源消费比例不低于15%，发展可再生能源成为方向之一，波兰根据实际，提出到2020年交通领域燃料10%实现生物质能，鼓励源于各地的分布式发电网络，利用国库部所有的河堰发电；五是打造公平竞争的能源市场；六是消减能源工业对环境的污染。2016年7月，波兰总统杜达签署了能源法案，该法旨在进一步加强对欧盟内部能源采购的增值税征收，并对与其他国家的能源贸易特许经营进行规范。这一改革又被称为"能源一揽子"方案，是强化全国增值税征收立法改革的一部分。该法案实施后，预计可增加25亿兹罗提财政收入。根据该法案，对欧盟内能源采购，在进口5天内应缴纳增值税和消费税，税款将从进口商常规税收申报中的收入中扣除，与其他国家的能源贸易特许经营权只能授予波兰企业或在波兰有注册分支机构的外国企业。

电信基础设施方面，2014—2020年，波兰国家宽带发展计划的主要目标是发展电信基础设施网络，刺激对高流量服务的需求，保证建立覆盖波兰全境的宽带网络。该计划和欧盟数字化局的目标要求保持一致，欧盟数字化局具体目标为：（1）到2020年底保证普通互联网速度在30 Mb/s以上；（2）到2020年底50%以上家庭互联网用户可以获得速度在100Mb/s以上的互联网服务。据波兰行政与数字化部估计，波兰建设高速宽带互联网基础设施费用为173亿～420亿兹罗提，欧盟公共基金可能会支持44亿～105亿兹罗提（总额的20%～30%）。

捷克重点项目

电信基础设施和工业4.0是捷克未来几年的重点发展方向。2016年2月，捷克政府批准了《下一代互联网发展规划》，该规划预计将提取约140亿克朗（约合5.8亿美元）的欧盟基金用于未来发展，并且计划在未来几年内使捷克各城镇的互联网至少达到30兆带宽。目前，该带宽的网络已覆盖64%的捷克家庭，高于欧盟平均水平。但在捷克的乡村地区，该覆盖率仅为3%，远低于欧盟平均水平（18%）。2016年8月，捷克政府批准通过了《捷克工业4.0倡议》。该倡议指出了捷克经济和产业的可能发展方向，并提出一些建议措施。工业4.0在经济上的准备主要体现在互联网和数字环境的质量上。根据世界经济论坛发布的《2016年全球技术报告》，捷克在该方面排名第43位。

捷克基础设施建设的基础虽然相对完善，但较西欧国家仍落后，发展潜力巨大。中长期内，在政府实行积极的财政政策拉动、加大公共基础设施投资的利好影响下，捷克的基建市场前景较为乐观。在交通基础设施方面，捷克所处欧洲中心的地理位置使其成为欧洲过境走廊的天然枢纽。中长期内，捷克将加快D1高速公路的建设；斥巨资升级改造铁路网、加速高铁布局；着手欧盟"九大走廊"建设计划中"波罗的海—亚得里亚海走廊、东欧—地中海走廊"的捷克境内项目建设；推动廉价航空机场建设及"多瑙河—奥得河—易北河三河跨国运河项目"的磋商。其中，在高铁建设方面，根据捷克交通部发布的消息，由捷克铁路基础设施管理局筹划的这一高铁网建设将分两阶段施工，高铁时速将达每小时300公里左右。根据计划，第一阶段的建设将主要集中在捷克与周边国家的高铁连接。预计到2030年左右，高铁将连接布拉格与德国、布尔诺与斯洛伐克及布尔诺与奥地利。第二阶段的高铁将连接布拉格与布尔诺，预计在2050年施工建设。在能源与公共事业基础设施方面，中长期内，在欧盟力推减排目标的背景下，捷克将加大新能源项目的建设力度。2015年捷克政府通过能源战略方案，该战略将促使捷克政府于2016年底启动现有的两个核电站（杜科瓦尼和特梅林）新反应堆的项目招标。但由于种种原因，目前新项目的招标工作尚未启动。另外，在俄罗斯—乌克兰危机背景之下，捷克还将加快油气管道等战略性能源项目的建设，以降低对俄能源的依赖度。在旅游基础设施方面，随着中国居民收入的增加、赴捷旅游签证的简化及内地至捷克直航线路的开通，来捷的中国游客数量正在不断增加。中长期内，布拉格有望成为中国游客出境游的重要目的地和进入中东欧的中转地，中捷两国在酒店开发、机场建设及相关旅游基础设施的建设方面将有很大的合作空间。在住宅及非住宅基础设施方面，随着捷克社会老龄化加剧及科研创新活动的增加，中长期内，捷克将加速发展医疗及科研类的基础设施建设项目。另外，外籍人士购买公寓类房产的投资保值行为也将带动相关项目的建设。

罗马尼亚重点项目

罗马尼亚执政党在执政纲领中确定，将引导本国和外国资本投向高附加值行业，打造基于创新、能源节约和生态友好的增长新模式，为实现智慧、可持续和包容式经济发展奠定基础；大规模投资基础设施和生产性领域，推进多中心发展战略，将保持宏观经济稳定和扩大公共及私营投资有机结合，更好发挥主权投资发展基金以及初创计划等项目作用；实施再工业化战略，支持中小企业发展，重点依靠研究、开发和创新，培育企业家精神，通过提供融资和资本市场便利、提高欧盟资金使用效率等手段，大力发展国防工业、能源、信息技术和食品加工等产业，使罗马尼亚达到欧盟平均发展水平。

罗马尼亚交通基础设施在欧盟内相对落后，已经成为制约罗经济发展的重要因素。为此，罗马尼亚在欧盟指导下制订了《交通总体规划》，编制过程历时3年，于2015年完成，计划总投资436亿欧元，内容涵盖公路、铁路、水运和航空。其中公路总投资达262亿欧元，包括新建1220公里高速公路，1910公里快速路；铁路总投资137亿欧元，重点进行电气化改造和更新，提升速度和运力；水运总投资20亿欧元，重点在港口和河道改造；空运投资13亿欧元，重点对机场实施更新。由于本国财政预算有限，因此吸纳欧盟资金成为罗马尼亚发展基础设施的首要选择，但需要严格执行欧盟资金使用的有关规定。另外，罗马尼亚非常欢迎外国投资者以PPP方式参与投资其基础设施建设和运营，但必须参加政府组织的公开招标。

铁路基础设施方面，根据交通总体规划，铁路的规划目标是建立可持续发展的框架，将有限的资源用于重点保障核心骨干铁路网路，使客运服务更具有竞争性，铁路运行速度和效率得到提升。主要规划的工程包括路网修复和电气化改造，更新机车车辆，升级铁路信号系统，部分线路进行双线改造、部分线路进行关闭。

公路基础设施方面，根据交通总体规划，一是规划建设罗马尼亚高速公路网络，包括普洛耶什蒂—布拉索夫—锡比乌高速公路、皮特什蒂—克拉约瓦高速公路、雅西—巴克乌—布拉索夫—锡比乌高速公路等重点线路；二是加强国道建设，将主要城镇与交通骨干线路实现连接；三是建设绕城路，提高道路运行速度；四是采取安全措施，减少道路交通死亡率。

航空基础设施方面，根据交通总体规划，主要是针对现有机场设施和运行设施进行升级改造，改进空运服务设施和管理，满足未来航空发展需要。目前暂没有新机场建设规划。

地铁基础设施方面，罗马尼亚计划在已有地铁线路的基础上，2016年启动建设布加勒斯特市区到机场的地铁线路，预计2020年前完工。

管道运输方面，罗马尼亚管道运输优先发展重点为康斯坦察—雅斯特（意大利）的泛欧洲石油管道和纳布科天然气管道。

港口码头方面，根据交通运输总体规划，重点发展加拉茨港、久尔久港、德罗贝塔—塞韦林港等港口，支持多式联运业务发展。

电信基础设施方面，罗马尼亚电信领域优先发展重点为增加宽带接入量、提高电信网络性能、增加终端用户的选择权等。政府正大力发展4G网络，已经对主要运营商发放了4G牌照，在部分地区实行4G服务试点，并不断扩大4G网络覆盖范围。

电力基础设施方面，由于罗马尼亚提前实现了要在2020年实现的可再生能源在用电结构中占比24%的目标，自2013年起，罗马尼亚减少了对风能、太阳能等可再生能源发展的鼓励力度，可再生能源企业遭遇"绿证"销售困难，投资收回困难等情况。此外，切尔纳沃德核电站3号、4号机组项目、塔尼塔抽水蓄能电站项目、罗维纳里火电站600兆瓦新机组项目均为国家重点项目，均有中国公司在跟进相关项目。

匈牙利重点项目

匈牙利国家经济部2015年4月公布了全国经济发展和创新项目（GINOP），旨在促进就业与创新，带动经济发展。该项目得到欧盟8300亿福林（约合27亿欧元）的资金支持。经济部确定的8个优先领域为：（1）加强基础设施建设，促进贫困地区的产能扩张，增加出口型中小企业数量，提高中小企业竞争力；（2）支持非营利科研机构的技术开发；（3）发展信息和通信产业，提高政府和企业公共管理水平；（4）加大可再生能源利用，提高能源效率；（5）根据劳动力市场地区差异，有针对性地实施特别举措，提高就业水平；

（6）针对老年人、弱势群体、来自贫困地区的残疾人和求职者，加强教育和职业培训，提高劳动力质量；（7）优先支持有特色、绿色环保的旅游项目；（8）为制造业和服务业领域内的中小企业提供贷款、担保优惠服务。

根据匈牙利2014—2020年基础设施发展规划，近期重点基础设施项目主要涉及铁路新建和升级改造、高速公路建设等领域。匈牙利铁路主要发展方向为：（1）重新修建主干线（120～160公里/小时）（泛欧洲通道IV、V和V/b等）；（2）发展郊区铁路网，改善车站条件、建立现代交通控制系统等；（3）翻新和增加客车数量，主要是在郊区；（4）发展热点旅游线路列车（如巴拉顿湖方向等）；（5）发展铁路组合交通和物流中心服务；（6）改善布达佩斯北部铁路桥；（7）建立安全的铁路信息和乘客信息及票务系统。

能源基础设施方面，匈牙利政府制定了相关的能源政策，其主要目标是：能源输入渠道多元化，减少对俄罗斯能源进口的依赖程度；促进坏境保护；提高能源使用效率，改善供应结构和改进电力消费市场管理；吸引国外资本对资本密集型能源项目的投资，以发展能源设施、扩大天然气产能。

斯洛伐克重点项目

斯洛伐克制订了《国家改革计划2017》，该计划与斯洛伐克政府所提出的2016—2020年施政目标一致。新的改革计划包括改革财政和税收制度，逐步减少财政赤字，停止政府债务增长；发展教育，提高教师待遇，加大科技创新投入，提高国际竞争力；改善企业经营环境，促进外国直接投资；修订劳动法，增强劳动力市场灵活性，提高就业率；加强社会保障，改革医疗保险体系；改革养老金体系；健全司法体系，加强监督，依法严惩腐败等。新政府将坚持经济自由、机会公平的原则，为经济稳定增长创造条件。在欧盟内，斯洛伐克将推动欧洲统一市场的建立和自由流动，支持欧盟制定有利于长期可持续发展的公共财政及经济政策和措施，支持保留成员国经济、社会政策的主权性。对内将加强政府各部门协作，转变依靠廉价劳动力发展经济的传统模式，建设知识型经济。

保加利亚重点项目

2014年2月，保加利亚四部委召开联席会议，发布各部门2014—2020年发展规划。2014—2020年,保加利亚交通和交通基础设施建设将吸收欧盟基金和保加利亚国家资金共约19亿欧元,其中,用于公路和铁路基础设施建设的资金将超过13亿欧元。

公路建设方面,时任保加利亚总统普列夫内利耶夫在2013年初举行的第8届全国战略基础设施会议上宣布,保加利亚将利用下一规划期(2014—2020年)的欧盟基金重点支持四大战略基础设施项目,包括斯特鲁马高速公路3号段(连接保首都和希腊北部边境),海慕斯高速公路(连接首都和沿海旅游城市瓦尔纳),希普卡山路隧道和维丁—波特夫格勒快速路。此外,连接保加利亚黑海沿岸两大旅游城市瓦尔纳和布尔加斯的黑海高速公路项目、连接边境城市鲁塞和斯维林格勒的南北向快速路项目也是保加利亚重点规划的公路项目。除了欧盟基金,保加利亚还考虑利用财政预算、政府贷款、政府和社会资本合作(PPP)和收费系统等方式筹资。2018年7月,李克强总理访问保加利亚,在与保总理博里索夫会谈时,博里索夫向李克强总理推荐了包括希普卡隧道等在内的基础设施项目,希望能够吸引中国优秀的企业参与修建。

铁路建设方面,保加利亚铁路系统正利用欧盟和世界银行资金进行改造,部分不具经济效应的铁道线路将被废弃,货运部门将进行私有化改造。保加利亚将重建鲁塞—瓦尔纳、普罗夫迪夫—布尔加斯、卡尔诺巴特—辛德尔、索菲亚—塞普泰姆夫里等线路,并升级改造维丁—梅德科维茨、索菲亚—德拉戈曼等线路。这些路段的重建和更新将进一步完善保加利亚与希腊、土耳其和罗马尼亚等周边邻国的互联互通,并改善鲁塞、瓦尔纳和布尔加斯等港口之间的交通。其余资金将主要用于增强客货联运能力,并发展可持续的城市交通,包括修建索菲亚地铁、在鲁塞港建设联运码头等。同时还将投入超过7700万欧元用于升级船运和民航信息系统。

地铁建设方面,保加利亚首都索菲亚目前建有两条交叉的地铁线。保加利亚正兴建地铁三号线连接首都东部郊区和西南部郊区。三号线总长19公里,将设23个车站。此外,地铁一号线将在其东线建设两条延长线,一条连接索菲亚机场,另一条连接东南部郊区,建成后总长将达29公里。地铁二号线也计划向北延伸,新建4个停靠站,建成后总长将达17公里。

桥梁建设方面,除现有的两座多瑙河上的跨国大桥外,保加利亚还计划再建两座连接保加利亚和罗马尼亚的多瑙河大桥,分别连接尼克波尔和默古雷莱,锡利斯特拉和卡勒拉什。工程将通过欧盟交通合作基金融资,以公私合营的方式建造。

管道运输方面，南溪天然气管道工程保加利亚境内段建设于2013年6月启动，原计划2015年12月开始输送天然气，由于欧盟于2013年1月1日对能源供应网络渠道建设提出新要求，加上欧盟与俄罗斯在有关建设标准方面意见相左，南溪线工程建设已被终止。保加利亚90%的天然气供应依赖于俄罗斯，保加利亚政府已启动连接罗马尼亚、希腊和土耳其等邻国的天然气工程，以减少对俄天然气供应的过度依赖。2016年9月，保加利亚、希腊、罗马尼亚和匈牙利在中南欧天然气连通性高层会议上签署协议，宣布建立连接四国的垂直天然气走廊。之后，保加利亚、希腊、罗马尼亚和乌克兰的天然气输送运营商就巴尔干地区天然气输送管道建设签署了备忘录。垂直天然气走廊主要是建立起三个巴尔干国家和所谓的"南部天然气走廊"之间的管道系统连接，计划2019年从阿塞拜疆沙赫杰尼兹2号气田引进天然气。

港口建设方面，瓦尔纳港是保加利亚最大港口，也是第8号泛欧走廊的重要组成部分。该港口待招标新建项目如下：瓦尔纳西港码头10万个标准集装箱扩容项目；瓦尔纳西港1.2万吨危险货物码头；瓦尔纳港铁路轮渡一体化设施；Ezerovo火电站和汽油码头。布尔加斯港也是保加利亚重要港口和第8号泛欧走廊的重要组成部分。该港口投资项目包括：2B号货运码头；3号滚装船和轮渡运输码头；布尔加斯东港客运码头部分项目已完成招投标程序，另有部分项目正在公开招标过程中。

电力项目方面，目前，保加利亚政府拟大力发展能源项目，除计划新建大型火电站外，还在推进贝列内核电项目和科兹洛杜伊新增7号核电机组项目。根据保加利亚和匈牙利两国元首于2013年初达成的共识，连接匈牙利、斯洛伐克、捷克和波兰的电网将延伸至包括保加利亚在内的东南欧。根据欧盟战略规划的要求，保加利亚须确保2020年可再生能源占总能源消费的比例达到16%。近年来保加利亚境内可再生能源发展过快，保加利亚政府已推出一系列限制可再生能源发展的政策和措施。

克罗地亚重点项目

铁路建设方面，海洋、交通与基础设施部规划重点建设三条国际铁路线路（国内称为RH1线、RH2线和RH3线）的克罗地亚境内部分。RH1线接驳莱茵河—多瑙河走廊（泛欧10号走廊），主要途经站点为：斯洛文尼亚卢布尔雅那—萨格勒布—温科夫齐—塞尔维亚贝尔格莱德。RH2线被纳入地中海走廊（泛欧5号走廊），又被称为5b线，主要途经站点为：里耶卡—萨格勒布—博多沃—匈牙利布达佩斯。政府计划对里耶卡至匈牙利边境铁路进行现代化升级改造，以提高列车行驶速度（目前时速仅为60～70公里），并提升运输能力，预计年运能可从700万吨提升至1300万吨。RH3线路也是泛欧5号走廊的支线，又被称为5c线，主要途经站点为：普洛切—波黑涅姆—波黑萨拉热窝—奥西耶克—匈牙利栋博堡—匈牙利布达佩斯。其中，栋博堡—布达佩斯路段与RH2线重合。

港口发展及规划方面，里耶卡门户项目是包括集装箱码头、客运码头、城市内陆铁路和公路交通等在内的大型综合基础设施项目，意在提升里耶卡港口与国际公路、铁路的联运，扩大港口辐射的市场，增加客货运量，努力将其建设成为欧洲交通运输的门户。该项目由克罗地亚政府和国际复兴开发银行（IBRD）发起，根据2003、2009年的两份贷款协议，两期建设总金额达到1.99亿欧元，其中1.44亿欧元来自国际复兴开发银行贷款，5460万欧元由克国家预算提供。项目计划改造更新和新建2个集装箱码头，以达到120万标准箱的年储运能力。

斯洛文尼亚重点项目

目前斯洛文尼亚政府正在重点发展水电，2016年年初萨瓦河上游4座水电站正式运行，萨瓦河中游需修建10座水电站，目前有3座正在建设之中，萨瓦河下游已有4座水电站运行，需再建2座。德拉瓦河也拟修建抽水蓄能电站。同时，若干火电站新建和改造项目正在讨论之中。核能在国家层面尚无进一步发展的计划，但唯一的核电站公司（与克罗地亚合资）正在进行扩大核能发电规模的可行性研究。

铁路方面，目前斯政府准备或计划建设的铁路项目有：新迪瓦查—科佩尔铁路项目，这是欧洲TEN-T交通网络优先项目之一；新卢布尔雅那—叶塞尼采铁路建设项目；马里博尔—申蒂利二线铁路和现存铁路扩建项目。2015年2月斯政府制定了2023年之前的铁路发展规划，打算充分发挥斯位于欧洲第五和第十走廊的地理优势。斯洛文尼亚政府中期将完成下列目标：维护D3类轴载重（每个轴载重225千牛顿，每米载重72千牛顿），使Pragersko—Hodo边境段铁路电气化，按照欧盟指令2001/16和50/2004将全部铁路线升级改造，实施安全措施，将第五通道和105铁路线的车速至少提升至160公里/小时，翻新或重建部分铁路线。公路方面，目前斯政府准备或计划建设的项目有：3号发展轴线北段；3号发展轴线南段。海运方面，科佩尔是斯唯一海运港口，也是中东欧内陆国家重要的中转港。目前斯洛文尼亚政府准备或计划建设的海运项目有：科佩尔港3号码头建设项目；科佩尔港1号、2号码头改造项目；科佩尔港客运码头项目。航运方面，卢布尔雅那机场计划建设T2航站楼和商业物流中心，使之逐步发展成为东南欧区域枢纽机场。

斯洛文尼亚2015年5月通过了《2014—2020年能源效率行动计划》，计划到2020年提升能源效率20%。为了达到这个目标，斯将对大量住宅进行翻修，从而降低10%的能源消耗。斯洛文尼亚基础设施部表示，斯公有房屋外墙总共730万平方米，其中一半需要重新装修以达到节能目标。欧盟地区发展基金以及气候基金将被用于一系列节能改造项目，同时也将出台系列措施刺激私有资金投入节能改造项目，从而大幅度提高政府资金的投入效率。

立陶宛重点项目

立陶宛公路规划主要围绕泛欧交通网络（TEN-T）的发展目标，对现有公路进行改造或建设新的公路，以符合欧盟公路的一致性、舒适性以及安全性的要求。根据2014—2020年度欧盟结构基金投资规划纲要，欧盟援款将用于欧盟E67洲际公路的改扩建工程、维尔纽斯西部环路第三期工程。

立陶宛的铁路规划主要围绕南北向的波罗的海铁路项目（北接芬兰，纵贯爱沙尼亚、拉脱维亚和立陶宛三国，南连波兰、德国）展开。2003年10月，欧盟正式确定该工程为泛欧交通网络（TEN-T）27号中的优先项目，由欧盟结构和团结基金提供资金支持，项目总预算39.3亿欧元，欧盟投资85%，在立陶宛境内投入8亿欧元。波海铁路一期工程立陶宛—波兰边境至考纳斯铁路建设已经于2015年10月16日竣工。波海铁路二期工程将建设考纳斯经里加至塔林的铁路，全长728公里，时速180～240公里，总造价约50亿欧元，欧盟许诺70%～85%的投资。2014年10月，立陶宛、拉脱维亚、爱沙尼亚三国共同成立了特殊目的公司——波罗的海铁路公司，负责二期项目运营，计划2019年开始建设，2025年竣工。目前，项目设计相关的工程已陆续开标，未来两年将密集招标。

立陶宛对现有机场均有具体发展规划。（1）维尔纽斯、考纳斯和帕兰加机场：建设和扩建航站楼，尽快达到其他申根国家的机场标准。改造现有机场平台、跑道和滑行道。欧盟团结基金对此项目提供4.81亿欧元支持。（2）维尔纽斯国际机场：为非申根地区乘客建新航站楼，新建"E9.4"滑行道，与主滑行道并轨使用。整修全部机场平台，D和F号滑行道，安装滑行道照明设备。（3）考纳斯国际机场：进行现代化改造，已经修缮跑道和滑行道，扩建机场平台，新建滑行道和航站楼，酝酿新机场扩建计划。瑞安航空公司（Ryanair）已经把考纳斯国际机场作为中东欧的第一个基地。（4）帕兰加国际机场：正在重建航站楼，对机场燃料库进行现代化改造，开始建设紧急救助中心，安装了易燃易爆物品检测设备，计划建造北侧滑行道和机场平台。

立陶宛目前利用欧盟团结基金和欧盟地区发展基金在克莱佩达港口建设小型休闲船只用码头，加大港口水深，加深和扩宽港口入口。克莱佩达国家海港管理局和立陶宛铁路公司将合作12个项目，提高克港客运和货运能力。

2017年8月，立陶宛能源部公布国家能源独立战略规划，公开征询公众意见。该规划设定立陶宛能源领域未来30年的发展目标，如扩大可再生能源供电供热规模，到21世纪中叶不再依赖化石燃料，及2050年实现所有所需能源本地化。

塞尔维亚重点项目

目前塞尔维亚政府重点建设的干线公路包括：一是由贝尔格莱德通往黑山巴尔港的泛欧11号走廊高速公路塞境内路段，该项目部分路段已由塞政府举债建设，包括约70公里路段利用中方优买贷款并由中资企业承建，约130公里路段拟采取投资模式建设和维护，并正与中国有关企业就投资模式协商中；二是泛欧10号走廊高速公路塞尔维亚境内路段，包括连通保加利亚与北马其顿的高速公路线，该项目主要由世界银行及欧洲复兴开发银行提供贷款，实行公开招标建设，2013年末其中部分路段承包商破产导致有关路段重新招标，也有中资企业参与其中；三是首都贝尔格莱德市及第二大城市、北部伏伊伏丁那自治省首府诺维萨德市环城公路建设，有关项目模式仍在探讨中，拟采取公私合营、特许经营或地方财政担保等模式建设，中国有关企业均在积极跟踪探讨中；四是由贝尔格莱德至兹雷亚宁并到罗马尼亚边境高速公路，目前塞方尚未明确建设模式，中国有关企业均表示出浓厚兴趣。

目前塞尔维亚政府规划中的重点铁路项目包括：一是贝尔格莱德至匈牙

利布达佩斯铁路现代化改造项目，2018年7月7日，第七次中国-中东欧国家领导人会晤期间，针对诺维萨德-苏博蒂察段项目正式签署商务合同；二是塞尔维亚铁路支线改造和新建项目，包含改建铁路三段，新建铁路一段，项目模式正在探讨中；三是贝尔格莱德至黑山巴尔港铁路现代化改造项目，该项目囿于资金需求量大且融资困难，尚处于模式论证阶段；四是2018年7月7日，第七次中国-中东欧国家领导人会晤期间，签署《塞尔维亚贝尔格莱德—尼什—普雷舍沃—塞尔维亚北马其顿边境铁路现代化升级改造项目的谅解备忘录》，由中国企业承担。

火电领域，目前塞尔维亚政府火电领域的优先项目分别是：科斯托拉茨B电站现有机组的维修和脱硫改造（科斯托拉茨电站一期项目）及新建一台350兆瓦燃煤发电机组（科斯托拉茨电站二期项目），上述项目已向中方申请优买贷款并由中资企业承建；尼古拉特斯拉B电站新建一台744兆瓦燃煤发电机组，塞方希望吸引外国投资建设；新建科温燃煤电站（两台350兆瓦燃煤机组），塞方业主正在筹集项目资金。中国有关企业均在积极跟踪上述项目。

目前莫拉瓦运河（Morava）综合开发项目是提升塞尔维亚水运能力的重要项目之一。该项目包括流域整体开发小水电站、防洪工程、水库、灌溉、供水、污水处理等项目，有关中资企业正就莫拉瓦河梯级小水电站开发项目与塞方协商中。

拉脱维亚重点项目

1. 波罗的海铁路项目。波罗的海铁路项目是欧盟跨欧洲交通网络（TEN-T）的组成部分，计划连接赫尔辛基—塔林—里加—维尔纽斯/考纳斯—华沙，在波罗的海三国境内共长870公里（其中在拉脱维亚境内长265公里，爱沙尼亚境内长213公里，立陶宛境内长392公里），采用欧洲标准轴距，客车平均时速达170公里，货车平均时速为68公里。项目预计耗资57.88亿欧元，欧盟预计提供46.35亿欧元（即按最高85%比例估算），波罗的海三国应分担11.54亿欧元，即爱沙尼亚2.68亿欧元，拉脱维亚3.93亿欧元，立陶宛4.93亿欧元。项目预计于2020年开工，2025年连接塔林—里加—考纳斯段的铁路投入运营，2030年延伸连接至华沙，客运量达500万人次，货运量达1300万吨。

2. 铁路改造项目。目前拉脱维亚境内有257公里铁路实现电气化，占比仅为14%，在欧盟中排名靠后。2017年1月，拉脱维亚内阁决定支持铁路电气化项目，总耗资预计为13亿欧元，其中3.47亿欧元拟从欧盟凝聚基金列支，2020年至2025年为第一阶段，将首先实现道加瓦皮尔斯—克鲁斯皮尔斯—里加（Skirotava站）段电气化。

3. 港口改造项目。里加自由港计划于2010—2020年间完成总额约11亿欧元的基础设施发展及改造项目（港口管理局投资约3亿欧元），项目主要包括：航道疏浚（深化航道至15.5～17米）、新建设280公顷的专用码头（包括"俄罗斯岛"上的多功能干货装卸项目，以及Kundzin sala岛上的集装箱装卸、化肥装卸、谷物装卸和物流园区）、发展港口铁路系统现代化、建设新铁路桥、445公顷可供租赁的新设施和码头建设用地。

爱沙尼亚重点项目

爱沙尼亚基础设施建设规划主要有以下几项：

1. 波罗的海铁路项目：该项目是波海三国和波兰提出的设想——修建一条起自爱沙尼亚首都塔林，途经拉脱维亚和立陶宛，最后到达波兰首都华沙的快速铁路，亦称"波海高铁项目"，是欧盟交通运输网络规划的重要组成部分。

2. 公路：由于资金有限，且爱沙尼亚部分公路老化严重，自2013年开始，爱沙尼亚经济部决定采取"以修为主，以建为辅"的政策，将主要资金投入到对原有公路的维护和翻修上，除正在施工的项目外不再安排新的大型项目。

3. 塔林港扩建项目：爱沙尼亚计划在2014—2020年间投资2.9亿欧元增建塔林港基础设施，如加长防浪堤、扩建集装箱码头、增建装卸码头等，以提高塔林港货物装卸能力和运载能力。

4. 电力网和电站扩容项目：2020年前，新建一座年加工能力为400万吨规模的油页岩工厂，以保障新增火力发电能力的燃料供给。积极吸引外国投资，大力发展风电和可再生能源，争取到2025年将风电产能提高至400兆瓦。资金主要来源于电力公司自有资金和欧盟补贴。

5. 供暖行业：爱沙尼亚经济部表示，将在未来数年内大力推动供暖系统建设，普及乡村地区供暖，采购供暖设备，维护供暖网络等。2014—2020规划计划将7800万欧元用于更新老旧供热网络或用于将淘汰的集中供热系统转换为地方供热。

此外，爱沙尼亚与芬兰两国政府相关部门正在商议建设塔林至赫尔辛基海底隧道的项目

波黑重点项目

2010年，波黑出台了为期10年的能源和基础设施建设战略规划，在一百多个待建项目中，有67个已列入10年计划项目。2010—2020年，波黑能源和基础设施建设工程投资总规模约达218亿欧元。其中，电力项目107亿欧元，煤矿、石油及天然气等能源项目21亿欧元，公路、铁路及通信等基础设施项目90亿欧元。在电力项目中，波黑五大电力企业计划投资40.57亿欧元。在基础设施项目中，重点项目投资59亿欧元。电力企业投资计划和基础设施重点项目投资两项合计99.57亿欧元。近年来，波黑政府倡导大力吸引外资，促进对波黑基础设施建设项目的投资，为外商投资波黑承包工程提供了商机。

阿尔巴尼亚重点项目

阿尔巴尼亚政府将基础设施建设视为最优先的发展领域。根据阿尔巴尼亚政府制定的《国家发展和一体化战略（2014—2020年）》，基础设施建设的重点主要包括交通、能源、给排水和信息通信等四个方面。

其中，交通基础设施的发展目标为：实现国家主要高速公路、铁路、港口和机场等基础设施的现代化，确保与邻国及泛欧运输网络相兼容，并进一步实现整合；改进区域道路网络，优先确保国家及区域发展中心之间的联系；为国家及地方公路的养护划拨足够资金，以保证道路质量，增强其可持续性；进一步加强交通安全，有效降低道路伤亡人数。

能源基础设施的发展目标为：加快电力传输网络建设，增进阿尔巴尼亚与区域及欧洲能源市场的联系；鼓励可再生能源投资，加快中小型水力及风力发电设施建设，提高国家发电能力；营造有利的法治和融资环境，建立国家天然气分销网络；提高能源使用效率，制定能效方面的法规。

给排水基础设施的发展目标为：将给排水服务的覆盖面扩大至全国所有人口及区域；加大水资源监管力度，尽量减少输配水及农业灌溉造成的水资源流失；提高水供应和废水处理机构的商业化水平；完善水供应和污水处理服务的法律框架，为相关服务的价格制定和成本回收提供良好的法律依据；

扩大计量监测的覆盖范围，消除私自接入公共给排水管网的情况，提倡节约用水。

信息通信基础设施的发展目标为：积极推动数字化建设，在国家和地方各级政府实现电子政务服务；加强教育信息化建设，通过新的信息通信技术设施提高教学水平；扩大宽带网络的覆盖面，让所有人都能够用上互联网。

北马其顿重点项目

目前北马其顿政府正在计划对境内东西向的欧洲8号走廊公路和南北向的欧洲10号走廊公路进行升级、翻修，改造全国公路路网，未来升级改造国家级和地方级公路。将来计划修建的高速公路主要包括戈斯蒂瓦—基切沃、斯科普里—布拉切公路和戈斯蒂瓦—德巴尔等公路项目。

北马其顿计划对南北向的铁路进行扩建和升级改造，并建设东西向连通阿尔巴尼亚和保加利亚的铁路，以实现连通邻国的目标。目前马方目光着重于开通东西向的铁路。

北马其顿计划大力发展水电站项目以缓解其能源缺乏的局面，列入未来建设计划的水电站包括切布–嘎里斯特、波斯科夫·墨斯特、卢科夫、卡门、格拉德克等，投资额约需7.9亿欧元。

北马其顿的石油和天然气全部依赖进口，只有一个提炼厂处理从希腊塞萨洛尼基港输来的原油。北马其顿政府重视发展天然气能源，正积极推进国内的天然气配送系统建设。

2016年1月，世界银行执董会批准向北马其顿提供2500万欧元贷款，实施第二轮城市服务改善项目。该项目旨在改善北马其顿城市服务，如透明度、财政可持续性、配送体系等，并将在北马其顿大选结束和新议会成立后开始实施。项目资金将通过转贷方式拨至各市，用于水供应、污水处理、固体废物处理、地方公路、建筑物能源效率改善及提高市民福利的基础设施等投资。

第五章

贸易和投资政策法规

一　外贸法规

（一）外贸法规总体情况

中东欧国家自1990年以来实行贸易自由化，除少数商品受许可证和配额限制外，其余商品贸易不受限制。由于中东欧已有11个国家加入欧盟，新成员国与非欧盟国家的贸易受欧盟共同的贸易政策的约束。新成员国适用共同体的非关税措施，包括反补贴、反倾销、保障措施、数量限制和进出口禁令等。进入新成员国市场的产品必须符合欧盟的技术标准。其他尚未加入欧盟的中东欧国家均以加入欧盟为目标，其贸易体系日益开放，贸易体制与欧盟逐步接轨。中东欧非欧盟成员国由于未加入欧盟，尚保持着贸易政策的权能，其贸易政策不受欧盟的约束。

（二）欧盟外贸法规

中东欧十六国中，波兰、捷克、罗马尼亚、匈牙利、斯洛伐克、保加利亚、克罗地亚、斯洛文尼亚、立陶宛、拉脱维亚、爱沙尼亚11国是欧盟成员国，执行统一的贸易政策、共同海关税则和法律体系。最初其内容仅涉及关税税率改变、关税和贸易协定缔结。进出口政策在《阿姆斯特丹条约》于1999年5月生效之前只包括货物贸易，《阿姆斯特丹条约》将其覆盖范围扩展到大部分服务贸易，2003年2月生效的《尼斯条约》又将其扩及所有服务贸易和与贸易相关的知识产权。2009年12月生效的《里斯本条约》则重点在外国直接投资（FDI）领域进一步扩大了欧盟在贸易政策领域的权限。

1. 进口管理法规

欧盟进口管理法规为1994年制定的《关于对进口实施共同规则的（EC）3285/94号法规》以及《关于对某些第三国实施共同进口规则的（EC）519/94号法规》。后者适用于欧盟定义的"国有贸易国家"。

鉴于纺织品和农产品在多边贸易框架中的特殊安排，欧盟分别制定了纺织品和农产品的进口管理法规。适用于纺织品的进口贸易法规主要包括《关于对某些纺织品进口实施共同规则的（EC）3030/93号法规》和《关于对某些第三国纺织品实施共同进口规则的（EC）517/94号法规》，后者随着2005年1月1日世界纺织品贸易实现一体化而终止。农产品进口贸易法规主要包括《关于实施乌拉圭回合农业协议所需采取措施的（EC）974/95号法规》《关于农产品共同关税术语调整程序的（EEC）234/79号法规》《关于某些农产品加工产品的贸易安排的（EC）3448/93号法规》等。

欧盟进口许可制度主要包括监控、配额、保障措施三类。此外，欧盟还将各种技术标准、卫生和植物卫生标准作为进口管理手段。目前，欧盟采取进口监控措施的产品包括来自第三国的部分钢铁产品、部分农产品、来自中国的纺织品和鞋类。

2. 出口管理法规

欧盟鼓励出口，一般产品均可自由出口，仅对少数产品实施出口管理措施。出口管理法规主要包括《关于实施共同出口规则的（EEC）2603/69号法规》《关于文化产品出口的（EEC）3911/92号法规》《关于危险化学品进出口的（EEC）2455/92号法规》《关于出口信贷保险、信贷担保和融资信贷的咨询与信息程序的（EEC）2455/92号决定》《关于在官方支持的出口信贷领域适用项目融资框架协议原则的（EC）77/2001号决定》《关于设定农产品出口退税术语的（EC）3846/87号法规》，以及《关于建立两用产品及技术出口控制体系的（EC）1183/2007号法规》等。

根据欧盟出口管理法规，当短缺物资、敏感技术、初级产品出口将导致共同体产业损害时，成员国须马上通报欧委会及其他成员国。欧委会和成员国代表组成咨询委员会启动磋商，采取出口数量限制等措施减小损害。保护措施可针对某些第三国或针对某些欧盟成员国的出口。原则上讲，此类措施应由理事会以有效多数做出，欧委会在紧急情况下也可直接采取措施。欧盟法规还规定，出于公共道德、公共政策、人类和动植物健康保护、国家文化遗产等需要，或为防止某些重要产品供应出现严重短缺，欧委会和成员国政府有权对出口产品实行限制。

欧盟出口贸易限制政策属于欧盟共同外交与安全政策的一部分。此外，欧盟还对两用产品和技术实行出口管制。欧盟理事会第1183/2007号法规附有一份禁止出口清单，并详细规定了共同体出口授权体系、信息交换条例、成员国间磋商等内容。

3. 贸易救济

欧盟实施的贸易救济措施主要有反倾销、反补贴、保障措施，针对中国的特殊保障措施和纺织品特殊限制措施（2008年12月31日已到期）等。

4. 进出口商品检验检疫

欧盟对食品、动植物及其产品和各种工业产品制定了严格的检验检疫管理法规和标准。无论在欧盟内部流通的商品，还是从第三国进口或出口的商品都必须符合欧盟相关的法规和标准要求。对于不同的产品，有不同的检验检疫管理方式，有的需要对整个产品的管理体系进行符合性评估，有的需要在边境实施逐批检验、检疫，或抽查检验、检疫，有的需要在市场实施抽查、监督，有的需要加贴CE安全标志等。

根据欧盟通用产品安全指令（GPSD），生产者和进口商有责任保证投放欧盟市场产品的安全，并采取适当的预防性措施，出现问题时有义务立即行动并通报主管机构。欧委会在消费品安全管理方面的具体职责是多方面的。第一，立法。起草制定并报欧洲议会和理事会通过实施消费品安全新法规。主要目标是协调各成员国利益，使各国关于消费品安全的技术法规尽可能趋于一致。第二，监督实施。督促各成员国有效执行GPSD、专门指令等产品安全法规，组织开展执法活动，并负责相关法律解释。第三，协调。组织欧盟范围内产品安全风险信息交流，协调各国开展风险产品控制和查处。第四，推动。以资金投入和人员培训等方式，推动欧盟各国特别是新成员国加强产品安全管理机构建设，同时支持欧盟和各成员国消费者保护组织发展。在欧委会内部，增长总司主要负责企业竞争力、产业发展、盟内货物自由流通、中小企业、服务业以及其他一些产业的立法和管理工作；司法与消费者总司主要负责组织实施GPSD，并在GPSD框架下开展与消费者保护相关的消费产品立法和管理活动；欧委会卫生与食品安全总司负责动植物和动植物产品及食品的立法和管理工作。此外，欧委会还可代表成员国对外与第三国或国际组织商签协定。

欧盟委员会要求各成员国实施欧盟条例或将欧盟指令转换为国内立法并具体执行，包括检查、召回、处罚等。为此，各成员国都设立专门执行机构，以保证生产者和经营者履行义务，并在出现问题时采取有效处罚措施。例如在中国对欧出口新颖打火机案例中，欧委会制定相关指令，设定了判断新颖打火机的标准，并在规定了一个过渡期后予以禁止销售。成员国负责将该指令转换为国内法，由国内检查机构负责市场检查，一旦发现有新颖打火机，一方面将情况通报欧盟层面的RAPEX系统（非食品类消费产品快速警报系统），另一方面须要求厂家召回，并予以处罚。

为有效实施消费者保护政策，欧盟近年来建立了一系列快速预警系统，如非食品类消费品预警系统（RAPEX）、食品和饲料预警系统（RASFF），以及医疗器械和药品等专门系统。

RAPEX是欧盟根据2001/95/EC关于普通产品安全指令要求建立的一套非食品类消费品快速预警系统，现在已经扩大到专业产品。通过该系统，任何成员国主管部门确认的危险产品信息，可迅速传递到欧委会和其他成员国主管部门，以便共同采取有效措施防止或限制该类产品的市场销售。这些措施可由成员国主管部门采取，也可由生产商或销售商自愿采取。常用的措施包括：禁止/停止销售、撤出市场、消费者告知或产品召回等。为维持RAPEX系统运行，每个参加国都设有一个专门的RAPEX联络点，负责将自己市场的危险产品详细信息向欧委会通报。欧委会收到信息并验证后，通过系统迅速发至所有参加国。各参加国马上检查自己市场是否具有问题产品，以采取相应措施，并将结果反馈给欧委会。各参加国RAPEX联络点也可以接收消费者直接提供的危险产品信息。

欧盟还对一些涉及安全的工业产品通过安全认证方式进行管理，通过认证后加贴CE标志。CE标志被视为制造商打开并进入欧洲市场的护照。只要见到产品上有CE标志，无论是欧洲还是其他地方制造，就会明白该产品符合欧盟健康、安全、环保标准，产品就可在欧盟各成员国内销售，无须符合每个成员国要求，从而实现了商品在欧盟成员国范围内自由流通；只要加贴CE标志，产品生产商、进口商和经销商必须保证其符合欧盟法规要求。目前有超过30%的工业产品，包括电脑、玩具和电器设备必须强制性加贴CE标志。

在食品安全及动植物卫生管理方面，在经历20世纪90年代的二噁英、疯牛病、掺假橄榄油等一系列食品安全危机之后，欧盟对其食品安全体系进行了重大改革。欧盟先后公布《欧盟食品安全白皮书》，对食品安全问题进行详细阐述，提出对食品安全进行"从农田到餐桌"全过程监管的理念；成立欧洲食品安全局，负责食品风险评估和食品安全技术研究，为欧盟食品安全管理决策提供技术支持；欧盟还出台了关于食品安全基本原则和管理程序的《食品基本法》。在这些原则和理念的基础上，短短几年，欧盟建立起一个较为完善的食品安全法律体系。2006年，欧盟食品安全管理进入新阶段，从2006年1月1日起，一整套食品和饲料管理法规正式实施，主要包括欧盟理事会有关食品卫生的第852/2004号条例、有关动物源性食品特殊卫生规则的第853/2004号条例、有关人类消费用动物源性食品官方控制组织的特殊规则的第854/2004号条例、欧委会关于食品微生物标准的第2073/2005号条例、关于饲料卫生的第183/2005号条例，以及有关食品与饲料、动物健康与福利等法规实施监管的第882/2004号条例等。这些法规将根据欧盟"从农场到餐桌"的管理模式，适用于整个食品链的各个环节。

欧盟在完善立法的同时，也逐步强化对食品安全监管，要求生产者和经营者满足一系列法规和标准要求，在技术上尽可能保证食品安全，保证消费者的知情权和选择权。欧盟食品安全监管的主要方式，包括食品兽医办公室（FVO）定期对成员国或者第三国的食品安全管理体系进行检查，边境口岸抽查检验及市场监督抽查。特别是，根据EC/178/2002法规建立的食品和饲料快速预警系统（RASFF），为欧委会和各成员国食品安全主管机构进行食品安全信息交换提供了有效途径。实践证明RASFF是一种有效的食品安全监管手段。

在动物卫生管理和动物福利方面，欧盟动物卫生管理的主要目的，是保护和提高盟内动物，特别是食用动物卫生条件和健康状况；根据适当的卫生标准和国际义务，允许动物及其产品的盟内贸易及进口。根据"防胜于治"原则制订新动物卫生政策，其总目标是：通过进一步重视动物疫病的预防、监控和研究，降低疫病发生风险，减少疫病损失，保障高水平的公共卫生及食品安全，促进农业发展。欧盟关于动物卫生法规的主要规定包括：关于盟内贸易及进口的活动物、动物产品及动物精子、卵子、胚胎的健康要求；关于动物传染病的控制、根除与监测要求；动物鉴别措施和保证追溯性等方面的要求；等等。欧盟对动物传染病疫区的划定，实行区域化原则，以尽量减少对贸易的影响。

欧盟认为动物具有意识。欧盟动物福利政策的基本宗旨是保障动物的五大自由，即免于饥渴的自由；免于不适的自由，给动物提供适当的生活及休息区域；免于痛苦、伤害与疾病的自由；表现正常行为的自由，应为动物提供充足的空间和有关设施，并应有同种动物陪伴；免于恐惧与压力的自由，避免精神折磨。随着科技的发展，越来越多的人认识到，安全的食品来自健康的动物，良好的动物福利，有利于动物的健康，有利于肉品的质量。迄今为止，欧盟有关动物福利的具体法规和标准累计已有几十项，涉及饲养（农场）、运输、屠宰、进口、实验等多个方面。

由于动物及其产品安全风险相对较高，欧盟对这类产品的管理非常严格。欧盟实施检验、检疫、安全监管的主要方式包括：食品兽医办公室（FVO）定期对成员国或者第三国的食品安全管理体系进行检查；边境口岸逐批检验、检疫；抽查检验、检疫；市场监督抽查；等等。

在植物卫生管理方面，欧盟关于植物卫生管理的主要目的是保证植物源性食品的安全，确保欧盟所有成员国农作物的质量及卫生状况。欧盟根据国际植物卫生标准和义务，对具有重要经济意义、有可能成为有害生物载体的植物及植物产品的盟内贸易及进口进行管理，制订并实施预防性保障措施，防止对植物及植物产品有害的生物传入欧盟或在盟内传播。具体措施包括：在适当时候检查植物的种植及生长；对生产者进行登记；从第三国进口的某些植物及植物产品必须带有由第三国国家级植物保护机构签发的植物检疫证书，以证明这些植物或产品已经过严格检疫。

此外，欧盟还对植物保护产品或农药的销售与使用进行监管，并专门制订标准对农药残留进行监控，对种子及繁殖材料的质量、植物新品种的知识产权保护及遗传资源保护和使用等进行管理。

5. 海关管理制度

1992年欧盟理事会制定了《关于建立欧盟海关法典的第（EEC）2913/92号法规》，对共同海关税则（包括商品分类目录、一般关税率、优惠关税措施以及普惠制等方面）、原产地规则（包括一般规则和特殊规则），以及海关估价等做出统一规定。

欧盟关税税则编码根据世界海关组织（WCO）《商品名称及编码的协调制度》制定，其协调编码为8位数，其中前6位数为协调编码税目。欧盟还对一些商品采用10位数编码进行监管，称为TARIC术语，用于区分和识别特殊政策措施下进口产品。TARIC术语产品通常被冠以4个附加编码，分别代表农产品合成物、反倾销税、两用产品和出口补贴。各成员国须采用统一术语。

欧盟以委员会指令形式每年对外发布一次更新后税率表。欧盟关税征收方式较为复杂。除对大多数产品适用从价税税率，欧盟对部分农产品、化工品，以及盐类、玻璃、钟表零部件等产品适用复合税、混合税或其他技术性关税的非从价税税率。在混合税中，欧盟又使用了7种不同征税方式。此外，欧盟对部分农产品设置包括季节性关税在内的多种技术性关税。

另外，欧盟还实行自主关税暂停征收和配额制度。该制度对某些进口产品全部或部分免征正常关税。如该制度适用于数量有限的货物，则属于配额；如其适用货物数量没有限制，则属关税暂停征收。原则上，该制度的适用范围仅限于欧盟境内无法获得的原材料、半成品，不包括成品。

欧盟对进口产品和本地产品征收相同增值税和消费税，欧盟制定并提倡统一税率（15%），但各成员国执行各自不同的增值税率和消费税率。

欧盟对第三国倾销产品或补贴产品征收反倾销税或反补贴税。

欧盟同时实施非优惠原产地规则和优惠原产地规则，前者为欧盟共同税则及其相应执行法规明文规定者，后者则体现在欧盟与贸易伙伴签署的优惠贸易协定或安排中。非优惠原产地规则主要用于贸易救济，进口监控或限制，出口退税和贸易统计。享受进口优惠原产地规则的商品需要原产地证书，优惠原产地规则可采用累积方法，即使用享受优惠原产地国家的原料可被视为原产于出口国。欧盟主要产品税率详见表5-1。

表5-1　欧盟主要产品税率

产品名称	平均关税税率（%）
食品类	4.4
食物及牲畜	4.8
油菜籽与坚果	4.9
动植物油	0
农业生产资料	0.4
产品与金属	0.7
铁与钢	2.3
有色金属	0.5

产品名称	平均关税税率
燃料	0.3
化工制品	3.4
非化工制品	4.6
皮革	2.1
纺织品	5.3
布匹	7.3
鞋	6.5
其他项目	0.1
产品总计	2.5

资料来源：欧委会海关总司

（三）非欧盟成员国外贸法规

1. 塞尔维亚外贸法规

塞尔维亚与贸易相关的主要法规有《对外贸易经营法》《贸易法》《海关法》《商品原产地规则》《租赁法》等。相关详细内容可查询网址：www.mtt.gov.rs，www.carina.rs，www.mfin.gov.rs。

（1）进口管理法规

塞尔维亚外贸法规定其境内的企业、法人在与外国法人或自然人进行商品进出口贸易、国际服务贸易时须签订合同，该合同应符合塞尔维亚的法律法规及国际合同法。所有在塞尔维亚境内依法注册的经济实体享有同等的外贸经营权。除个别商品外，国家对进口商品无限制。

塞尔维亚已取消了进口配额，基本上实现了自由进口贸易。

（2）出口限制情况

塞尔维亚关税税则主要涉及8500余种产品，除保障国内市场需要的少量农产品需一定出口配额限制外，其他商品可自由出口。

（3）进出口商品检验检疫

塞尔维亚对各类动植物产品的进口进行检疫，核查进口产品的特征及进口商的相关信息。塞尔维亚贸易、旅游和电信部及塞尔维亚农业和生活环境保护部下属检疫机构负责此类工作。塞尔维亚有关进口商品检验的法规有20

个，条例有80个，标准有8500余项。

（4）农产品贸易

根据塞尔维亚相关法律规定，农产品及其加工食品、畜产品以及烟酒进出口商应向塞尔维亚商品质量检验局申请质量鉴定。

（5）动植物检疫

动植物检疫应向塞尔维亚农业和生活环境保护部下属的动物检疫局、植物检疫局申办动植物进出口检验、检疫证明和进出口许可证。中国已与塞尔维亚签署塞冷冻牛羊肉对华出口检验检疫的议定书。

（6）海关管理规章制度

根据《塞尔维亚海关法》，塞尔维亚海关每年公布新的海关税则表作为海关法的附属文件，税则表中分别列出自主关税、协议关税、优惠关税、减让关税及零关税等不同的税率。

依据关税税则规定，海关注册税为报关基数的0.5%。塞尔维亚的平均关税率为12%，税率的幅度为0%～30%。

按产品类别平均关税税率的调整幅度一般为：①塞尔维亚不生产的原材料、零附件、设备的关税为0%～1%；②塞尔维亚生产的原材料、零附件、设备的关税为3%～5%；③塞尔维亚生产并拥有足够数量的设备关税为8%～10%；④塞尔维亚国内大量生产的工农业产品的关税为15%～30%；⑤塞尔维亚不生产，既属于日用消费品，同时又是再生材料产品的关税税率为10%～20%；⑥对进口日用商品，如短缺将影响居民的生活水平的，关税税率为15%～20%；⑦塞尔维亚有能力生产的日用品关税税率为18%～25%；⑧奢侈消费品的关税税率为30%。

依据塞尔维亚《关税法》与《外国投资法》的规定，对外商投资的设备、部件及规定所需物品等实行减免关税。主要种类有：

①除小轿车、游戏机与赌博机外，外商作为股本投入的设备，进口免进口关税；

②塞尔维亚不生产的设备（须提供商会证明），具备以下理由进口，可免进口关税：为替换在自然灾害、火灾、爆炸、武装冲突或交通事故中毁坏的设备；为直接服务于科研、教育与文化活动，保健，残疾人专业培训及就业相关工作；为直接保护人类生存环境；为完成与外商长期生产合作合同而进口的原材料、半成品、构件及成品可享受全免关税或减免50%关税的优惠

待遇，但前提是须塞尔维亚商会证明上述产品在塞尔维亚不生产，或生产的数量有限或产品质量达不到规定要求。见表5-2。

表5-2 塞尔维亚主要商品的进口关税

商品名称	关税税率（%）	商品名称	关税税率（%）
酒类、烟草	10～30	纸浆、纸制品	1～20
矿物原料	1～5	纺织品	0～22
化工产品	1～30	鞋帽	5～30
塑料和橡胶制品	1～20	机械设备	1～15
生皮、毛，皮革	1～10	汽车、飞机	1～20
木制品	1～10	武器及武器装备	1～25

资料来源：塞尔维亚海关

2. 波黑外贸法规

波黑与贸易相关的主要法律有《对外贸易法》《外国直接投资法》《波黑进出口法》《公共采购法》《波黑设立电力输送公司法》《海关政策法及关税税则》《自由贸易区法》《波黑特许经营法》《竞争法》《波黑工业产权法》《版权及其他相关权益法》《消费者权益保护法》《市场调控法》《产品技术要求法》《公共分配法》《间接税体制法》《间接税分配法》《增值税法》《公司注册法》《外国人在波黑设立公司或代表处法》等。

（1）贸易管理的相关规定

进口管理方面，波黑外贸和经济关系部为进口管理机构。波黑对工业生产和生活消费类商品的进口无限制。但波黑禁止进口损害人体健康或影响环境的商品，如：废弃轮胎、7至10年以上的车辆等。波黑对武器、弹药、军用设备、动植物药品、麻醉品等特殊商品的进口有严格限制，须向波黑外经贸部申办进口许可证。

出口管理方面，波黑外贸商会内设的波黑出口促进局为出口管理机构。波黑鼓励本国产品出口，对出口无限制。但须严格遵守与欧盟及东南欧等国家签署的自由贸易协定，在应用免税优惠待遇等条款上，对使用外来原料在波黑加工后出口到自贸区其他国家的产品要严格遵守产品原产地规则。

（2）进出口商品检验检疫

波黑负责进出口食品和动物产品检疫的部门是外贸和经济关系部的国家

兽医局。进出口商品进出波黑海关时，应向海关办理报关，海关负责对商品进行抽查，欧盟驻波黑海关办事处负责监管出口到欧盟产品的原产地证书，动植物产品需提供输出国官方发放的检验检疫证书，入境波黑的特殊产品需具备有关的批件或证明。

波黑全国设立了四大海关关区，分别是：萨拉热窝海关、莫斯塔尔海关、图兹拉海关、巴尼亚卢卡海关。

（3）海关管理规章制度

管理制度方面，根据《波黑海关法》及其修订法，波黑外贸和经济关系部负责每年公布新的海关关税税则，作为海关法的附属文件，在进口关税税则表中分别列出：基本关税、欧盟优惠关税及配额、CEFTA零关税、伊朗协议关税、土耳其协议关税等不同的税率。对外商按投资股份或资产进口的设备，波黑海关免征关税。

依据关税税则的规定，海关注册税为报关基数的1%。波黑的进口税率为：0%、5%、10%、15%，平均关税率为7.5%。

根据波黑与中东欧国家签订的《CEFTA自由贸易协议》，波黑对原产地为协议成员国的进口产品给予零关税优惠。见表5-3。

表5-3 波黑商品进口关税分类别统计

商品名称	税率（%）	商品名称	税率（%）
活动物及其制品	0～10	原皮、皮毛及其制品	0～10
植物制品	0～10	木材及木制品、软木	0～10
动植物油及油脂和蜡	5～15	木浆、纤维浆、废纸	0～10
烟酒及食品和饮料	5～15	纺织品	0～15
矿物质	0～10	服装和鞋帽	10～15
化工原料及化工产品	0～10	石材、石灰、水泥、陶瓷、玻璃	0～15
塑料及其制品、橡胶	0～15	珍珠、宝石及首饰	0～15
金属及金属制品	0～10	机械、电气设备及音响和摄像设备	0～15
机动车辆、飞机及航运设备	0～15	光学、影像设备、医疗设备及音乐器材	0～10
武器、弹药	0～15	杂项制品	0～15
艺术品及古董	0～5	—	—

资料来源：波黑海关税则

根据波黑与欧盟签订的《临时性贸易协议》（即《稳定与联系协议》的

附件），自2010年协议生效后，波黑对进口欧盟产品给予分阶段减免关税优惠。根据《稳定与联系协议》的要求，从《临时性贸易协议》生效起，波黑对欧盟90%的产品完全免除关税，剩余10%的产品减半征税，至2013年波黑完全取消了自欧盟进口的关税。

3. 阿尔巴尼亚外贸法规

阿尔巴尼亚与贸易有关的主要法律有《商人和贸易公司法》《竞争法》《破产法》和《反倾销法》等。

在进口方面，禁止进口武器、放射性物质、军民两用物品、垃圾（可回收、加工和利用的除外）、消耗臭氧层的物质、濒危野生动植物、毒品等。在出口方面，除废金属一项禁止出口外，其他商品出口均没有限制。禁止出口的废金属包括：贵金属废碎料、生铁和钢铁的废碎料、铜的废碎料（但废铜例外），其他铸铜、镍的废碎料、铝的废碎料（但进口的铝制包装除外），铅、锌、锡的废碎料。阿尔巴尼亚政府于2008年4月通过新的"军用设备进出口管制法（9707号）"，对武器进出口进行管制。

4. 北马其顿外贸法规

北马其顿于2003年4月加入WTO，现正积极谋求加入欧盟，为此，北马其顿不断对现行经济政策进行调整，为外国企业创造更为良好的投资环境。近几年，北马其顿政府颁布的与贸易投资有关的法律主要有《卫生和植物检疫措施》《经济自由区法》《贸易公司法》等。

北马其顿的平均关税按照WTO的要求逐年下降。与10个周边国家及俄罗斯签订了双边自由贸易协定，协定规定对双边进出口的绝大部分商品免征关税，只征收1%的海关登记费。

北马其顿对一般产品实行自由贸易政策，除个别商品外没有数量或价格限制。

二　外资法规

中东欧国家对外资实行国民待遇，除金融保险、港口、机场、法律服务等特殊行业需事先申请许可外，外商可自由投资其他任何行业。外商可以将利润、股息和投资资本汇出；可以购买房地产和其他资产；获得保护，不受国有化、没收、征用之干扰。中东欧的欧盟成员国的会计法、银行法、竞争保护法、公司税法、消费者保障法、关税法及金融服务法等已与欧盟法律实现对接。中东欧国家对外资实行一定的优惠政策，新成员国的优惠政策受欧盟法规的约束。

根据《欧洲共同体条约》规定，欧盟的投资政策决定权由各成员国自行掌握，在不违背有关条约和欧盟法律前提下，各成员国可根据情况制定各自的投资管理政策。目前，欧委会没有专门的投资及外国投资主管部门和机构，相关职能仍在各成员国。欧委会贸易总司设有服务、投资、知识产权和政府采购司，但其主管业务是投资领域对外谈判，而非投资和外国投资管理。

波兰加入欧盟后实行欧盟关于公共资助的政策规定，根据欧盟规定，国家可以对本国企业的投资给予公共资助即地区发展资助、水平资助和产业资助。波兰共设有14个经济特区，在特区内可实行更为优惠的政策。捷克采用欧盟国家资助规则，减少对制造业投资项目的税收优惠和资金补贴，转而加大对技术中心和商业支持服务投资项目的支持力度。匈牙利对投资于技术更新和在匈设立区域中心的外国投资企业，给予资金支持和补贴，对外国在匈牙利的生产性企业提供税收优惠。克罗地亚对外资的激励涉及税收激励、关税激励、就业激励、教育培训激励、投资项目资本支出激励、劳动密集型项目激励。波黑对外国投资者用于投资的设备免征关税。国内或外国的法人或自然人可以设立自由贸易区。波黑由两个实体组成，即波黑联邦和塞族共和国，其对外国投资者的税收激励措施不尽相同。黑山向投资者提供税收减免。地方政府以公用事业费的减免、优惠的土地购买或租赁价格、降低房地产税税率等形式激励投资者投资。黑山不限制利润、股息和利息的汇出。土地法给予外国投资者国民待遇，外国投资者可获得土地或房地产完全的产权。北马其顿宪法规定外国人可在北马其顿依法获得产权。外国投资者的投资和利润可以自由转移。北马其顿向外国投资者提供激励措施，包括免征关税、税收减免等。根据技术工业开发区法，技术和工业区的投资者可享受长达10年的企业所得税、增值税、关税、职工个人所得税的减免。塞尔维亚对在制造业、服务业和特定的部门投资的外国直接投资提供国家资助，资助金额依据投资额、创造就业人数以及投资区域的发展水平不同而有所不同。

波兰外资法规

2004年出台的波兰《经济活动自由法》是商业领域的基本大法。此外，对于市场竞争、建筑程序、国防采购、劳动雇佣、环境影响、知识产权、兼并收购、土地购置等方面均有专门的规定。2018年3月，波兰总统签署了被称为"商业宪法"的5部法律，涉及企业权利、中小企业发言人制度、中央注册和企业信息中心、外国企业在波经营，以及新的经济活动管理政策。其中，最重要的是关于企业权利的法律，其中明确了"法无禁止即可为"的原则，对企业进行诚信推定，并以对企业有利的方式解决有关问题。该法还允许个人在未经注册的情况下开展小规模经营活动（月收入不高于最低工资标准的一半），也无须缴纳社会保险。同时，为鼓励年轻人创业，还规定起步企业在开始经营后的6个月内不必缴纳社会保险。

1. 投资行业的规定

从2005年1月1日起，从事下列经济活动须获得特许权：矿藏勘探，矿物开采，在山体中（包括地下矿山巷道内）进行无容器的物质储藏或废料存放，炸药、武器、弹药以及军事和警用产品与技术的制造和经营，燃料和能源的生产、加工、储藏、运送、分拨以及销售，人身和财产的安保，航空运输，广播电视节目传播。上述活动必须获得相关政府主管部门颁发的特许，有效期一般不少于5年，不超过50年。

此外，部分经济活动须满足相应条件并申请许可或执照，如开设银行、保险公司、旅行社、投资基金、养老基金、国内或国际货运（包括客运及货运），从事赌场、彩票、博彩业及在经济特区开设公司等，这些活动由单独法律做出规定，如银行法、投资基金法、关于戒酒和反酗酒法等。还有约二十种经济活动受特殊管制，须满足相应条件并登记注册，如仓储、电信、制酒、劳动中介等。

波兰政府鼓励外商投资的重点领域包括基础设施、能创造新就业机会的工业投资、对国有企业的私有化项目，以及新兴行业、技术创新投资、环保产业等。其中，基础设施建设项目，主要是指高速公路建设、公路干线改造、原有铁路现代化改造和通信网络更新换代等；能创造新就业机会的工业投资，包括投资设立新企业以及对现有企业并购和重组；对国有企业的私有化项目，主要包括金融机构、能源、电力、化工、造船、煤矿、冶金、机械、医药、食品等行业；新兴行业是指如IT、商务流程外包等行业；技术创新投资，指高科技人才培养及对大学、研发机构、科技园区、技术创新交流中心、企业家孵化中心和科研基础设施的投资；环保产业，包括为推行欧盟环保标准所需的投资，为提高再生能源比例、节约能源及原料等的投资；对贫困地区和高失业率地区的投资。

根据《经济活动自由法》，欧洲经济区内外的外国企业，都能够在波兰从事经营活动，并与波兰公民享有同样的权利，没有仅明确禁止外国人经营的行业和领域。

2. 投资方式的规定

在自然人投资方面，在波兰没有永久居留权的外国公民，只能在波兰设立有限合伙公司、有限股份合伙公司、有限责任公司和股份公司。获准在波兰定居的外国公民享有与波兰公民同等的注册公司的权力。在投资行业、方式等方面没有针对外国投资者的特殊规定。

在外商投资方面，根据波兰相关法律规定，外国企业作为法人实体在波兰境内可注册的形式有代表处、分公司、有限合伙企业、有限股份合伙企业、有限责任公司和股份公司。中国企业和个人在波兰注册的习惯做法一般为设立代表处、分公司、有限责任公司和股份公司。外商投资可以以现汇、设备、技术和知识产权等作为投入在波兰开展投资合作。

在外国投资者建园区方面，外国投资者被允许在波兰购买土地设立工业园区或开发区，区内外投资政策相同。如园区需要申请经济特区政策优惠、或出口保税等政策，需经政府主管部门批准。波兰政府还计划将经济特区政策扩大到全境。

1991年通过的波兰《外资企业法》及此后修订的法案规定，允许外资并购当地企业，但对外资在电信、航空、渔业、广播等领域的并购，限制外资的股份比例，并实行许可制度。

2007年2月16日波兰出台《竞争与消费者保护法》，该法共8章138个条款，主要分为竞争及消费者保护两大部分，其中竞争部分与中国反垄断法较为相似，主要包括禁止限制竞争行为与经营集中。竞争与消费者保护局是《竞争与消费者保护法》的主要执行机构，主要通过对限制竞争的行为发起反垄断调查并依法予以制止及处罚，从而保护竞争。

3. PPP法规

波兰于2008年出台的《公私合营法》准许私人企业通过PPP方式参与基础设施建设等公共项目。其中，若私人投资者的收益全部或部分来源于市场和最终消费者，还须受到《工程服务特许经营法》的监管；若私人投资者的收益全部来源于政府预算，则须受到《公共采购法》的监管。此外，波兰《收费高速公路和国家道路基金法》对通过PPP方式、特别是通过BOT方式修建收费高速公路等做出规定——主要产业为体育娱乐、停车场、健身医疗设施等领域；特许经营项目的期限一般为20~40年。2017年，波兰政府出台了促进PPP模式发展的指导意见。

捷克外资法规

涉及外国人在捷克设立公司，从事商业活动的相关法令包括：1991年制定和颁布的《贸易许可法》《商法》《破产兼并法》，1992年制定和颁布的《外国人法》，以及上述法令的修正条文。若申请投资优惠，则适用2000年颁布的《投资鼓励法》及其修正条文。2015年5月1日，新修订的《投资鼓励法》正式生效。

1. 投资行业的规定

被禁止的行业涉及化学武器和危险化学物质等行业。

被限制的行业包括军用产品工业、核燃料（铀）开采工业、对环境危害严重的行业（如高耗能、高污染的炼焦和化工生产项目）、资源开采行业。对这些行业投资须经过有关政府职能部门严格审批，同时接受政府严格监管。

目前，捷克经济发展的重点是加速经济结构优化和调整，鼓励经济创新与发展。与此相适应，捷克政府确立了重点支持的投资领域和优先发展的行业，并鼓励内外资进入这些产业。重点支持领域主要包括制造业、技术中心和商业支持服务中心。具体包括：信息与通信技术、工程机械、高技术制造业（电子、微电子、航空航天、高端设备制造、高技术汽车制造、生命科学、制药、生物技术和医疗设备等）、商业支持服务（软件开发中心、专家解决方案中心、地区总部、客户联系中心、高技术维修中心和共享服务中心等）、技术（设计）中心（创新活动、应用研发等）。

2. 投资方式的规定

捷克对外资投资方式没有明确的限制，但外国投资不得违反捷克法律，如反垄断、公平竞争、环保等法律，且不得危害捷克国家利益。

捷克《商法》规定的公司形式主要有：有限责任公司（s.r.o.）、股份公司（a.s.）、普通商业合伙公司（v.o.s.）、合伙公司（包括有限合伙k.s. Limited Partnership，以及共同合伙General Commercial Partnership）、合作社（družstvo）和外国企业设立的分公司等。此外，《商法》还允许设立所谓的欧洲公司（Societas Europea）和欧洲经济利益集团（EEIG）。外国投资者多通过设立有限责任公司、股份公司和分公司等方式在捷克开展投资和生产经营活动。

除传统投资方式外，捷克境内外投资者（包括自然人在内）可通过股份收购、资本市场并购或收购上市公司等方式进行投资。

（1）捷克资本市场属开放型，在资本市场上外资并购或收购上市公司要遵守国家证券监督委员会和布拉格证券交易所制定的信息披露制度和程序。在股票主板市场上市流通的公司，外资收购方必须通过市场买入股票，直至成为公司第一大股东。在购入股票过程中，当收购方拥有股票数量达到上市公司流通股票的5%以及5%的倍数（即10%，15%等）时，必须向交易所通报。当收购方完成收购成为公司第一大股东后，必须召开公司股东大会，公告公司股东变动情况，并将会议情况通报交易所。

（2）如被收购公司股份没有上市流通，收购方则可直接与公司管理层或拥有多数股票的大股东商谈，以协议转让方式获得公司多数股权，从而成为公司第一大股东。协议转让价格由双方商定，可不向社会公开，但是股权转让完成后，新公司股东必须向工商登记部门通报股权转让情况。同时，《证券法》也规定，如果收购方是从国家手中购买国有股份而成为目标公司的大股东，并在今后可能把这些购买的股份出售给第三者，股票价格有下限限制，即出售给第三者的价格最多只能比买入国有股份时的价格低15%，上限则不封顶。

外资并购可咨询律师事务所和会计师事务所。例如，四大会计师事务所和部分英、美顶尖律师事务所均在捷克有分支或代表机构。近年来，中国企业在捷克的大型并购项目目前进展均比较顺利。

捷克目前未颁布专门的外资并购安全审查法律。捷克的《竞争保护法》于2001年颁布（Act No. 143/2001 Coll）。为符合欧盟要求，分别于2004年、2005年进行多次修改，包括针对其中的垄断协议、滥用市场支配地位和经营者集中规制三大组成部分。

3. PPP法规

PPP相关法律主要包括捷克《公共采购法》（Act No.137/2006 Coll）和《特许经营法》（Act No.139/2006 Coll）。2004年，捷政府通过PPP政策文件。2009年，财政部修订了关于PPP的法令（no. 410/2009 Coll）。近年来，捷政府陆续启动一些PPP试验项目。北欧、奥地利等国家和地区有实力的建筑商较多参与了捷克基础设施承包建设，并密切跟踪捷克PPP先行项目。

罗马尼亚外资法规

根据1997年第92号《鼓励直接投资政府紧急法令》，外国在罗投资须满足以下三个条件：不违背环境保护法律规范；不触犯罗马尼亚国防和国家安全利益；不危害公共秩序、健康和道德。在此前提下，外资可投向工业、自然资源勘探和开发、农业、基础设施和通信、民用和工业建筑、科学研究和技术开发、贸易、运输、旅游、银行和保险服务等大多数领域。

1. 投资方式的规定

外商可单独或与罗自然人和法人合作在罗投资设立股份公司、有限责任公司、子公司、分公司、合伙公司或代表处。罗政府对外国企业在合资公司中的持股比例没有要求，允许100%持有。目前，需政府审批的外商投资领域包括国防、国家垄断行业和涉及国家安全的产业。外资企业可在罗买卖不动产，但不允许来自欧盟和欧洲经济区之外国家的商人以个人名义购买不动产，但双边协定另有规定的除外。除非公众利益特别需要，罗马尼亚一般不对外商投资实行国有化、没收、征用等措施。特别情况下采取上述措施的，国家将给予合理补偿。

在罗马尼亚进行并购受到《竞争法》和《公司法》的约束。罗现行《竞争法》为1996年出台的第21号法律，执行机构为罗竞争理事会。2011年，罗政府出台政府紧急法令对该法进行了大幅修订，同年，罗议会通过2011年第149号法律批准了有关修改。2014年，罗政府再次对该法进行修改。修改后的法律与欧盟竞争法规保持高度一致，包括并购控制、反托拉斯、滥用支配地位和国家援助四部分内容。2014年的修改涉及危害市场竞争行为、经营者集中等内容，同时对竞争理事会的机构及预审和决策程序进行了修改。此外，罗规范市场竞争的法律还包括1991年第11号《反不正当竞争和其他竞争保护行为法》（2015年由第117号法律作出修改）。其他有关收并购的法律框架包括1990年第31号《公司法》（2008年第52号政府法令对该法进行了修订），以及罗财政部2004年第1376号令中有关并购等交易的会计程序和财政制度的规定。收购和并购行为若涉及至少一家上市公司则还必须遵守2004年第297号《资本市场法》以及罗国家证券交易委员会（2013年撤销，业务划归新组建的金融监管局）颁布的法规。如参与收并购的企业数量超过两家（含），且合并营业额折合超过1000万欧元的列伊，交易被认定为经营者集中行为，则还需根据罗《竞争法》的规定，申请罗竞争理事会的批准。

2. PPP法规

2016年11月25日，罗2016年第233号《公私合营伙伴关系法》正式在罗《官方公报》上发布。颁布新的公私合营法旨在确保公共领域和私营领域的有效合作，实施必须开展的公共工程和服务项目，充分利用私营领域的资金、效率和创新潜力等优势，通过初期完全使用私营资金缓解公共融资和财政赤字的压力，同时积极借鉴私营领域的经验提高公共服务的质量和效率。新法有很多新的亮点：对公私合营伙伴关系的适用范畴等内容进行了明确规定，扩大了公私合营伙伴关系的使用范围，新增了合同式伙伴关系的合作形式，细化了公私双方的权利、作为标的物物品的法律性质等内容，明确规定了公私双方的利益共享和投资担保等机制。之前的版本为2010年第178号《公私合营法》，有效期至2016年5月，主要规范不同领域以公私合营伙伴关系方式、使用私营资本实施的公共项目，包括物品或服务的设计、融资、建设、改建、现代化改造、运营、维护、开发和移交。旧版法律在项目融资来源、公共伙伴出资性质、投资保障等方面存在缺陷，实施五年多之后被发现没有任何成功案例。2016年5月26日生效的第100号关于《工程和服务特许经营法》的实施，直接导致了原公私合营法的废止。据了解，罗马尼亚议会目前正在对《公私合营法》再度进行修改。

匈牙利外资法规

与投资合作有关的主要法律包括《外商投资法》《公司法》《注册法》《会计法》《资本市场法》《证券交易法》《劳动法典》《反歧视法》等。

其中，《外商投资法》对国内外投资者权益进行法律保护，国内外投资企业适用统一法律法规，外国企业和其他经济组织或个人可以在法律允许范围内从事大部分经济活动。

1. 投资行业的规定

须获得政府批准的行业：赌博业、电信和邮政、自来水供给、铁路、公路、水运和民航。

不允许外国企业或个人购买匈牙利耕地和自然保护区，对购买作为第二居住地的不动产有严格限制。

根据《信贷机构和金融企业法》，对外国银行投资及其金融服务范围有限制性规定。外国商业银行在匈牙利投资之前必须获得匈牙利央行金融机构监管部门的许可，并只能注册为有限责任公司或分行两种形式。外国银行也可设立银行代表处，但不得进行任何形式的经营活动。

2. 投资方式的规定

商业组织可由匈牙利居民、非居民自然人及法人单独或联合从事业务运营。此外，该类人士可作为成员加入商业组织，或获取其参与权。除有限责任公司和私人股份合作公司外，建立商业组织需要至少两名成员。

2006年7月1日，为有效保护投资者的合法权益和提高企业注册效率，匈牙利颁布新的《公司法》（Act V of 2013）和修订的《注册法》（Act V of 2006），并统一适用于匈牙利国内外企业，设立商业主体的主要形式有无限合伙公司（Kkt）、有限合伙公司（Bt）、有限责任公司（Kft）、股份有限公司（Nyrt/Zrt）。外国公司被允许在匈牙利设有办事处或分支机构。

建立有限责任公司的最低资本要求是300万福林（约10000欧元）。注册资本由配额持有人的资本出资构成，出资可为现金或实物形式。有限责任公司可仅由实物出资建立。特定规则适用于出资金额，出资金额必须在提交注册申请日期之前提供；出资金额取决于是以现金或以实物提供，以及新建立公司是多位配额持有人建立还是全资实体。

外国投资者还可通过并购匈牙利公司的方式进行投资。根据匈牙利《公司法》《会计法》《资本市场法》和《证券交易法》等规定，外资企业可以通过获取股份、持有表决权股份或其他权益（例如在目标公司管理中负责至关重要的人事权）等方式并购匈牙利企业。外国企业在匈牙利并购并上市还需要符合布达佩斯证券交易所的相关规定。

任何企业并购，如符合法律规定条件，须取得匈牙利公平交易局（Hungarian Competition Authority，GVH）的核准。外国投资者取得另一公司股权达75%以上时，该股权变动须于15日内向法院报告。金融机构和上市公司的并购案还应事先取得匈牙利央行金融机构监管部门的核准。

根据匈牙利政府2013年2月12日颁布的法令，匈牙利共有903个社区成为免税工业园区。2013年5月15日以后，又有903个社区成为免税工业园区。该制度为投资者提供不同类型的税收减免，10年内，税收减免额最高可达企业所得税的80%。

3. PPP法规

PPP项目的实施须遵守《政府采购法》（Act CVIII of 2011）和《特许经营法》（Act XVI of 1991）的规定。

斯洛伐克外资法规

斯洛伐克经济部主要负责投资资助政策的制订和实施。为促进外来投资和外贸出口，斯洛伐克政府于2001年成立了投资贸易发展局（SARIO）。该局为独立法人，局长由政府任命，受经济部长领导，下设外国直接投资、对外贸易和欧盟结构基金三个部门，在斯洛伐克各州设有办公室。

1. 投资行业的规定

限制投资行业包括军品生产、博彩业、广播电视、部分矿产资源开采及影响环保的行业，投资者须满足相关行业要求并得到政府部门的许可后方能注册。

鼓励的行业包括工业生产、技术中心、战略中心（IT研发、客服中心等）。

2. 投资方式的规定

外国投资者可在斯洛伐克新设企业，也可通过收购斯洛伐克现有企业股权或资产的方式进行投资。

斯洛伐克法律对外国公司和个人并购当地企业没有限制。在企业并购方面与斯洛伐克国内企业和公民享有同等权利。但是一些特定的行业并购须经过斯洛伐克有关主管部门批准，如并购商业企业须经斯洛伐克反垄断办公室批准，并购银行须经斯洛伐克央行批准。根据斯洛伐克法律规定，并购斯洛伐克企业可以通过多种方式进行，其中最常用的是收购有限公司或股份公司的股权，其他并购方式包括收购选定资产、购买企业的全部或部分等。

斯洛伐克有关反垄断和经营者集中的法律法规主要由2001年《竞争保护法》和反垄断办公室颁布的《罚款办法指引》《并购程序提前披露》《经营

者集中》《与集中直接相关的竞争限制》等行政指令组成。其中《竞争保护法》的主要目的是保护竞争，促进消费者权益保护。该法分为10部分共45条，规定了对竞争的非法限制形式、经营者集中评估、统治地位滥用、竞争保护主管部门权限及构成、商业机密保护、法律后果等内容。

此外，由于斯洛伐克系欧盟成员国，收购行为也受欧盟《竞争法—收购控制适用准则》等相关法律和指令约束。

外资并购流程主要见于斯洛伐克1991年《商法典》。根据该法第218条，外资收购或合并当地企业首先应与后者签署收购协议并经公证。协议中须列明：

（1）如以股权置换方式收购，双方股份的置换比率及各自股份的等级、种类、面值、限制转让条款等；

（2）如以现金方式购买被收购公司股份，溢价不应超过股份面值的10%；

（3）被收购公司普通股股东、优先股股东、可转换债券所有人、董事会及监事会成员的各项权利。

收购协议签署后，收购公司与被收购公司董事会向各自监事会提交并购报告供其审议，监事会通过后交由股东大会表决通过。

双方股东大会批准收购后，收购公司持批准文件到公司注册部门进行收购注册登记。

中资企业如拟收购斯洛伐克企业，可事先登录斯洛伐克司法部公司注册网站（www.orsr.sk）查询企业信息，并宜聘请当地律师事务所对目标企业进行收购前尽职调查，全面掌握有关情况。

由于斯洛伐克失业率持续高企，在公司并购中能否扩大和维持就业成为斯方关注重点。2012年，浙江某民营企业受邀考察某欧洲大型灯具公司在斯洛伐克工厂，洽谈收购事宜。彼时收购已进入实质性阶段，但因当地工人工资较高、工会限制裁员和降薪，导致成本超出预期，该企业最后不得不放弃收购。

保加利亚外资法规

保加利亚投资署是保加利亚主管投资的政府机构，隶属保加利亚经济部，主要负责投资政策制订、实施以及促进工作。其职能清晰，对投资者的服务主要有：详细的信息咨询、深度的市场调研、有针对性地牵线搭桥和组织投资洽谈等。

投资署制定了《投资环境和主要产业指导》《法律指导》《主要投资者信息》等文件和材料。保加利亚提出在制造业、可再生能源、信息产业、研发、教育以及医疗6个行业投资的外国公司将得到优惠政策的支持，同时取消了对钢铁、船舶、化纤制造行业的外商投资优惠政策。

2008年，保加利亚投资署推出8个重点吸引外资的行业，包括：电气电子、机械加工、化工、食品及饮料加工、非金属采矿、医药行业、再生能源、ICT及服务外包。

2015年，保加利亚议会通过《能源法修正案》，取消了对光伏、风电等可再生能源的优惠政策。此前的《能源法》规定，保加利亚国家电力公司有义务以优惠电价购买光伏、风电和生物质能等可再生能源发电企业生产的全部电力。根据新规，2015年3月6日以后并网的发电企业将不再享受优惠电价和强制收购等优惠政策，但30千瓦以下的屋顶和墙面光伏发电站、部分小型生物质能电站及高能效的热电联产企业仍可享受政策优惠。

在外资并购方面，保加利亚对外资企业并购当地企业无特殊限制，外资企业和当地企业享有同等待遇，但如外资来源国对保资企业并购该国企业存在限制或特别优惠条件，保加利亚也将施加同等限制或优惠条件。由于保加利亚是欧盟成员国，在保加利亚境内的并购行为，特别是涉及欧盟多个国家的并购，受欧盟企业并购及反垄断等竞争法的限制。涉及企业并购的保加利亚当地法律法规分散在《商法》《商事注册法》《证券公开发行法》《民事诉讼法》《企业所得税法》《保护竞争法》和《劳动法》等法律中。

克罗地亚外资法规

克罗地亚主管国内投资和外国投资的政府部门是经济、中小企业和手工业部，其主要职责是审批投资项目，为国内外投资者提供技术和咨询服务等。

1. 投资行业的规定

外资投资需要特许的领域包括：矿山开采、港口扩建、公路建设、国有农业用地的使用、狩猎权、海港的使用、电信服务、占用无线广播电视频率、国有自然保护公园的开发和利用、水资源和水道的使用、铁路建设。克罗地亚以上各类项目的投资建设，均须通过国际公开招标获取。

2. 投资方式的规定

在克罗地亚，投资设立企业的形式包括一般公共企业、股份制公共企业、股份公司、有限责任公司、经济利益联合体、隐名合伙企业。成立一家股份公司的最少股本为20万库纳（折合约2.8万欧元），单股票面价值最少为10库纳。成立一家有限责任公司的最少股本为2万库纳（折合约2800欧元），个人持股额最少为200库纳。外国自然人只有获得手工业执照才可以在克罗地亚经营手工业。

目前，外商在克罗地亚投资以并购为主要方式，"绿地投资"寥寥无几。克罗地亚《股份制企业收购法》规定：购买量达上市企业股份25%以上的，须向克罗地亚证券委员会报告。

斯洛文尼亚外资法规

目前，斯洛文尼亚的公司分类采用德国标准，主要为有限、无限和不公开三种形式。外国人可在斯洛文尼亚全部或部分拥有公司并享受国民待遇。斯洛文尼亚没有设立专门的外资管理部门，外资企业同斯洛文尼亚本国企业一样在地方法院注册，无需政府部门批准，斯洛文尼亚公司法的有关规定完全适用于在其境内注册的外资企业。外资企业的投资方式主要包括：

资本投资企业。即以企业基本资金为股本的形式投资建立企业，外国投资者可拥有企业的整个所有权或部分所有权，主要企业类型有四种。

（1）有限责任公司：以公司的全部资产承担责任，合作者不承担公司的责任。公司最低的设立资本是7500欧元，每位股东的最低出资额为50欧元。注册前，每位股东必须至少以现金方式支付认缴股份的25%，股东支付的全部现金额不得少于7500欧元。

（2）股份公司：以公司的全部资产承担责任，股东不承担公司责任。法人及自然人均可创设股份公司。最低创设资本为2.5万欧元。股东可以以股份或者实物出资，至少三分之一的创设资本必须采取资金形式。

（3）有限合伙公司：主合伙人对合伙者的全部财产负责，有限合伙人不承担公司的责任。如有限合伙公司通过发行股票获得资本，则所创建的公司为股份有限合伙公司。

（4）普通合伙公司：所有合伙人以其全部财产承担各自及连带责任。

契约性合资公司。此类公司内部各方之间的关系通过契约确定，外商对企业的投资并不改变企业内部既定的法律地位和所有权的结构。这种投资实际上可视为债务资本投资。

特许权经营。斯洛文尼亚法律允许外国投资者开发可再生和不可再生的自然资源。投资开发可再生的自然资源（如水、森林资源等）的企业，由地方政府部门签发特许许可；投资开发不可再生的自然资源的企业，须经斯洛文尼亚政府特例审批。

在进入方式方面，外国投资者可以通过新建企业、入股、兼并和收购等方式在斯洛文尼亚投资，但并购当地企业须经斯洛文尼亚政府有关机构审查，必要时政府可以进行干预。主要法律依据为《收购法》和《避免限制竞争法》。

立陶宛外资法规

立陶宛于1999年颁布实施《投资法》，该法适用于国内和外国投资。根据该法，外国投资者和立陶宛本国投资者享有同样的权利，平等对待。除了涉及国家安全及国防领域之外，外国投资者可以进入立陶宛各个经济领域，不受限制。2018年1月，立陶宛对《投资法》做出修订，立政府对涉及能源、交通运输、信息技术和电信、金融和信贷，以及军事装备等国家安全的战略领域投资，实行更加严格的合规性审查。

塞尔维亚外资法规

吸引外资的主要目的在于发展生产，增加就业，加强基础设施建设。指导外商投资的法规主要是《吸引外资法》及对外资给予的优惠和奖励政策。塞尔维亚主管国内投资和外国投资的政府主管部门是经济部。塞经济部直属机构——开发署，具体负责向外商提供服务和咨询。

1. 投资行业的规定

限制的行业为博彩业、军工行业。

塞尔维亚重点鼓励的投资行业是：

（1）汽车产业；

（2）农牧业；

（3）基础设施建设；

（4）通信信息技术产业；

（5）电子和家电产业；

（6）清洁能源产业。

2. 投资方式的规定

塞尔维亚资本账户是开放的，外资可自由进入。塞尔维亚对外资参与国有企业私有化项目或参股、并购民营企业均持欢迎和支持态度。涉及国有企业的项目，普遍要求投资方承诺保证和新增一定数量的工作岗位。

由于塞尔维亚经济形势欠佳，中国企业决策时应提前做好市场调研，咨询在塞尔维亚拥有丰富经验的跨国金融咨询服务机构（如世界银行下属国际金融公司IFC等），广泛听取专业意见，妥善处理好各项潜在风险。

3. PPP法规

塞尔维亚法律框架对PPP模式和特许经营进行了区分，两者受同一部法律——《PPP和特许经营法》的约束。塞尔维亚各级政府对PPP模式持积极态度，一方面是因为PPP项目可为所投入的资金带来更多回报，特别是在提供重要的公共服务时；另一方面，塞尔维亚政府正根据国际货币基金组织的相关安排限制预算开支，而PPP项目不会出现在公共部门的资产负债表中，这对于塞尔维亚来说尤为重要。

在当前PPP框架下，尚无大型基础设施项目进入合同阶段，因此我们仅能从塞尔维亚各个市政府开发的小型PPP项目中获得有限经验。塞尔维亚公共机构对于PPP模式的实施相对缺乏经验。

拉脱维亚外资法规

自2002年1月1日起生效的拉脱维亚《商法》取代了以前的《工商登记法》《有限责任公司法》《股份公司法》《外商投资法》等相关工商法律。

根据2017年3月生效的拉脱维亚《国家安全法》第37条，投资以下行业需接受安全审查：（1）对市场有重大影响的电子通信商；（2）节目覆盖拉领土面积60%以上的听觉电子媒体，或节目覆盖拉领土面积95%以上的视听电子媒体；（3）获得拉境内天然气或液化天然气传输、配送、储存许可证的企业；（4）装机容量超过50兆瓦的电力或热力生产商；（5）拥有至少100公里长管网的热能输送商；（6）获得拉输电许可证的企业。

外国投资者可以通过成立有限责任公司或股份公司从事经营活动。外国银行在得到拉脱维亚中央银行许可后，可以在拉脱维亚境内开设分行和机构。

爱沙尼亚外资法规

1991年9月实施、1996年5月修订的《外国投资法》规定，外国投资者与爱沙尼亚本国公民和法人享受同样权利，承担同样义务，即实行完全的国民待遇。

能源行业外资准入政策：爱沙尼亚经济事务与通信部下属竞争委员会主管能源的外资引入和能源发展。主要依据《电力市场法》《液体燃料规定》等来对能源行业进行管理。爱沙尼亚欢迎外资进入其能源领域开展合作，但要求投资者须有明确的长远发展计划，并具备一定的经济实力。另外，开展能源生产合作须符合爱沙尼亚能源市场监督部门的规定要求方能申领经营许可证。

电信行业外资准入政策：爱沙尼亚经济事务与交通部下属的技术监督机构主管电信行业。爱沙尼亚在此领域对投资无特殊要求，参与爱沙尼亚电信行业合作须向该主管机构申领经营许可证。

金融行业外资准入政策：爱沙尼亚银行、保险、证券行业的市场准入参照欧盟相关法律并依据爱沙尼亚《信贷机构法案》《保险业务法案》《证券市场法案》。爱沙尼亚金融监管局隶属于爱沙尼亚中央银行，对商业银行、保险公司及证券公司进行监管。

波黑外资法规

《外国直接投资法》《公司注册法》《外国人在波黑设立公司或代表处法》等是波黑主要外资法规。

除了限制或禁止外资进入生产和销售军用武器、弹药、军用设备和公共媒体信息外，外国投资可以自由进入波黑市场。由于波黑当地法律较为复杂、多个实体间存在一定的法律规定的冲突。投资前，需向当地律师寻求专业的意见和建议。

波黑的外国投资方式主要有：收购企业私有化产权；通过招标获取特许经营权，以BOT模式开发和建设项目（包括自然资源开发、基础设施建设等）；收购破产企业；开发性投资；跨国兼并；合资经营；投资股票证券等。

阿尔巴尼亚外资法规

阿尔巴尼亚政府鼓励投资者在各个领域进行投资。重点是农业、旅游业、加工业、矿业、能源，以及道路交通、电信等基础设施等领域。

2014年，阿尔巴尼亚政府提高了矿产采掘业的投资准入门槛。有意投资矿业部门的企业在向阿尔巴尼亚国家商业中心（QKB）申请相关许可前，须缴纳投资保证金、环境保证金等费用，费用相当于投资总额的10%。

北马其顿外资法规

除军事工业、武器交易、麻醉品交易、受保护的文物交易等领域外，其他投资领域均对外开放。北马其顿吸引外国直接投资的行业有：纺织、皮革、鞋、水果和蔬菜种植、羊肉、食品处理和包装、葡萄酒、烟草、旅游、钢铁、化工和医药生产、车辆组装、电气设备、建筑、基础设施建设、银行业、电信业和其他服务行业。

北马其顿鼓励外资在汽车零部件、IT产品、农产品加工、医药和医疗健康、成衣、纺织和皮革、能源、旅游、化工、建筑和房地产等领域内投资。

对于银行业，北马其顿对国外资本投入无法律限制。该国《银行法》规定，获取75%的银行股份须得到国民银行的批准。

《保险监管法》要求国外投资者在购买涉及保险事业管理权的股票时，必须通过保险业监管机构的同意。

根据《广播法》规定，外国人参与广播公司的投资比例不能超过25%。

三　就业法规

(一) 就业法规总体情况

中东欧已有11个国家加入欧盟，欧盟成员国受欧盟共同体就业法规的约束，从整体上设定就业战略、就业目标和政策指南。在入盟协议中，欧盟要求中东欧国家应分阶段在本国劳动合同中施加更多的限制性条款，以逐步配套采用欧盟制订的所有共同就业及劳工政策。欧盟认为，中东欧国家分阶段地采用欧盟共同就业及劳工政策可以使东扩国企业在国内经济转轨过程中花费的成本最小，"避免因立即采用（激进式的）财政和法律规定，而对东扩国中小企业的发展造成抑制"。未加入欧盟的中东欧国家则拥有各自的就业法规。

（二）欧盟就业法规

《欧洲共同体条约》第125条至130条是欧盟就业政策的法律基础。其条款对成员国、欧委会、理事会的功能与作用以及相互关系作了明确规定。

欧盟与成员国从两个层面相互协调就业政策。一是欧盟从整体利益高度制定欧盟共同就业政策，设定就业战略、就业目标和政策指南等；二是在成员国层面，在欧盟共同就业政策指导下制定本国就业政策。欧盟还需采取必要行动，促进欧盟和成员国以及成员国之间就业政策一致。为此，欧盟主要履行如下职能，一是要协调和监督各成员国就业政策。通过欧盟和成员国协调，使得欧盟就业政策得以在一致通过的统一框架下贯彻执行。二是在成员国之间分享就业成功经验。以欧盟为平台，成员国之间在各个层次上借鉴彼此的成功经验，提高大多数有效政策可借鉴性。三是制定有关劳动权利和社会保障的法规。欧盟就业战略（EES）为欧盟各成员国共享信息、商讨和协调就业政策提供了框架平台，每年各成员国政府（通过就业委员会）和欧盟机构共同完成一揽子就业政策报告，以公开成员国就业政策及其与共同就业政策的一致性。这主要包括：成员国就业政策指南、成员国就业政策报告和欧委会报告。欧盟委员会报告是对成员国活动进行评估的结果，报告还就如何改善工作给出建议。

欧盟共同就业政策主要包括"欧洲2020战略"、欧盟就业战略和欧盟成员国就业政策指南等。"欧洲2020战略"、欧盟就业战略设定欧盟就业领域战略目标，并通过制定成员国就业政策指南，促进落实或实现该战略目标。

"欧洲2020战略"的三大优先领域、五大执行目标和七大旗舰行动计划，都涉及就业问题。其中三大优先领域之一就是以提高就业率和消除贫困为目的的"包容性增长"。五大执行目标中有三项涉及就业：一是20～64岁人口就业率达到75%以上；二是学校辍学率低于10%，30～34岁年龄段受高等教育比例提高至40%；三是贫困人口降至2000万以下。七大欧盟战略旗舰行动计划中有三项包含就业：一是"新技能和就业日程"，该日程将2020战略目标具体化，提出建立现代化劳动市场，提高劳动力可流动性，增加劳动参与率，改善劳动需求，以提高就业水平和确保欧洲社会发展模式的可持续性。二是劳动节青年计划，通过加强学生和被培训者流动性，增强欧洲高等教育制度的国际吸引力，提高欧盟各阶段教育和培训业整体水平；改善年轻人的就业状况。三是欧盟反贫困平台，通过加强经济、社会和国土的凝聚，减少贫困和社会隔离，提高贫困人群和社会隔离人群的意识，使其积极融入到社会中来。

《欧盟成员国就业政策指南》由欧委会与各成员国政策协调后提出建议，吸取了欧洲议会、欧洲经社理事会、地区理事会和就业理事会等各方面的意见，由欧盟理事会批准，为各成员国制定就业政策提供具体指导，从整体上确保欧盟各成员实现促进就业和可持续发展目标。目前有效的《欧盟就业政策指南》（2010/707/EU）于2010年10月经欧盟理事会批准。各成员国在制定本国就业政策时必须以其为指导，并作为设定本国目标的基础。欧盟就业政策指南是欧盟更广泛经济政策指南的一部分，与其他经济政策指南一起共同构成欧洲2020战略综合政策指南。主要内容涵盖以下方面：

第一，增加劳动力市场参与度，减少结构性失业，改善工作品质。各成员国要把提高劳动者积极性作为增加劳动力市场参与度的关键，整合并贯彻欧盟理事会针对劳动力市场的各项政策，正确使用欧盟社会基金和其他类型基金的支持，以增加劳动力市场参与度，消除市场分割和性别不平等。同时促进市场流动、减少结构性失业，全面实现劳动力市场灵活性与安全性之间的平衡和相辅相成。各成员国应引入兼具灵活性和安全性的合同安排，实施积极的劳动力市场政策，并与社会保障制度相结合，为劳动者终身学习提供保障。促进劳动力流动，使得失业者能清晰认识其权利和义务，并积极实现技能转型、积极寻找工作。此外，工作场所内部灵活性也应引起足够重视。

各成员国应实施有效措施，打破劳动力市场分割，有效保障并提高工作流动性、工作品质和就业条件。各成员国应坚决打击工作贫困，保障职业健康和安全。为固定期限合同和自雇型劳动者提供同样充分的社会保障。要充分发挥就业服务的作用，实施个性化服务和劳动力市场早期预防措施，并面向所有人开放，无论其是年轻人还是受失业威胁的人，甚至要涵盖那些远离劳动市场相当久的人。

各成员国应注重工资报酬政策制定。为增加竞争、提高参与水平，各成员国应鼓励通过工资谈判实现合适工作条件，并使劳动成本提升与物价稳定和生产力发展相一致。各成员国应当定时回顾其税收和福利制度，有效提高劳动者参加劳动的积极性并增加劳动需求，并为此提供必要的公共服务支持。各成员国应注意年龄差别和性别平等，整合适合青年人、残疾人、合法移民和其他弱势人群等不同群体类型的劳动市场，尤其要为年轻人、老人和妇女提供必要医疗保障。各成员国应当消除劳动力市场障碍，促进自我就业，激发社会创新，在绿色就业等各领域创造就业机会。

第二，提高劳动技能吻合劳动市场需求，推动终身学习机制。各成员国应当着眼于当前和未来劳动市场的需求，通过丰富劳动者的知识和技能来提高生产率和就业能力。设置终身学习的有效奖励机制，确保每个人获得高质量的初始教育和职业培训，同时与移民政策和融合政策相结合，提供二次学习机会。各成员国应消除影响劳动者跨行业和跨境流动的各种障碍，促进有利于创新和创业的知识自由流动。特别要为技能过时者提供支持和培训，提高老年工人的就业能力，并加强对科学、数学和技术领域高技能人员的培训和技能再提高。

各成员国应与社会力量合作，增加培训机会，加强教育和职业指导，并提供就业机会、新技能需求和创业促进等方面的信息。政府、个人和雇主共同出资参与人力资源开发和终身学习项目，特别是向没有就业的年轻人提供教育和培训机会。各成员国应与社会资源相合作，帮助年轻人获得初次就业、工作经验和再教育、再培训的机会。当年轻人失业时，有关措施应当迅速介入。

第三，提高各层级教育和培训系统的质量和效能，促进大专或同等学历教育。为提高教育成效，保证每个人可获得优质教育和培训，各成员国应对教育和培训系统进行充分投资，并使教育和培训系统能满足迅速变化的现代市场需求。为符合终身学习原则，各项措施应当涵盖所有教育阶段，无论其是正规教育还是非正规教育。应当鼓励学生和教师的国际流动，并采取必要措施确保年轻人和教师的流动性。成员国应提高教育和培训系统开放性和相关性，增加教师职业吸引力并注重对教师的初始教育和后续教育。高等教育应更加开放，进一步增加大专和同等教育资源。为降低失业和未接受教育或培训年轻人人数，各成员国应采取一切必要的措施，防止辍学。

第四，促进社会包容和消除贫困。为防止和减少贫困、提高社会和经济全面参与度，各成员国应当把扩大就业作为综合战略重要组成部分。各成员国要有效利用"欧洲社会基金"等共同体财政工具，确保社会领域各项机会平等，尤其是高品质、可持续的公共服务。各成员国应制定有效的反歧视措施，把预防贫困和提高劳动力市场参与水平作为防止社会排斥的有效手段。需进一步加强社会保障系统，通过终身学习等项目为不同阶段的人民创造机会，使得他们免受社会排斥。包括养老金和医疗保险在内的社会保障体系，应当现代化并确保有足够资金支持和服务。社会福利制度应着眼于收入保障和减少贫困，要特别关注容易遭受社会排斥风险的人群，比如单亲家庭、少数民族、残疾人、儿童和青少年、老人、移民，以及无家可归者。各成员国应积极发展社会经济、促进社会创新，为弱者提供支持。所有措施应当立足于促进性别平等。

波兰就业法规

《劳动法》是波兰劳务领域最主要的法律。它作为雇佣关系的法律基础，确立了雇员的权利和义务等，其中包括劳动合同的签订、解除和到期，以及工资报酬、工作时间、休假等具体内容。此外，波兰还针对大规模裁员、工会、雇用临时工等出台了专门法律。2016年6月，波兰总统杜达签署劳动法修订案。根据修订后的《劳动法》规定，雇主必须在员工开始工作前与其签订劳动合同。而根据之前的法律，雇主可以在雇员开始工作的第一天与其签署劳动合同。由此造成，雇主在被查出未与员工签订劳动合同时，经常辩称该员工是第一天开始工作。而修订后的法律弥补了这一漏洞。如果被查出未签订劳动合同，雇主将被处以1000～30000兹罗提的罚款。修订后的劳动法于2016年9月1日开始实施（注：波兰国会网站可查看《劳动法》全文）。

捷克就业法规

捷克新《劳动法》（No.262/2006 Coll.）于2006年经捷克议会批准，2007年1月生效实施。新《劳动法》包含14部分，共396个条文，涵盖了雇佣双方在工资、劳动时间、劳动保障与福利、赔偿等方面的一系列权利和义务（注：法律全文可浏览捷克劳动与社会事务部网站：www.mpsv.cz/en/1609）。

罗马尼亚就业法规

罗马尼亚《劳动法》对劳动合同、劳动时间和工资水平等方面进行了规定。为落实欧委会2008年第104指令中关于临时用工的有关要求，2015年，罗修改了原有的劳动法，对临时用工合同性质、工作时间和工资水平进行了区分细化，同时明确职工临时请假、产假、高危孕妇孕检假和照顾生病儿童的假期不应从其年法定休假中扣减。

匈牙利就业法规

匈牙利的劳动法依据主要是2012年修订的《劳动法典》和2003年开始实施的《反歧视法》，对劳工关系的内容、劳资双方权利、义务、福利和报酬、就业保护、雇佣与解聘等做了具体规定。

斯洛伐克就业法规

斯洛伐克《劳动法》对劳工关系的产生、劳资双方的权利、义务、福利、报酬、就业及保护、劳资纠纷的处理做了规定。

雇用员工的依据是工作合同。工作合同分为定期、无限期、工作时间少于8小时、留职及特殊任务等5种。如果是定期合同，一般不超过3年，否则被视为无限期合同。

解除劳动合同必须提前2个月书面通知员工，如果员工工作满5年以上，须提前3个月书面通知。员工辞职不须说明原因，雇主辞退员工须符合《劳动法》规定。在书面通知中须包括以下理由中的一条：

（1）企业或企业部门被解散或改组；

（2）在组织结构变化基础上雇主作出的关于该员工被裁员的书面决定；

（3）因为健康原因，员工不适合长期工作；

（4）员工没有达到该工作要求的条件；

（5）其他主要原因，如企业重组。如果员工犯罪或严重违反工作纪律，雇主可马上终止合同。

试用期不超过3个月。期间任何一方均可自由地随时解除合同。

每周工作时间为40个小时，每周加班不超过8小时，雇主一年内不能让员工加班150小时以上，如果确实有原因需要加班，须征得员工同意，但加班不应超过250小时。加班时间（包括周六）除正常工资外，雇主还应支付加班费。根据2018年5月1日生效的新《劳动法》规定，周六加班费不低于最低时薪的25%；周日加班费不低于时薪的50%；晚上10点至第二天早上6点的夜班加班费不低于时薪的30%；从事高危工作的夜班加班费不低于时薪的35%。2017年最低月工资标准由405欧元提升至435欧元（2017年平均月工资为954欧元），最低时薪标准由2.33欧元提升至2.5欧元。

斯洛伐克现执行108/2009号关于社会保险的法律。该法律规定的雇主和雇员缴纳社会保险的义务如下：雇主须为其雇员向医疗保险基金和社会保险基金投保，雇员需要缴纳的部分，由雇主在其工资中扣除。

（1）医疗保险。对于公司雇员，雇主支付10%，雇员支付4%；个体从业人员支付14%，国家支付4%；雇主有义务在与其雇工建立劳动关系的8日内，为其雇工向社会保险机构注册，或与其雇工解除劳动关系后8日内注销注册。如果雇工受雇于多个雇主，雇工只能选择一个保险机构注册保险。

（2）社会保险。社会保险包括：疾病保险、养老保险、意外伤害保险、伤残保险、失业保险、保障基金和储备基金。

①疾病保险：雇主支付1.4%，雇员支付1.4%；

②养老保险：雇主支付14%，雇员支付4%；

③伤残保险：雇主支付3%，雇员支付3%；

④意外伤害保险：意外伤害保险完全由雇主支付，比例为0.8%；

⑤保障基金：保障基金由雇主支付，比例为0.25%；

⑥失业保险：雇主支付1%，雇员支付1%，自愿支付2%；

⑦储备基金：雇主支付4.75%。

社会保险以雇员月工资为基数计算缴纳。2017年最大计算基数为6181欧元，即当月薪高于6181欧元时，按6181欧元为基数缴纳。

保加利亚就业法规

2004年6月18日，保加利亚通过了新《劳动法》。

保加利亚《劳动法》规定，雇主和雇员必须签订用工合同，否则将施以罚款。保加利亚的劳动合同分为不定期和定期两种，一般情况下签不定期合同，以书面形式明确表达希望签订定期劳动合同者除外。

（1）定期合同：定期劳动合同时间不得超过3年（含3年），由雇员提出，或为完成临时、季节、短期工作或为替代缺席员工可以签订定期合同。

（2）试用合同：如工作岗位需特殊技能人员，需要通过试用期来选择适合该工作岗位的雇员，或员工希望通过一段时间的工作来判断工作岗位是否适合其本人，在这两种情况下，可以签订试用合同，期限为6个月。试用合同提出方可以在期满前单方终止劳动合同。

如无充分理由雇主不能随意辞退员工（非高级管理层），员工有权对不公平解雇所导致的损失提出上诉。员工在病假、怀孕、哺乳、服兵役期间不得辞退。

《劳动法》规定了合同终止前通知当事人的时限：一般情况下终止劳

动合同提前通知的时限不超过3个月。对固定时限合同，需提前3个月通知雇员。在固定时限合同中，如有充分理由辞退雇员，雇员有权获得相当于合同规定期限所剩余时间工资总额的赔偿。在非固定时限合同中，如合同条款无具体规定，雇主需提前1个月通知被辞退雇员。在非固定时限合同中，如有充分理由解雇雇员，雇员有权获得一个月工资的补偿。雇主没有正当理由提出终止劳动合同，雇员可要求雇主支付其4个月工资作为补偿。

如因企业倒闭，或经营不善导致减产停工，劳动合同规定剩余时间超过15天的情况下，雇员有权获得补偿，但补偿额不超过1个月，如集体或劳动合同中签订了更长的补偿时间，则按合同执行。

如雇员工龄较长，已获得享受养老金的权利，无论何种原因终止合同，雇员有权得到相当于2个月收入的补偿。如雇员为同一雇主工作10年以上，补偿总额将相当于6个月工资收入。

克罗地亚就业法规

克罗地亚《劳动法》对劳工关系的产生、内容、劳资双方的权利和义务、福利报酬、就业和保护、妇女和未成年人的雇用、劳资纠纷的解决等做出了规定。

在劳动合同方面，劳动关系的法律基础是劳动合同。劳动合同分为有限期和无限期两种。克罗地亚《劳动法》规定，禁止雇用15岁以下未成年人。解除劳动合同须书面提前通知员工本人。如员工工作少于1年，须提前两周通知；工作1年，须提前1个月通知；工作两年，须提前一个半月通知；工作5年，须提前2个月通知；工作10年，须提前两个半月通知；工作20年，须提前3个月通知。

克罗地亚《劳动法》规定，男女劳动报酬平等。当月工资的发放最晚不得超过下月15日。对于条件恶劣、加班、夜间或节假日工作，雇主应增加工资。法定工作时间为一周不超过40小时。根据工龄和工种不同，雇员享有最少20～30个工作日的带薪休假。

雇主有责任以雇员和自己的名义向社会保险公司缴纳退休保险、事故保险、医疗保险、就业保险等社会保险。雇主缴纳的雇员社保金约占雇员毛工资的三分之一。

斯洛文尼亚就业法规

斯洛文尼亚注重对劳工权益的保护，相关的立法有《雇佣关系法案》

《养老金和伤残保险法案》《最低工资法》《劳资协议法》《工作健康和安全法》《防止失业的雇佣和保险法》《外国公民雇佣和工作法案》《全国专业资格法案》及《禁止非法雇佣和工作法》。其中，2013年修订的《雇佣关系法案》对劳动关系的产生、内容、劳资双方的权利和义务、福利报酬、就业及保护、劳资纠纷等内容作出了具体的规定，主要内容有：

雇用员工的依据是工作合同。斯洛文尼亚的工作合同分为固定期限合同、将员工转雇他人的合同、公务员合同、兼职合同、员工在家工作合同、管理人员合同。这些合同的具体规定各不相同。斯洛文尼亚法律对解除工作合同有严格的限制，雇主一方不可随意解除合同。合同只有在五种情况下，才可以解除。

（1）合同有效期满；

（2）当事人死亡；

（3）双方均同意提前解除合同；

（4）法院要求解除合同；

（5）根据法律，必须解除合同。

劳工报酬分为基本工资、奖金和其他报酬。基本工资的依据是工作难度；奖金则依据工作质量和数量；其他报酬则由工作时间和工作条件所决定，例如，夜班、节假日工作、工作环境不利于健康的岗位等均需发放其他报酬。斯洛文尼亚法律规定，全职员工的工作时间每周不能超过40小时，不得少于36小时。在24小时内，员工有权要求连续12个小时不受干扰的休息时间。无论全职还是兼职，员工享有不少于4周的年假，有年龄小于15岁子女的员工，拥有更多的年假时间。2014年，斯洛文尼亚劳动者最低工资上调至791欧元。

职工社会保障金由企业和个人共同缴纳，税率分别为16.1%和22.1%。

斯洛文尼亚议会于2013年3月通过了旨在改革劳动力市场的《劳动力市场法案》，强调有必要引入标准化开放式劳动合同，以减少长期雇佣和临时雇佣之间的巨大差异，希望打破劳动力市场僵化的局面，在严格保护劳动者权益的前提下引入更灵活的机制。

立陶宛就业法规

立陶宛《劳动法》对劳动合同的订立、时长、工时、加班、工资、休假等均有明确规定。2017年7月1日，作为立陶宛政府的主要改革措施，新版

《劳动法》生效。新法侧重于放宽就业关系，使其更加灵活，减轻了雇主的行政负担。新《劳动法》引入了新型的就业协议，以满足企业的需求；工作时间制度更灵活；就业协议可以更容易地以较低的成本终止。

拉脱维亚就业法规

拉脱维亚于1991年加入国际劳工组织（ILO），已批准52份该组织国际劳工标准（公约）和1份议定书，其中42项已经生效。

拉脱维亚劳动法律主要有：《劳动保护法》及其修正案、《职业安全法》《辐射安全和核安全法》《化学物质和化学品法》《危险设备技术监测法》《强制性体检和培训提供急救条例》《工作环境内部监督程序条例》等。拉脱维亚《劳动法》的核心内容是确定雇主和雇员的法律地位、双方的权利和义务，以及劳动关系等。此外，该法还规定，与外国员工的关系不仅受到拉脱维亚法律的约束，而且受到拉脱维亚与其他国家签署的双边协议的约束。

爱沙尼亚就业法规

爱沙尼亚雇用员工主要依据《劳动合同法》《休假法》《工资法》《国际劳工组织公约》等规定。根据《劳动合同法》，雇主与雇员一般应签订书面的劳动合同，外国人和无国籍人员与爱沙尼亚人享有同样的劳动权利和义务，但必须持有劳动许可。

（三）非欧盟国家就业法规

塞尔维亚就业法规

根据塞尔维亚《劳动法》，员工与雇主应依法签订劳动合同。合同主要内容包括：雇主名称和地址，雇员姓名和居住地，雇员类别和专业水平，雇员所从事工作的种类和工作内容，工作地点，劳动方式（固定工或临时工），劳动合同期限，劳动开始日期，劳动时间，基本工资和奖金及补贴等，劳动报酬支付期限，劳动规章，每日工作时间等。雇主和雇员均有权依法解除劳动合同。解除合同须以书面形式提前15日送达对方。劳动工资中包括工资税和社保金，最低工资限额由塞尔维亚社会经济委员会确定。雇主和雇员须依法缴纳社会保险。

外国人在塞尔维亚工作需要向塞尔维亚内务部外国人管理局申办居留许可，居留许可的有效期为1年，每年须申办一次。凭居留许可，再向塞尔维亚国家就业局申办工作准证，工作准证有效期1年。当前塞尔维亚就业形势严峻，对外来劳务严格限制，工作许可常带有限制条件。但是，塞尔维亚在高新技术产业、技术外包、软件设计等行业非常需要外来高技术人才。

波黑就业法规

按照波黑《劳动法》，雇主和雇员双方必须签订劳动合同，凭劳动合同向当地劳动局申办工作准证。雇主按法律可雇用以下几类当地劳工：长期工、临时工、固定期限工、季节工、兼职工、试用工。

根据波黑《劳动法》，外国投资者可自由雇用外籍劳工。根据《外国人居留与就业法》，持D签证的外国人可以申请在波黑居留，先由波黑联邦或塞族共和国内务部签发临时居留证，居留时间最长为1年，期满可申请延期。在波黑连续不中断工作达到5年的外国人，可申请永久居留权。目前，波黑联邦拟重新修订外国人居留与就业法。新法将规定，到波黑联邦就业的外国人不能仅凭波黑联邦劳动局颁发的工作准证与联邦境内的雇主签订劳动合同。外国人到波黑联邦就业必须首先获取经波黑安全部审批，并由联邦内务部外国人管理处签发的临时居留许可后，再凭工作准证同当地雇主签订劳动合同。当地雇主如违反此规定将被罚款1000～5000欧元。

波黑失业率较高，政府主张外资企业或外资承包工程应主要雇用波黑当地的劳务。当前，解决或增加波黑当地的就业成为衡量当地政府政绩的主要指标。因此，在同波黑方面商签合同时，要充分明确用工责任条款。

阿尔巴尼亚就业法规

《劳动法》规定，劳动合同须在开始工作之日起30天内以书面形式签订，内容包括：合同双方名称、工作地点、工种描述、开始工作日期、合同期限、节假日补贴、合同终止的通知期限、工资、通常每周工作小时数。合同可规定有3个月或更短的试用期。

阿尔巴尼亚法律规定，每天正常工作时间不超过8小时，18岁以下的每天正常工作时间不超过6小时；每周正常工作时间不超过40小时。法定节假日遇周末顺延到下星期一。雇员的法定带薪休假每年不少于28天。正式职工每天超过8小时（临时职工超过每天正常工作时间）的工作为加班，正式职工每周可加班10小时，即每周工作上限不超过50小时，当日19：00至次日06：00的正常工作须另付正常工资的20%～50%的奖金。加班工资计算方法：另付正常工资的25%，周末或法定假日工作的奖金不低于小时工资的25%。

北马其顿就业法规

雇佣合同必须以书面形式签订，并由雇方留存。内容包括：（1）合约双方的信息（雇佣者和受雇者）；（2）合约生效日期；（3）受雇者的职责和工作地点；（4）雇佣形式（全职或者兼职）；（5）工作时间；（6）假期与请假约定；（7）津贴与工资结算周期；（8）在具体环境中的工作行为列表。

工资最少要每月计算并发放1次。社会税务和个人税务将由雇主在工资发放时直接缴纳。

雇主有义务从雇员的薪资总额中扣除必须缴纳的各种基金和强制的社会保障金。

根据《劳资关系法》，雇佣关系在以下情况下可以终止：（1）根据雇方和受雇方的合同；（2）固定雇佣期满；（3）法律强制执行；（4）通过雇主或者雇员的提前通知；（5）经济方面的原因（如经济重组等）。

四 环保法规

（一）环保法规总体情况

已加入欧盟的中东欧国家遵循欧盟环保法规政策。在欧盟一体化过程中，欧盟环境职能是一个不断得到强化的重要功能领域。早先成立的欧共体并没有将环境政策列入共同体政策的管辖范围，到20世纪60年代末，环保政策还一直被认为是成员国国内政策而应由各成员国自主制订并实施。70年代以来，随着经济迅速发展和环境不断恶化，环境问题逐渐显露，保护和治理环境逐渐成为成员国政府并最终成为欧共体一项重要政策内容。而未加入欧盟国家的塞尔维亚、波黑等国的环保法规也基本符合欧盟标准。

（二）欧盟环保法规

"环境行动计划"是《欧盟环境法》的基本大纲，迄今欧委会已多次制定环境行动计划，并据此调整环境政策。第六期环境行动计划实施期为2002—2012年，成果显著。第七期环境行动计划于2013年11月发布，有效期到2020年，提出了9个优先目标：保护、保持及强化欧盟的自然资本；使欧盟转变为高资源效率、高环境效率且具备竞争力的低碳经济；保护欧盟民众远离环境压力和健康风险；使《欧盟环境法》的利益最大化；改善环境政策的科学基础；确保针对环境及应对气候变化政策的投资，保障合理的价格；提高环境整合及政策的一致性；强化欧盟城市发展的可持续性；提高欧盟在地区及国际环保和应对气候变化领域的影响力。

欧盟环境政策主要涉及：废弃物管理、噪声污染、化学品污染、水污染、空气污染、保护自然和生态环境、预防和治理环境灾害等。

废弃物管理政策目标包括：通过改善产品设计，从源头上减少废弃物的产生；鼓励废弃物的循环和再利用；减少垃圾混烧造成的污染。实施这些政策目标的一项重要原则是，通过污染者付费原则，使产品制造商承担治理环境污染的费用，利用经济手段促使制造商改善产品设计、生产工艺，从源头上减少污染产生。近年来通过的重要法律，包括报废机动车指令、废旧电器指令以及禁止在电子电气设备中使用有害物质指令等，均体现这一思路。根据产品污染的严重程度，欧盟优先制定了包装废弃物指令、电池指令、矿物油指令及有关废弃物填埋、焚烧的具体规定。在有害废弃物国际转运处置方面，欧盟还加入了有害废物或其废物越境转移协定——《巴塞尔协议》，禁止向非经合组织成员国转移有害废弃物。2007年8月1日，欧盟关于制定耗能产品环保设计框架指令正式实施。该指令比先前的相关指令要求更加严格，涉及产品范围更加广泛。欧盟实施耗能产品环保涉及框架指令的目的是在欧盟境内减少对环境的破坏和加强保护资源，促使生产商采用先进环境化设计技术来生产耗能产品。

环境噪音指令（Directive 2002/49/EC）是欧盟确定噪声污染标准，以及触发成员国和欧盟层面必要行动的主要工具。防治噪声污染措施主要是，制定某些机械设备的最大噪音标准。主要包括：除草机、机动车、民用航空器及其他户外使用设备的最大噪音标准。

在化学品污染方面，化学物质大量使用对环境的负面影响不容忽视，化学品管理一直是共同体环境政策的一项主要内容。为加强对化学物质的管理，欧盟先后通过关于限制销售和使用某些危险化学物质的指令、危险化学物质分类、包装及标签指令，以及对现有化工品按照其生产量、毒性等特性在规定年限内逐步按照注册、评估及许可的REACH法规等，加强对化学物质的管理。REACH法规每隔5年进行一次评估，2017年正在进行最近一期的评估。

在水污染方面，欧盟有关防治水污染的立法始于1973年理事会关于禁止销售和使用某些具有低度生物退化作用的清洁剂的指令。过去，欧盟有关水资源保护的立法主要集中于生活饮用水、渔业用水、地下水的水质及其保护，目前其立法范围已大大扩展。欧盟已就水资源功能区、水质、污染物（包括危险物）的排放、某些特定生产工艺和产品标准等方面进行了立法。欧盟立法要求各成员国根据水域用途制定水体水质标准，划定水功能区；对汞、镉、六氯环乙烷和其他一些危险物质排放也制定了标准。

在空气污染方面，1975年，欧盟通过了它的第一项关于空气污染防治的法规——汽油硫含量指令。直到20世纪80年代中期，由于欧洲大气污染、酸雨、臭氧层破坏及全球气候变暖等问题加剧，欧盟才逐渐加强了空气污染立法。目前，欧盟针对气体和粉尘排放，共通过近二十个法规和指令，针对臭氧层保护通过9个公约、决定和指令，并就成员国在空气污染防治合作方面制定了多项法规，形成了一个相当完善的法规体系。

在森林保护方面，2010年5月，欧盟通过法案，要求木材生产加工销售链条上所有厂商，须向欧盟提交木材来源地、国家及森林、木材体积和重量、原木供应商名称及地址等证明木材来源合法性的基本资料。欧盟木材贸易法案的实施加大了对木材非法采伐的打击力度，提高了木材贸易门槛。而对于来自发展中国家的木材厂商，特别是热带木材进出口商，需获得森林认证，证明其产品的合法性。欧洲各国相继在政府和公共采购中宣布只购买经过森林认证的产品，进一步加大了森林认证的迫切性。而森林认证的成本对于发展中国家林业企业来说是一个负担。

波兰环保法规

波兰完全适用欧盟有关环保方面的法律。波兰国内环保领域的基本法是《环境保护法》和《废料法》。法律规定，无普遍适用性质的环境利用须获得环保机关颁发的许可，许可中规定了利用范围和条件。经济主体必须登记排放物质的种类和数量并每年向省督（中央政府在各省的特派员）提交环境影响报告；经济主体有责任消除对环境的有害影响；省督可以责成经济主体向环保基金交纳有关环境保护费。根据2001年修订的《废料法》，年产生废料在1～10万吨的企业，必须于生产前两个月通知所在地乡长；年产生废料在10万吨以上的企业，必须于生产前两个月通知所在地县长；对在生产中产生危险废料的项目，需要获得县长颁发的许可；对环境特别有害的项目，需要获得省长颁发的许可。

《水法》限制和禁止将污水和废料排放到水体中。禁止在受水灾威胁的地区安排投资项目，尤其是对人的健康和生命有威胁、破坏环境状况，以及汇聚污水、存储和经营固体废物、化学物质等的项目。法律责成水资源的使用者关心生态状况并在恢复被破坏的生态系统中提供合作。

森林保护标准适用《森林法》，动植物保护规定包括《1985年内陆鱼法》《1995年狩猎法》《2001年海水鱼类法》等。

捷克环保法规

捷克政府非常重视环境保护，制定了一系列环保法规，内容广泛，涉及空气、水、土壤、河流、自然环境以及废物处理等各个领域，主要有：《矿产资源法》《空气保护法》《水法》《土壤保护法》《废物处理法》《自然保护法》《林地保护法》等。

捷克还是一系列国际环保公约的签约国，如《保护臭氧层维也纳公约》《气候变化框架公约》《生物多样性公约》《濒危野生动植物种国际贸易公约》，以及《防止沙漠化公约》等。此外，捷克还签署了一些地区性环保公约，如《易北河保护国际委员会条约》《多瑙河保护和持续利用合作公约》《奥德河保护国际委员会条约》《边境河流与国际湖泊保护和利用公约》《斯德哥尔摩有机物污染公约》等。

罗马尼亚环保法规

加入欧盟后，罗马尼亚积极实施欧盟环保方面的相关规定，已将多项欧盟指令转化为国内法，包括：防止与控制污染、评估公共和私人项目对环境的影响、保护野生鸟类、保护自然栖息地、野生动植物等。此外，罗还积极落实有关环境保护和气候变化的国际公约。

匈牙利环保法规

匈牙利实施与欧盟相符的环保法律法规。主要法律法规有：《环境保护法案》（Act LIII of 1995）、《水管理法案》（Act LVII of 1995）、《关于环保产品费法案》（Act LXXXV of 2011）、《自然保护法案》（Act LIII of 1996）、《森林保护法案》（Act XXXVII of 2009）、《生物技术规范法案》（Act XXVII of 1998）、《废物管理法案》（Act CLXXXV of 2012）、《关于化学品安全法案》（Act XXV of 2000）、《关于环境污染费法案》

（Act LXXXIX of 2003）、《森林保护和管理法案》（Act XXXVII of 2009）、《关于环境评估以及许可程序实施细则的法令》（Government Decree no 314/2005）。这些法律法规对匈牙利动植物保护、空气保护、水土保持、环境污染评价和处罚等都作了详细规定。

斯洛伐克环保法规

斯洛伐克环境部是其环境保护主管部门，负责拟订并组织实施环境保护规划、政策和标准；监督管理环境污染防治等工作。 斯洛伐克环境局是斯洛伐克环保部下属部门，负责环境检测、信息收集和归档，废物处理和包装；环境保护和环境风险管理；环境评估；编制环境功能区划和土地生态规划；环保项目规划和实施；环保教育、培训和推动；环境管理。

斯洛伐克主要环保法律法规包括《环境法》《自然和景观保护法》《环境影响评估法》。

环保法律法规基本要点如下：

任何人都应当在源头采取措施避免对环境造成破坏，将其活动对环境可能造成的不良影响尽量最小化。任何人在使用一块区域或自然资源，建设项目、修建或拆除建筑物时，都应当在对环境的影响做出评价后才能开展，并且应当在法律法规规定的区域内开展。任何想引入技术、产品和原料进行生产、流通或消费，或者进口这些技术、产品和原料的人，有义务保证其达到法律法规所规定的环保要求。任何对环境造成污染或破坏的人，或者使用自然资源的人都有义务用自己的资金来对将来的影响和可能造成的后果进行监测。

如企业商业活动在法律法规规定的需要上报范围内，企业应当向有关环保部门报告其商业活动对环境造成的影响。任何对环境造成破坏的人都有义务将其恢复，如果不能恢复，有义务通过其他方式进行补偿。环保部门可以对破坏环境的人进行处罚。在处罚同时，对违反有关刑事法律的，还应追究其刑事责任。

保加利亚环保法规

保加利亚政府重视环境保护问题，入盟后在环保法律方面做了相应调整，具体内容可通过保加利亚环境和水资源部网站查询。

环保法的基本要点是保护自然环境，根据保加利亚自然特点，保护境内多样性的物种，减少排放，降低污染，管理和控制污染自然环境的因素，建立并实行环境监控体系。

自然人违反环保法可处以100至6000列弗的罚款，法人违反环保法可处以1000至2万列弗的罚款。如果再犯，罚金翻倍。如果法人在企业施工期间没有履行请环境主管部门勘查现场的责任，将被罚款1万至10万列弗。

可能对环境造成影响的项目，如化工厂、炼油厂、热电厂等，以及影响到现有保护区域（如保护区、国家公园等）或现存和可能的保护地带的项目需要进行环境影响评估。投资或承包工程应根据涉及行业和工程的不同，根据《环境保护法》和相关特别法进行评估。环评证书由环境和水资源部或地方环保部门颁发。

克罗地亚环保法规

根据克罗地亚《环境保护法》，经济主体必须采取必要措施消除对环境的有害影响，有效利用能源；如经济主体被证实对环境造成危害，必须交纳相关环保补偿金。《空气保护法》规定，对企业购买空气清新设备，引进技术、原料、产品，降低空气污染程度，使用可再生能源，给予税收、关税等优惠。根据《垃圾法》，年产150吨一般废料和年产200公斤危险废料的企业有责任制定废料管理计划；企业有责任向垃圾收购站提供一般废料或危险废料种类、数量、包装方式清单；企业每季度须书面向地方环保部门汇报一般肥料或危险废料的种类、数量、产生地点、封存和回收方式等情况。

斯洛文尼亚环保法规

斯洛文尼亚环保法律法规包括：《环境保护法》《水资源法》《自然保护法》《转基因有机体管理法》《防电离辐射和核安全法》。涉及投资环境影响评价的相关法规均分散在上述法律中。

根据斯洛文尼亚《环境保护法》，中央机构、地方政府、公民和社会团体都有保护环境的责任；可耕土地、森林、地下资源、水资源、海洋资源、贫瘠土地为公共自然资源，均归斯洛文尼亚中央和地方政府所有；经营、开发、利用国有公共自然资源，必须拥有官方颁发的特许经营许可证，政府则通过公开招标方式发放许可证；生产制造企业必须在产品外包装上标明可能引发的环保问题，使用说明和丢弃方法。

《水资源法》禁止直接排放废水，废水必须经过法定程序进行处理后才可排放；禁止利用地面自然水进行任何清洗工作；禁止向水中排放废物。法人触犯《水资源法》将被处以约41666欧元以内的罚款，相关责任人将被处以

2083欧元以下的罚款；个人违反《水资源法》将被处以20833欧元以下的罚款。

《自然保护法》中规定，进行以下活动的，包括：灭绝动植物物种、减少动植物数量或危害其生长环境致使珍稀动植物种面临灭绝的危险、破坏动植物栖息地、非法利用动植物等，法人将被处以4166~41666欧元的罚款，同时相关责任人将被处以208~2083欧元的罚款。个人进行上述活动，将被处以125~625欧元的罚款。

立陶宛环保法规

立陶宛有关环保的法律法规主要有《立陶宛环境保护法》《立陶宛经济活动环境影响评估法》《环境污染征税法》《废物处理法》等。有关法规可通过立陶宛议会网站查询。

根据《立陶宛刑法典》规定，如果自然人或法人违反了环境保护或自然资源使用的相关法律，其行为威胁人类生命或健康，或可能对动植物造成重大损害，或引发其他严重环境灾难，将被处以罚款，或限制自由，或拘捕，或3年以下监禁。如果情节严重，则被处以罚款，或拘捕，或6年以下的监禁。如果情节轻微，则将被罚以社区服务，或罚款，或限制自由，或逮捕。

如果自然人或法人破坏或毁坏国家公园、自然保护区、自然景观区或其他国家天然保护区，将被处以罚款，或限制自由，或拘捕，或5年以下监禁。如果自然人或法人未经允许，擅自砍伐或以其他方式破坏森林或沼泽、水渠面积超过一公顷，将被处以罚款，或拘捕，或2年以下的监禁。

拉脱维亚环保法规

拉脱维亚主要的环保法律有《环境保护法》和《环境影响评价法》。基本要点是保护和改善环境质量，保护人类健康，保全生物物种，促进自然资源和能源的可持续利用，保证公众对环境的监测权，保障环保政策的实施，以及确保向公众提供免费环境信息等。

爱沙尼亚环保法规

涉及环境保护的法律法规包括《狩猎法》《废物法》《环境登记法》《自然资源法》《土地改革法》《土地地籍法》《森林法》《综合污染预防和控制法》《环境管理法》《环境影响及环境管理系统评估法》《排污收费法》等。

《环境影响及环境管理系统评估法》主要是对申请行为进行环境影响评

估。进行施工、使用、改变现有结构、申请利用自然资源、排放污染物等都必须进行环境影响评估，评估由环保部认可的有资质的专家负责实施。环境许可包括环境质量要求（排放允许量）、排放要求（主要对废水、废气）、技术要求（过滤或净化设备）等方面的要求。

（三）非欧盟国家环保法规

塞尔维亚环保法规

塞尔维亚主要环保法规为《环境保护法》，政府主管环境保护的部门是农业和生活环境保护部，主要负责管理环境保护相关事务以及核发项目环评许可等。

《环境保护法》规定：经济实体有责任和义务消除对环境的有害影响；经济实体必须依法登记排放物质的种类和数量，并每年向地方环保局递交环境影响报告。

外资企业投资或承包工程须根据塞尔维亚相关环保法规，由塞尔维亚专门机构进行环境评估，并在塞能源、发展和环保部进行审批。此项工作会有投资所在地相关机构或塞方项目业主协助进行。费用可根据投资或承包项目合同条款而定，或给予优惠减免。所用时间因项目而定。

波黑环保法规

波黑环保方面的法律基本符合欧盟标准，主要有《环境保护法》《水资源保护法》《自然保护法》《废弃物管理法》《大气保护法》《森林法》《文化和历史遗产保护法》。

由于资金和技术问题，波黑目前的环保法律法规尚缺乏完整性、科学性和协调性。现行法规要求企业的生产须符合欧盟环保健康的标准，并支付一定的环境恢复补偿费用。

阿尔巴尼亚环保法规

阿尔巴尼亚有关环境保护的法律法规有（以颁布时间先后列举）：《野生动物保护和狩猎法》（第7875号，1994年）、《化肥监控法》（第8531号，1999年）、《防止空气污染法》（第8897号，2002年）、《防止海洋污染法》（第8905号，2002年）、《环境保护法》（第8934号，2002年）、《环境影响与评估法》（第8990号，2003年）、《农田保护法》（第9244号，2004年）、《植物保护法》（第9326号，2005年）、《噪声管理与评估法》（第9474号，2007年）等。

阿尔巴尼亚《环境保护法》（第8934号，2002年）规定：在阿尔巴尼亚国土从事经济和社会活动的法人和自然人（不论是本国还是外国人），如其行为可能对环境产生影响，则必须向阿相关环保部门申领环境影响许可证。

北马其顿环保法规

北马其顿主要环保法律法规为《环境保护法》。其中规定环境和自然保护检查是执法行为，根据年度和月度工作计划执行，除紧急情况和访问外应定期进行。环保巡视员有权对触犯环保法的行为人进行行政处罚。

第六章

投资合作的相关手续

一　公司注册

中东欧国家注册企业的主要形式包括代表处、分公司、有限合伙企业、有限股份合伙企业、有限责任公司和股份公司等，一般向各国工商管理部门申请，申请注册所需要的材料也根据各国法规而异。

波兰公司注册

1.　企业形式

根据波兰相关法律规定，外国企业作为法人实体在波兰境内可注册的形式有代表处、分公司、有限合伙企业、有限股份合伙企业、有限责任公司和股份公司。外国公民作为自然人可根据不同情况在波兰注册公司，获准在波兰定居的外国公民享有与波兰公民同等的注册公司的权力；在波兰没有永久居留权的外国公民，只能在波兰设立有限合伙公司、有限股份合伙公司、有限责任公司和股份公司。中国企业和个人在波兰注册的习惯做法一般为代表处、分公司、有限责任公司和股份公司。

设立代表处的情况下，注册主体为外国公司，业务范围只限于对母公司业务进行推介和宣传，不能进行经营活动，也无权签署经营合同。

设立分公司的情况下，注册主体为外国公司，经营范围不得超越母公司业务范围，但不必开展母公司的全部业务，可部分经营母公司业务，也可代表母公司签署经营合同。

对于有限责任公司，外国公司和个人均可申请，可从事生产、销售、服务和进出口等任何商业活动。

对于股份公司，外国公司或个人均可申请，可通过在波兰股市上市获得资金。

2. 受理机构

在波兰注册不同的企业形式，需要到不同的机构申请办理。

设立代表处由母公司或其委托人向波兰发展部外国企业家登记处申请注册。

设立分公司由母公司或其委托人向地方法院经济庭注册处申请注册。

设立有限责任公司由公司股东向地方法院经济庭注册处申请注册。注册资金最低为5000兹罗提，须在登记前全额付清。公司名称可用各种语言表述，但末尾需有Sp.z.o.o（注：波文"有限责任公司"的缩写）字样，公司名称不能重复。

设立股份公司由公司股东向地方法院经济庭注册处申请注册。外国公司或个人均可申请，可通过在波兰股市上市获得资金。股份公司注册资金最低为10万兹罗提，每股最低股价不得低于0.01兹罗提。以实物出资，必须在公司登记后一年内全部付清。用现金入股，必须在公司注册时先支付25%的注册资金。注册完毕后可随时使用注册资金。合资公司的股票在完成各项法律程序后可以上市交易。股份公司名称中注有S.A.（注：波文"股份公司"的缩写）字样。

3. 主要程序

公司注册须向上述指定机构提出申请。申请注册不同的企业形式需要相应提供不同的文件。若提交材料为外文，则须译成波兰文。

（1）注册代表处所需文件

①由波兰律师填写的设立代表处申请表（须经母公司负责人或其委托人签名）；

②母公司营业执照副本；

③母公司章程复印件；

④经母公司所在地公证处公证的并由波兰驻母公司所在国大使馆盖章确认的母公司营业执照、母公司授权委托书和母公司章程全套资料；

⑤由波兰公证处公证的代表处章程和代表处总代表签名样本。代表处章程应包含代表处名称（应为母公司名称后加波文的"驻波兰代表处"字样）、地址、业务范围、总代表姓名及其在波兰的住址等。

（2）注册分公司所需文件

①由波兰律师填写的设立分公司的申请表（须经母公司负责人或其委托人签名）；

②母公司营业执照副本；

③母公司章程复印件；

④经母公司所在地公证处公证的并由波兰驻母公司所在国大使馆盖章确认的母公司营业执照、母公司授权委托书和母公司章程全套资料；

⑤波兰公证处公证的分公司章程和分公司总经理签名样本。分公司章程应包含分公司名称（应为母公司名称后加波文的"波兰分公司"字样）、地址、业务范围、总经理姓名及其在波兰的住址等。

（3）注册有限责任公司所需文件

①由波兰律师填写的须经公司董事会成员签名的公司注册申请表（须经波兰公证处公证）；

②如股东为法人，须提供该股东原法人注册证明材料（须经波兰公证处公证）；如股东为自然人，须提供在波兰公证的股东自愿成立公司说明书和股东护照复印件；

③公司章程和董事会成员签名样本（须经波兰公证处公证）。

（4）注册股份公司所需文件

①由波兰律师填写的经公司董事会成员签名的公司注册申请表（须经波兰公证处公证）；

②股东原注册证明材料（须经波兰公证处公证）、公司章程和董事会成员签名样本（须经波兰公证处公证）。

注册申请受理后，注册机构将申请材料转递波兰外交部，由其通过波兰驻申请方所在国大使馆对该申请公司的情况进行核查，核查无误后，由波兰注册机构颁发注册证明。注册审批时间视企业形式而定，一般在2周至12周。注册费为3500兹罗提至8000兹罗提。

（1）设立代表处注册审批

波兰经济部受理注册申请后，会将申请材料转递波兰外交部，由外交部通过波兰驻申请方所在国大使馆对该公司的情况进行核查，核查无误后再转回波兰经济部，由经济部发放注册证明。代表处注册无需注册资金，审批期限约2~3个月，总费用约8000兹罗提（约2000欧元），其中注册费6000兹罗提、律师费2000兹罗提。

（2）设立分公司注册审批

地方法院经济庭受理注册申请后，须将申请材料转递波兰外交部，由外交部通过波兰驻申请方所在国大使馆对该外国公司的情况进行核查，核查无误后，由地方法院颁发注册证明。分公司注册无注册资金要求，审批期限约2～3个月，总费用约3500兹罗提，其中法院注册费1500兹罗提、律师费2000兹罗提。

（3）设立有限责任公司注册审批

地方法院经济庭在受理注册申请后一般在2～3周内核发注册证明。目前有限责任公司最低注册资本金要求为5万兹罗提，注册完毕后该资金可作为公司的流动资金使用。总费用约5500兹罗提，其中注册费1500兹罗提、公证费2000兹罗提、律师费2000兹罗提。

（4）设立股份公司注册审批

地方法院经济庭受理注册申请后一般在2～3周内批复核发注册证明（多页纸）。总费用约5500兹罗提，其中注册费1500兹罗提、公证费2000兹罗提、律师费2000兹罗提。

获准注册后，须向当地统计局申请统计代码（REGON），一般2小时即可申办完。

企业获准注册后须在指定机构刻制公司印章，一个合法的印章必须刻有公司名称、地址、增值税号（NIP）和统计代码（REGON）。

企业获准注册并取得统计代码后，须立即在波兰银行开立公司银行账号。银行开户需提供注册证明和统计代码复印件，一般需1～2天。

企业获得注册后，须向所在地税务局申请增值税号（NIP），一般需2～3周可获得。

公司在雇用首名员工后10天内须向公司所在地社保局申报雇员情况，交付社会保险金，并获得公司的社保金支付代码。

公司在雇用员工后应立即向当地劳动监察局申报检查，由该局对公司雇员进行2～3小时安全培训讲座，并对公司的工作环境、工作时间进行检查，检查合格后为每个员工发放安全工作证明。同时，公司须为每位雇员在规定的体检单位做健康检查，获得体检证明的雇员方可上岗工作。这两个证明缺一不可，必须随时存放在公司，以备劳动监察局检查，若被查出无安全证明和健康证明上岗，公司将被罚款。

自2011年7月起，投资者可在波兰经济活动注册与信息中心网站（CEIDG）注册公司，并可申请税号、社保号等。

捷克公司注册

捷克《商法》规定的公司形式主要有：有限责任公司（s.r.o.）、股份公司（a.s.）、普通商业合伙公司（v.o.s.）、合伙公司〔包括有限合伙（k.s. Limited Partnership）和共同合伙（General Commercial Partnership）〕、合作社（družstvo）、分公司，还有欧洲公司（Societas Europea）等。成立数量最多的是有限责任公司、股份公司和分公司。

捷克负责企业经营范围审批和营业执照核发的部门是工商管理局。根据捷克《营业许可法》规定，从事任何营业活动均须事先向工商管理局申报，经核准后进行营业登记，并签发营业执照。从事特殊行业的，须获得特许经营执照。

企业在取得营业执照后，还须在所在地商业法院办理商业登记注册，经法院核准并获得商业登记证书后，公司才算正式成立。目前，捷克设有7个商业登记法院（布拉格市商业登记法院地址：Slezská 9, 120 00 Praha 2, Czech Republic，其他商业登记法院的地址和联系方式，可登录www.justice.cz查询）。

注册企业的主要程序如下：

（1）准备公司成立文件。主要包括：公司章程、股东无犯罪记录证明，无重名的公司名称，公司营业场所及其证明文件等。一些文件须进行公证。

（2）申报经营范围和申领营业执照。向当地工商管理局申报公司经营范围和营业执照，所需文件包括公司章程、营业场所租赁合同或产权证明、经营范围清单、公司法人无犯罪记录证明、职业资格证明和信誉证明、申请表、1000克朗手续费等。新修订的《营业许可法》将工商管理局受理和批准营业申请的时限由15日缩短至5日，即在收到申请5日内完成营业登记簿录入手续并颁发营业执照。

（3）开立注册资本金专用账户。取得营业执照后，申请人应尽快在捷克银行开立注册资金专用账户，存入资本金，并在完成最后注册手续前不得支取该资金。开立账号时须向银行提供股东协议文件，银行将出具关于每个股东出资金额证明，供法院注册之用。股份公司最低注册资本金为200万克朗（公开募股公司最低2000万克朗）。有限责任公司最低注册资本金为1克朗，以非现金方式出资的必须一次缴清，且事先必须由法院认定的注册估价师进行估价

（一般需要1～2个月）。如果是个人独资公司，须一次性存入全部注册资金。

（4）在商业法院注册登记处申请登记注册。在公司成立或取得营业执照90天之内，应以电子方式向所在地法院提交商业登记注册申请，所需文件主要有：商业登记专用申请表、经过公证的由发起人签名的公司成立文件、营业场所租赁合同或产权证明、营业执照、银行注册资金到位证明、股东出资证明、公司法人代表无犯罪记录证明、诚信证明和签字样本等。法院在受理注册申请后5个工作日内做出是否准予注册决定（特殊情况为10个工作日），登记注册费用为5000克朗。相关申请表、填表说明和其他附件可在捷克司法部网站（www.justice.cz）下载。法院批准企业在商业登记簿登记注册后，将给其分配一个企业注册号码（IČO），该号码是企业统计代码。

（5）税务登记。企业获准注册后30日内应向所在地税务局申请公司所得税登记。如公司连续12个月营业额超过100万克朗，则必须以大额纳税人身份进行增值税登记；未达到此营业额的，可自愿进行增值税登记。如公司有雇员，须办理员工个人所得税登记。如公司有房地产或车辆等，还应办理房地产税或道路税登记。如涉及消费税、天然气税、电税等，也可一并进行登记。完成税务登记后，企业将收到一个税务注册号码（DIČ）。当企业注册信息发生变化时，应在15日内向税务局报告，并在8日内向社会保障局和健康保险公司报告。

（6）社会保障登记。企业必须在雇用第一个雇员后8日内在当地社会保障局为员工办理社会保障登记，同时还应为本企业办理雇主社保登记。捷克社会保障由养老保险（包括老龄、病残和遗属年金三部分）、疾病保险和国家就业政策缴款等三部分组成，雇主和员工必须按照法定缴款比例缴纳各自应负担缴款额。自雇人士如果参加国家养老保险，也应缴纳养老保险金和国家就业政策金，但疾病保险可自愿选择是否参保。

（7）健康保险登记。企业必须在雇用第一个雇员后8日内在选定的健康保险公司办理雇主和雇员的健康保险登记，雇主必须按期一次性向保险公司缴纳员工健康保险费，保费为员工毛工资的13.5%，其中雇主负担9%，员工本人负担4.5%。员工最低保费计算基数为8000克朗（注：法定最低月工资）。有关登记表格可在捷克健康保险总公司网站（www.vzp.cz）下载。

（8）劳动用工登记。企业获准注册后，应尽快在当地劳动局办理劳动用工登记，报告已签订劳动合同雇员人数。如需雇用欧盟成员国及挪威、冰岛、列支敦士登、瑞士等国公民及其家庭成员以外的外籍劳务人员，则必须提前向当地劳动局报告公司空缺的工作岗位。在雇员工作时，雇主有义务保障其劳动安全。关于捷克《劳动法》的具体规定和雇主及雇员的权利与义务，请登录捷克劳动与社会事务部网站（www.mpsv.cz）查询。

（9）刻制公司印章。一个合法的印章必须刻有公司名称、地址、企业注册号（IČO）和税务注册号（DIČ）。

（10）其他相关规定。股份公司在当前和上一会计期间达到以下三个条件之一、有限责任公司达到其中任何两个条件的，须在下一年度进行审计：①资产负债表总额超过4000万克朗；②年净营业额超过8000万克朗；③员工平均人数超过50人。此外，所有法人企业每年须向注册法院企业注册处提交电子财务报表。须依法进行法定审计的企业，必须准备年报，年报应包括审计财务报表、审计报告等信息。

罗马尼亚公司注册

罗马尼亚设立企业主要包括以下形式：

（1）有限责任公司（SRL）。最低注册资本金为200列伊（约合50欧元），可以现金或实物投资，但不允许完全以实物进行投资。注册资本应划分为每股不低于10列伊的股份。股份不得上市流通买卖，但可在股东之间交易。股东人数最多不得超过50人。

（2）股份公司（SA）。最低注册资本金为9万列伊。须采用等额股份，每股面值不得低于0.1列伊。每位股东初始投资不得低于其认缴股本的30%。如为货币出资，其余股本应在公司成立之日起12个月内缴清；如为实物出资，则需在2年以内付清。银行及保险公司必须采取股份公司形式。

（3）公司代表处。一般由外国企业设立，代表母公司在罗马尼亚开展市场推广和调研等活动，不得从事商业性行为。设立代表处应向罗马尼亚经济部提出申请。

（4）外国企业的分公司。不具备独立于母公司的法人地位，只能进行母公司授权开展的业务。

（5）联合体。为实现共同商业目标，有关各方可协商成立联合体。联合体不是法律实体，有关账务事宜由联合体中的一方负责。

当地负责企业注册的政府机构是罗马尼亚国家商业注册办公室。

在罗马尼亚注册企业的主要程序见表6-1。

表6-1　在罗马尼亚注册企业的主要程序

序号	步骤/文件	时间	法律规定
1	名称核准	一般为1天，特殊情况需要2~3个星期	公司名称具有唯一性（可用性）；商业登记机构将在1天内出具名称核准通知书；如果公司名称中带有"罗马尼亚（Romania）"字样，需要向政府秘书总局提交申请核准，一般需要2~3个星期
2	股东/合伙人的要求	—	公司主要类型为有限责任公司和股份有限公司。股东可以为自然人或者法人；受到过刑事处罚或者税务处罚的不可成为股东；法人股东须提交：成立公司的决议、公司章程、资信证明和商业登记证明，文件需要公证，但是对于中国官方签发的文件，则不需要；公司将由一个或者多个管理人作为代表和进行管理，可以是罗马尼亚人，也可以是外国人，可以为全权代表或者限制权力代表
3	注册资本	1~2天	最低注册资本：有限责任公司200列伊，股份有限公司90000列伊；公司注册资本金可以是现金，也可以是实物；股份公司可以采取公共募集
4	公司地址文件		要求递交的公司地址文件有：（1）公司场地预购/租赁协议；（2）产权证或者其他可证明产权的文件。律师事务所可以帮助提供临时公司注册地址（最长1年）
5	公司地址注册证书	2天	一个公司注册地址不可与其他公司混用；税务机关负责签发公司地址注册证书
6	商业登记机构注册登记	3天	罗国家商业注册办公室负责公司的注册登记，需递交的文件有：（1）上述第1~5项的文件；（2）关于纳税申报的税务核定书；（3）核定的经营活动的责任自担声明。如果所有文件都符合规定，国家商业注册办公室将对公司进行登记并颁发营业证书以及公司登记专属代码，该公司登记专属代码将与纳税核定书一起通知到税务机关
7	增值税登记	15~30天	在上述1~6项完成后，根据申请，税务机关将对需要交纳增值税的公司进行增值税登记；登记时将审核公司股东和管理人履行纳税义务、公司的注册地和核定的经营活动的文件和相关事项；如果审查通过，则予以办理增值税税务登记证

资料来源：中国驻罗马尼亚大使馆经商参处

匈牙利公司注册

在匈牙利成立经济实体不需要获得特别的许可。外国人与匈牙利人同样可成立经济实体，享受国民待遇，并有多种企业形式可以选择。主要形式有股份有限公司（Nyrt/Zrt）、有限责任公司（Kft）、有限责任合伙公司（Bt）、无限责任合伙公司（Kkt）等。

在匈牙利设立企业必须在当地政府、匈牙利经济法院注册庭、税务机关、中央统计局、社保局及工商会进行注册登记。

外国企业在匈牙利成立企业必须准备以下文件，以满足最低信息要求：总公司资料；公司注册资本及法人代表资料；公司名称、地址、成立日期及营业范围；公司资产种类、价值及股东名册和股份分配。以上文件必须有匈牙利律师签字。2008年7月匈牙利推出公司电子注册系统，要求注册申请必须在完成公司章程30天内提交给匈牙利主管注册法院。所有向注册法院提交的申请都必须由律师以电子方式提交。因匈牙利有关法律较复杂并且文件须用匈牙利文书写，建议中国企业委托当地律师和会计师办理相关手续。

根据匈牙利公司法规定，有限责任公司的注册资本不得低于50万福林，上市股份有限公司的股本不得低于2000万福林，非上市股份有限公司的股本不得低于500万福林。

递交公司注册申请后，应完成以下事项：

（1）15天内向公司总部所在地的税收机关登记（在递交申请时纳税主体即得到税号，应在注册申请书上注明）。

（2）如在递交公司注册申请书时还没有申请欧盟税号，而纳税主体希望同欧盟成员国的纳税主体建立商业联系，在税务机关登记时须索要欧盟税号（在所有欧盟贸易相关的文件上，如信函、订货单等都应标明欧盟税号）。

（3）外国企业的分支机构及直接贸易代表机构在接到有关税号的通知后，15天内应向税务机关递交证明其与外国企业之间的关系的文件（起草不早于90天）及有效的匈牙利语翻译件。

（4）外国公司派遣到匈牙利的工作人员，如完成工作的时间预计超过183天，在工作开始的次月20日前应向有关税务机关填写和递交04104号申报单以完成申报义务。

（5）如经营需要许可的业务，在获得必要许可后，在许可公布后的15天内须向税务机关申报，并向公司法院递交。在注册手续办理期间的公司须在完成注册登记后才能开展业务活动（如公司成立时即需要当局的许可，则许可应附在注册申请上）。

（6）制定符合会计的规章（或会计制度等）和其他运营规章。

（7）在递交申请后次月的15日前完成会计义务。

（8）对工资和佣金的税费要在次月的12日前交纳。

（9）拟注册的公司应自登记日起在法律规定的时限内完成财务报表和纳税申报单。

斯洛伐克公司注册

根据斯洛伐克《商业法典》，在斯洛伐克可设立以下形式的公司：有限责任公司（s.r.o.）、股份公司（a.s.）、普通商业合伙公司（v.o.s）、有限合伙公司（k.s.）和外国企业代表机构等。

斯洛伐克商业登记注册主管部门是法院企业注册处。该机构负责其行政辖区内的商业注册登记。根据行政区划，该类机构共设有8个，分别位于：布拉迪斯拉发州、特尔纳瓦州、尼特拉州、特伦钦州、日利纳州、班斯卡–比斯特里察州、科希策州和普雷绍夫州，有关详情请登录斯洛伐克商业登记注册网站（www.orsr.sk）查询。

注册企业需要按照以下程序进行：

申请出具无犯罪记录证明，出具机构为当地司法机构，申请获批所花费时间为当地人1个工作日，外国人2周；费用为3.3欧元/人。该证明主要用于申请营业执照。

核对公司名称单一性：通过公司注册管理机构查询，费用为3.3欧元；也可通过www.orsr.sk查询（免费）。办理时间为1个工作日。

《公司章程》及公证：时间为1个工作日，收费1000~1660欧元。

营业执照：标准执照办理需要5个工作日，费用33欧元。特别经营许可执照办理需要30个工作日，费用66欧元。申请人必须在斯洛伐克有永久或临时居所。

营业执照发放单位为营业执照局。

开立银行账户：时间为1个工作日，费用17欧元（因不同银行而异）。在办理公司注册之前，申办人必须开立银行账户，并存入资本金。如果是个人独资企业，需要全部一次性存入；如果为几个股东共同设立公司，每人需要存入全部资本金的30%。有限责任公司最低注册资本为5000欧元，股份公司最低注册资本为25000欧元。

在地方法院申请注册登记：时间为5个工作日，费用332欧元。须提交公司注册申请表。所有公司发起人需要在文件上签字，并需要公证。公司注册代码将由注册法院颁布。

税务登记（所得税及增值税）：时间为30个工作日，不收取费用。增值税登记针对在斯洛伐克注册或在斯洛伐克拥有固定经营场所的经营机构，营业额12个月内达到5万欧元的企业。外国公司在斯洛伐克境内从事经济活动，在开展业务前，必须办理增值税登记。此外，公司在办理完公司登记后30日内，必须办理公司所得税登记，办理地点为公司附近的税务局。如果公司有雇员，还需办理个人所得税登记，该登记必须在其第一个雇员领取工资后15日内完成。公司所得税和个人所得税可以一并申办登记。

社会保障登记：雇主必须为雇员在当地社会保险公司办理养老、疾病、伤残、失业保险登记和工伤保险登记。时间为1个工作日，不收取费用。有关登记表格可以从社会保障局网站（www.socpoist.sk）下载。雇用超过20名以上雇员的雇主必须每月向社会保障局报告社会保险情况。

健康医疗保险登记：雇主必须根据雇员选择的保险公司为其办理健康医疗保险。办理登记的时间为雇员正式开始工作的8日内。办理时间为1个工作日，不收取费用。

保加利亚公司注册

根据保加利亚新的商业注册法，公司注册由原来的司法程序转变为行政审批程序，公司及代表处应在保加利亚登记署进行注册登记，税务、社保及统计等无须另行注册。常规的企业类型有五种：一般合伙、有限合伙、有限责任公司或一人有限责任公司、股份公司或一人股份公司，以及有限责任合伙。此外，还有个体贸易商（sole trader）、集团公司（holding）、外国企业分支机构（branch）、贸易代表处（trade representive office）、合作社（cooperative）等企业形式。

注册企业的受理机构为保加利亚登记署及在各地的分支机构、保加利亚商工会（BCCI）。

克罗地亚公司注册

在克罗地亚，投资设立企业的形式包括一般公共企业、股份制公共企业、股份公司、有限责任公司、经济利益联合体、隐名合伙企业。

成立一家股份公司的最少股本为20万库纳（约合2.8万欧元），单股票面价值最少为10库纳。成立一家有限责任公司的最少股本为2万库纳（约合2800欧元），个人持股额最少为200库纳。外国自然人只有获得手工业执照才可以在克罗地亚经营手工业。

注册企业的受理机构为地方商业法院的商业登记处。

注册主要流程为：向克罗地亚驻本国使馆申请旅行签证（注：此签证一般为一次进出，最长3个月）；在公证处办理相关手续，并在商业法院注册公司；公司经理或董事长（只能有一人）向克罗地亚内务部申请经营许可，经营许可相当于临时居留和多次往返签证；公司其他人可向克罗地亚内务部申请工作许可和临时居留。

斯洛文尼亚公司注册

在斯洛文尼亚设立、经营和管理企业按《公司法》进行规范，并与欧盟立法完全对接。《法院登记法》（Court Register Act）和相关指令明确了在法院登记注册企业的流程。斯洛文尼亚《公司法》与欧盟相关立法一致，设立企业形式如下：普通合伙（General Partnership）；有限合伙（Limited Partnership）；隐名合伙（Dormant Partnership）；有限责任公司（Limited Liability Company）；股份公司（Joint-stock company）；股份合伙有限公司（Partnership limited by shares）。

2006年之后，欧洲公司（SE）这种组织形式在斯洛文尼亚也适用。目前，斯洛文尼亚国内多数企业形式为有限责任公司和股份公司，合伙形式并不是很多。外国公司在斯洛文尼亚多选择有限责任公司和分公司形式。

根据会计、审计要求，《公司法》规定了四种企业规模，分别是：微型公司、小型公司、中型公司和大型公司。

任何国内外法人和自然人都可以设立任意一种公司类型。除了隐名合伙公司外，其他类型均有法人身份，在法院注册登记后正式成为法人。

斯洛文尼亚法律规定，公司注册名称必须包含公司名称、经济活动领域和组织形式;注册名称必须使用斯洛文尼亚语,只有表示创办人名字、注册商标时才可使用外语;词汇"斯洛文尼亚"及其变体、缩略语只有经政府许可后才能使用;注册名称不能与法律、公共道德、第三方知识产权相违背,且不宜与斯洛文尼亚其他注册名称混淆。如果不符合上述条件,法庭将驳回注册申请。

公司业务范围必须与注册时填写的业务相一致。公司还要指定至少一人代表公司签署文件。

立陶宛公司注册

立陶宛法律规定的企业设立形式有11种,其中外国投资企业最为常用的是责任有限公司(UAB)及股份有限公司(AB)。责任有限公司(UAB)最低注册资本为2896欧元,股份有限公司(AB)最低注册资本为43443欧元。

立陶宛注册中心为该国企业注册的受理机构,外国投资者注册企业可以享受快速通道服务,并可以通过无纸化电子方式提交申请,仅需一周时间即可完成注册。

塞尔维亚公司注册

在塞尔维亚投资设立企业的形式包括4种类型:股份公司、有限责任公司、合股公司及合伙公司。无论申请注册何种形式的企业,均须到塞尔维亚商业注册署办理注册手续。注册费为70欧元,最低注册资金500欧元。

在塞尔维亚办理投资相关手续,须向当地律师和相关咨询机构寻求帮助,具体事项请与中国驻塞尔维亚大使馆经商参处联系。

具体公司注册流程如下。

注册申请:提交成立公司申请和成立公司合同及新公司章程。

注册审批:塞尔维亚商业注册署负责审核批准成立公司,2个工作日内即可批准,并颁发注册公司登记证。

申请统计代码:向当地统计局申办统计代码。

刻制公司印章:企业获准注册后须在指定机构刻制依法规定的公司印章。

设立银行账号:企业获准注册并取得统计代码后,应及时在塞尔维亚的银行开立公司账户。

申请增值税号:取得注册公司登记证后,须到当地税务机构办理税务申报登记，领取纳税号码。

外国公司在塞尔维亚设立代表处的程序是：首先向塞尔维亚经济部提出申请，获批后到塞尔维亚商业注册署办理注册登记手续。需要注意的是代表处不得从事商业经营活动，无法人资格。

拉脱维亚公司注册

拉脱维亚对外国投资者（法人、自然人）实行国民待遇，设立企业的基本形式包括个体经营者、有限责任公司、股份公司和合伙人，外国企业也可设立分支机构和代表处。

1. 个体经营者。符合下列情形的自然人必须在企业注册局注册：（1）从事一般经营活动，年营业额超过28.46万欧元；（2）年营业额超过2.85万欧元且雇员超过5人；（3）从事商业代理或中介机构业务。个体经营者以个人财产承担无限责任。

2. 有限责任公司（拉文简称SIA）。是一个封闭的商业实体，其注册资本等于股票面值总额，股份不可公开买卖。有限责任公司可由一个或多个自然人或法人组成。股东可同时是董事会唯一成员和唯一雇员。股东不必永久居住在拉脱维亚，但公司管理机构所在地必须是注册地址。公司的资本被分割成若干股份，股东承担的债务仅限于其投资的股本。最低股本为2800欧元，但如果成员少于5人（自然人）且符合《商法》规定的其他条件时可低于上述金额。股本可以有形或无形资产支付。如果资产（有形或无形）总额不超过5700欧元，且支付额不超过注册资本的50%，可由公司创立人自行评估资产。公司由股东会、董事会，以及监事会（如成立）共同管理。按照拉脱维亚《商法》规定，只有股东会可以修改公司章程，增加或者减少股本，以及《商法》规定的其他业务。董事会是执行机构，其主要职责是每季度撰写经营和财务报告。注册有限责任公司的时间约1周，注册费约170欧元。

3. 股份公司（拉文简称AO）。是一个商业实体，其注册资本是公司股票面值总额。股份公司可以关闭或开放股票的公开流通。股份公司最低法定资本额为35000欧元。从事银行业务、保险公司和换汇业务的股份公司法定资本额要求更高。股份公司可发行原始股和优先股，能够保证股东有权获得分红、清算配额和股东大会投票权。股份公司由股东大会、监事会和董事会共同管理。只有股东大会可以决定：年报；上年度利润的使用；董事会和监事会成员、审计人员、股份公司管理者及清算人的选用与辞退；以及《商法》规定的其他活动。监事会在股东大会休会期间代表股东利益；任命董事会并监督其工作。董事会是股份公司的执行机构，负责监督和管理公司业务。董事会包括一个或多个成员，如果在交易厅从事交易，股份公司必须有三个以上成员。

4. 合伙人公司。是由两人或两人以上共同组成的以合作协议为基础的以合伙公司的名义从事商业活动的商业实体。拉脱维亚《商法》规定合伙人分为两种：一般合伙人和有限合伙人。两者的主要区别是，一般合伙人对合伙人的债务承担无限责任，而有限合伙人仅就其出资部分承担债务。合伙人没有最低注册资金限制，其损益在年底根据各自出资额分配。

5. 分支机构和代表处。按照拉脱维亚《商法》规定，本国和外国企业可以在拉脱维亚设立分支机构。分支机构在组织上独立，能从事经济活动，但不是法人实体。分支机构作为注册公司有义务提供财务报表，但总公司对分支机构的经营活动承担全部责任。分公司的注册过程需要大约4个工作日，费用为28.46欧元。代表处和分支机构一样不是独立的法人。代表处不能从事经营业务，其职能仅限于市场研究、公司宣传及其他仅限于市场环境方面的活动。注册代表处的费用为28.46欧元，注册时间大约为15天。

爱沙尼亚公司注册

爱沙尼亚新的《商业法》于1995年9月1日实施。该法阐述了爱沙尼亚企业的基本原则，概括了商业注册的作用。根据《商业法》，主要有以下几种经营实体可以进行商业注册：

代表处。由外国母公司或其授权代表向爱沙尼亚商业注册局提交所需文件申请登记成立代表处。文件中应包括母公司资质证明、代表授权书、公司章程、财务报告等内容。通常代表处须委托当地律师协助完成注册的各项手续。

分公司。由外国母公司或其委托人向爱沙尼亚商业注册局申请登记注册设立分公司。文件中须有母公司提交的相应证明文件，包括公司性质、资金规模等。对分公司注册的资金没有具体规定。

有限责任公司（OU）。有限责任公司可由一人或几人合作成立，由公司股东负责向爱沙尼亚商业注册局登记注册。自2011年起，规定该类企业的最低注册资本金不得低于2500欧元（约合3300美元），资金账户需到指定银行开设。持股人可将股份转让给其他持股人，在转股给第三方时，其他持股人有优先购买权。公司的法人代表对公司的财务有管理权。如公司的股本金超过3.4万欧元或公司文件中有规定，则该公司还须配有审计师。法律规定，有限责任公司自递交申请之日起，有关部门应在14个工作日内完成注册登记手续。实际上，由于爱沙尼亚网络较为发达，任一爱沙尼亚公民在家20分钟即可完成网上申请注册程序，以后的经营活动的所有报表也可在网上完成。

股份有限公司（AS）。自2011年起，注册股份有限公司最低股本金不能少于25000欧元（约合33000美元），并须将注册信息输入爱沙尼亚中央证券注册中心。股份有限公司可由一个或多个需要或无须认购股份的自然人或法人成立。股份可以自由转让给第三方，但不可分割。股份有限公司的管理通过持股人、董事会和监事会的全体大会展开运作。

成立上述公司需准备相关文件，如公司协议、名称、经营范围、股本金额度、董事会成员等。这些文件须用爱沙尼亚文书写，并进行公证，之后向爱沙尼亚商业注册局申请登记注册成立公司。通常设立公司须委托当地律师协助完成注册的各项手续，获得统计代码和税号等。爱沙尼亚公司法人签署法律文件以法人代表的电子签名为准，盖章与否并不重要。

2010年修改的企业注册法律规定，自2011年起，任何一个爱沙尼亚法人、自然人或在爱居住的外国人均可申请注册公司。根据爱沙尼亚与俄罗斯和独联体国家签署的国际条约，这些国家之间对申请人的身份公证文件相互承认，无须补充认证。

波黑公司注册

在波黑投资设立企业的形式有四种：（1）无限共同责任公司；（2）有限责任公司；（3）联合股份公司；（4）有限合伙公司。此外，投资商也可设立公司代表处，但公司代表处不是法人实体，只能从事非直接经营活动。企业注册受理机构为波黑两个实体政府的经济部以及注册公司所在地区的法院。

阿尔巴尼亚公司注册

在阿尔巴尼亚可以设立企业的形式有：从事商业或经济活动的自然人；

民法规定的简单合伙人；商业公司；外国公司的分公司和代表处；储蓄和信贷公司或联盟；合作公司；阿尔巴尼亚法律规定应注册的其他类型实体。

在阿尔巴尼亚成立商业公司须在阿尔巴尼亚"国家商业中心（QKB）"办理注册。

北马其顿公司注册

在北马其顿境内注册的外国公司必须遵守北马其顿有关法律和规定，公司只能经营本公司注册范围内的业务，不能擅自扩大业务范围，如确有需要，应补办有关手续。

新创建的企业必须到企业所在地的区一级经济法庭进行注册，并获得注册文件，文件必须用北马其顿文和国外合作方的文字写成。另外，企业必须从"支付簿籍局"（ZPP，北马其顿负责法人企业间转账支付、对企业财务进行监督管理的部门）得到企业身份编号，并单独开设账户。企业还必须在北马其顿统计局和海关管理处注册。外国人还应到警察局办理工作和居留许可。

在北马其顿注册公司一般须通过当地律师办理有关手续，所需收费无统一标准，一般需约300欧元左右，最快可以4小时完成注册。

外国公司向注册机构提供的材料应包括如下内容：公司或代表处的注册名和注册地点；公司或代表处工作人员的总人数；公司或代表处的业务范围、在北马其顿的责任和义务；外国公司对代表处领导人及工作人员的任命决定；公司或代表处工作人员的公民材料。如果外国银行或金融机构在北马其顿开设代表处，须得到北马其顿国民银行的批准，外国保险公司在北马其顿开设代表处，则须有北马其顿财政部的许可。外国公司在北马其顿设立的代表处不具法人资格，不得从事经营活动和签订合同。

二 商标注册

中东欧国家大部分是马德里国际商标联盟的成员国。欧盟成员国申请欧盟内部商标，可向设在西班牙阿里坎特（Alicante）的欧盟内部市场协调局（OHIM）申请办理，也可通过成员国商标机构向欧盟知识产权局（EUIPO）申请注册。申请国际商标保护，则须向设在瑞士日内瓦的世界知识产权组织（WIPO）申请办理相关事宜，欧盟成员国也可通过成员国主管机构办理。一般委托律师作为代理人办理相关手续。

波兰的商标分为国内商标、欧盟内部商标和国际商标。

申请波兰国内商标和国际商标须到"华沙专利办公室"注册登记，未在波兰注册的外国企业必须通过波兰的专利代理机构申请商标注册。

申请欧盟内部商标须向设在西班牙阿里坎特（Alicante）的协调办公室（Office of Harmonization）申请办理。提交所需的材料须根据申请内容在波兰专利局关于商标注册的网站上查询。

在捷克注册商标应向工业产权局提交商标注册申请，商标权自完成在产权局注册，并进入该局商标登记库后生效。任何具法律行为能力的自然人和法人均可提出商标注册申请，申请人既可直接提交商标注册申请，也可委托律师或专利代理人提交申请，外国人除非在捷克开办公司或拥有永久住所，否则必须通过捷克律师协会或作为捷克专利代理人商会正式会员的代理提交商标注册申请。商标注册申请必须以捷克文提交。

商标注册申请可当面或以邮寄和电子方式（需有经验证的电子签名）提交。若以传真或电子方式提交，则5日之内必须送达相关书面申请文件。工业产权局收到注册申请之日即为商标注册申请提交日，申请人由此获得对所申请商标的优先权。注册申请提交后，工业产权局即审查决定该申请是否满足注册条件。如果发现影响注册进程的问题，产权局将书面通知申请人在适当时间内（通常为2个月）解决问题。如果申请人未做出反应或未能解决问题，产权局可拒绝注册申请；如无问题或问题已解决，产权局将进行实质审查。如果符合注册条件，该商标注册申请将在产权局商标注册公报中进行公告。在公告发布之日3个月内，可对该申请提出异议。如无异议或异议被否决，产权局即将该商标录入商标登记库，并向商标所有人颁发商标注册证书。

注册商标保护期限为10年（自注册申请提交日起算），应商标权人要求，保护期可再延长10年。在捷克工业产权局登记注册的商标仅在捷克境内有效。若申请人想申请国际注册商标，也可向捷克工业产权局提出申请。欧盟商标注册申请可向设在西班牙阿里坎特的欧盟内部市场协调局（OHIM）或欧盟各成员国的国家商标局提出申请。

罗马尼亚商标注册

罗马尼亚是马德里国际商标联盟的成员国，2007年1月1日加入欧盟，随后成为共同体商标委员会的一员，主管政府机构是国家专利和商标局。

在罗马尼亚任何自然人和法人都有权在罗马尼亚提起商标注册申请。可以通过三种方式对商标进行保护：申请人可以向罗马尼亚专利和商标局申请罗马尼亚国内商标，也可以向世界知识产权组织申请来自罗马尼亚的国际专利，还可以向欧共体内部市场协调局直接提起欧共体商标申请。

依照相关文件，使用注册商标的保护期限为10年。续签申请可以在注册商标到期前3个月内提起，也可在注册商标到期后6个月内提起，但是要加收50%的费用。

2010年罗马尼亚修订并公布了新的《罗马尼亚商标法》，在注册程序方面进行了重大修改，其主要目的之一就是缩短注册周期，尤其是缩短商标诉讼期限。自商标申请日起到予以核准注册的法定期限为6个月；专利和商标局依职权驳回申请或有第三人提起异议的，该期限可以延长。

匈牙利商标注册

匈牙利知识产权办公室负责商标的申请注册和管理。外国人在匈牙利申请商标注册，必须委托匈牙利常住居民（建议委托专利代理商）申请。申请专利和注册商标的信息可查询匈牙利知识产权办公室网站，网址：www.hipo.gov.hu。

申请商标注册需要准备的材料和程序：申请商标的目的（如寻求商标保护）、申请人情况、商标图样和货物名单；自商标申请之日起两个月内支付申请费，不得延期；货物清单必须使用匈牙利文，并自申请之日起4个月内提供，不得延期；知识产权办公室正式收到商标申请后，将公布商标申请相关内容，第三方可就此商标申请提出观察要求（观察者不应是参与商标申请注册程序者），知识产权办公室在审查商标申请时必须考虑观察报告的观点；商标涉及的货物清单不得扩大，商标不得修改；申请的商标如果符合法律规定即可注册，注册的商标将在官方定期刊物上发布。

斯洛伐克商标注册

斯洛伐克工业产权局负责商标的注册与管理。

申请注册商标需要以下文件：

（1）注册商标申请表（可以登录www.indprop.gov.sk下载）；

（2）提供商标图样；

（3）提供营业执照复印件一份；

（4）提供申请商标在斯洛伐克及在本国的首次使用时间，所提供的时间应力求准确；

（5）如果申请的商标已在其他国家取得注册，应提供申请注册商标在其他国家的注册证复印件。

申请注册商标可以通过两种方式，直接制或代理制。直接制是指申请人自备申请文件，直接邮寄或递交到斯洛伐克工业产权局商标处。代理制是指申请人委托专利代理机构、公证处以及商务律师办理申请手续，名单可通过下列网址查询：www.patentattorneys.sk。

注册商标程序如下：

（1）注册准备：注册方式选择，商标在先注册权利的查询工作，商标申请资料的准备；

（2）申请注册：按商品与服务分类申请，商标申请日的确定；

（3）商标审查；

（4）初审公告；

（5）注册公告；

（6）领取商标注册证。

根据《商标国际注册马德里协定》，申请人可以向位于西班牙阿里坎特市的内部市场协调局（OHIM）申请欧盟注册商标，经核准注册后可在欧盟成员国受到保护，无须再向每个国家分别申请。来自中国的申请人可以直接向协调局申请，也可以通过中国国内代理机构申请。有关规定请详见国家工商总局第7号令，即《马德里商标国际注册实施办法》。在斯洛伐克申请欧盟商标的机构为斯洛伐克工业产权局，商标申请费用为3500欧元，包括申请费及代理费。

保加利亚商标注册

保加利亚国家专利局是审批商标的管理机构，申请商标须提交申请书、商标包含的产品明细表、商标图样及商标具体使用方法等资料。

有关内容可查询网址：www1.bpo.bg/index.php?lang=en

克罗地亚商标注册

克罗地亚新商标法于1999年6月30日经克罗地亚议会批准，1999年7月31日生效，2000年1月1日正式实施。商标类别中，商品和服务分类原则与国际分类原则一致。克罗地亚参加了《保护工业产权巴黎公约》《商标国际注册马得里协定》《商标注册用商品和服务国际分类尼斯协定》及世界知识产权组织。

任何人均可以申请商标注册。谁先申请，谁先获得作为商标所有人的权利。商标申请人必须在注册国通过当地的商标代理人提出商标注册申请。在克罗地亚，商标代理人必须经克罗地亚国家知识产权局注册认可。

克罗地亚已宣布加入《商标国际注册马德里协定》，因此马德里协定的受益人可根据马德里协定，通过提交国际注册申请并指定克罗地亚共和国或通过延伸现存的国际商标注册到克罗地亚共和国，获得商标在克罗地亚的保护权。

商标申请人向克罗地亚国家知识产权局提交申请之时起即获得对此商标的优先权。商标的注册有效期为10年。有效期满可以重新注册，每重新注册一次，可获10年保护。反复申请注册，可以使商标获得长期保护。对侵权行为的起诉可自侵权活动之日起3年内进行，5年后则不能起诉。

斯洛文尼亚商标注册

斯洛文尼亚承认《商标国际注册马德里协定》成员国的实质审查，在商标专用权问题上采用注册原则和申请在先原则，并充分考虑使用原则和使用在先原则。斯洛文尼亚在商标专用权申请上采用优先原则的期限为6个月。

商标注册申请可向斯洛文尼亚知识产权局提出，自知识产权局确认申请之日起3个月为异议期。商标注册后，专用权期限为10年，并可无限延期。

外国人在斯洛文尼亚申请注册商标时，必须通过斯洛文尼亚知识产权局指定的代理机构办理。如果外国人已在《商标国际注册马德里协定》成员国中取得了注册商标专用权，需提供在已注册商标国家的有关机构出具的证明、有关商标的详细说明和委托代理机构的英文授权书。

立陶宛商标注册

自然人、法人可单独或集体申请注册商标。申请需提交的文件有：申请书（包括申请注册商标和颁发商标注册证）；注册费用交款证明；委托书（如文件递交人不是商标申请人）；要求优先注册的申请（如果需要）；立陶宛主管部门颁发的针对立陶宛国名、国徽、国旗及其他官方标志的使用许可（如果需要）；其他国名、国徽、国旗及其他官方标志的使用许可（如果需要）；商标集体使用的规则或合同（如果需要）；工业品设计、其他工业知识产权或对象的使用许可。鉴于专利、商标等项目的注册需要评估，文件准备和申请程序繁多，且相关文件皆须以立陶宛语书写，立陶宛国家专利局建议外国申请者将有关注册事宜交给相应代理律师办理，该局推荐的律师名单请登录立陶宛国家专利局网站（www.vpb.lt）查询。

塞尔维亚商标注册

塞尔维亚的商标分国内商标和国际商标。

在塞尔维亚的企业须到塞尔维亚知识产权办公室办理商标注册登记手续。未在塞注册的外国企业应通过塞尔维亚专利代理申请商标注册。

拉脱维亚商标注册

拉脱维亚根据《商标和地理起源标志法》（1999年颁布）对商标进行管理。

注册拉脱维亚国内商标须到拉脱维亚专利局办理有关手续。外国人可以仅提出申请，然后通过当地专利代理人办理其他手续。注册欧盟商标按照《商标国际注册马德里协定》《商标国际注册马德里协定有关议定书》或《欧洲共同体商标条例》的有关规定办理。注册国际商标按照《商标国际注册马德里协定》《商标国际注册马德里协定有关议定书》或世界知识产权组织的有关规定办理。

爱沙尼亚商标注册

在爱沙尼亚，商标可以是一个词或词组，也可以是一个形象、标签或标牌、三维图像、字母的组合、字母与数字的组合或商号名称。

获得商标保护的途径主要有四种：

（1）向爱沙尼亚专利局申请注册；

（2）向世界知识产权组织国际局申请注册并要求在爱沙尼亚获得保护；

（3）使商标在爱沙尼亚成为驰名商标；

（4）向欧盟市场协调局申请注册团体商标。

波黑商标注册

波黑知识产权研究所是负责注册商标的主管部门，企业注册商标应向该机构申请。注册商标须提交Z-01申请表（一式三份），同时提交如下文件：如申请注册的是法人实体，申请者须提交法院和其他机构的注册证明、申请费及特别程序费证明等，然后办理注册、查验等手续。

注册国际商标，须向波黑知识产权协会提交Z-09申请表，该协会会将申请表转交国际商标注册机构，按马德里协议规定办理。

阿尔巴尼亚商标注册

阿尔巴尼亚有关商标的法律是1994年颁布的第7819号法令，该法令于1999年4月22日修订并使用至今。阿尔巴尼亚的商标专用权依靠注册获得，最先使用商标者有权获得商标的注册。阿尔巴尼亚接受对商品商标的注册。商标的商品分类采用《商标注册用商品和服务国际分类尼斯协定》规定的分类法。阿尔巴尼亚是世界知识产权组织的成员。

在阿尔巴尼亚办理商标注册申请，必须提交委托书和10份商标图样（印刷体字标记除外）。经审查后，如果申请未被批准，申请人可以在接到通知的3个月内，向专利和商标上诉评审会提交复审申请书，并由专利和商标上诉评审会作出终局裁定。如果经审查后，商标获准注册，该商标将在官方公告上给予公告。

北马其顿商标注册

在国家工业产权办公室注册商标。

三　专利申请

中东欧国家申请专利可以适用国内程序，即直接向被要求提供专利保护的国家提出申请登记；欧盟国家可适用欧洲专利局程序，即在欧专局做一个单一的申请登记，一旦获得欧洲专利认证，便向每一个被要求提供专利保护的成员国确认该专利。

申请人可根据自身考虑选择不同的申请途径，例如，希望获得哪些国家的专利保护、成本、时间和复杂性等。申请专利要面临非常专业、复杂的程序，一般需委托有资质的专利代理人来代理相关事宜。

波兰专利申请

波兰专利局是专利主管部门，申请专利需向专利局提交申请（网址：www.uprp.pl/English）。

在波兰，可以本人到专利局办公大厅递交申请材料或通过网络两种方式申请专利。其中，网络申请需登录波兰专利局网站，填写电子申请表及相关电子文件。所需文件根据申请专利的种类不同而各有不同，申请材料语种为波兰语。

申请发明专利的，申请文件应包括：发明专利申请书、摘要、摘要附图、说明书、权利要求书、说明书附图。

申请实用新型专利的，申请文件应包括：实用新型专利申请书、摘要、摘要附图、说明书、权利要求书、说明书附图。

申请外观设计专利的，申请文件应包括：外观设计专利申请书、图片或者照片以及对该外观设计的简要说明。

波兰专利局联系方式：

电话：0048–22–579 05 55

传真：0048–22–579 00 01

地址：Urząd Patentowy RP Al.Niepodległości 188/192, 00–950 Warszawa, Skr.

pocztowa 203

捷克专利申请

在捷克申请专利须向工业产权局提交申请,申请表可在该局免费索取,也可通过该局网站下载。提交申请(一式两份)时需附上关于对拟申请专利进行详细图形或文字说明的文件(3份,其中至少1份必须达到印刷和复制要求)。申请表也可通过电子方式提交,但必须有经过验证的电子签名。专利申请提交后,申请人即获得所谓优先权,同时该局对所申请专利进行检索和审查。若产权局认为专利申请符合受理条件,即在授予优先权之日起18个月内在该局公报上公布该申请。申请人应在申请提交之日起36个月内请求产权局全面审查该专利申请是否符合专利授予条件。如经审查符合法定条件,产权局将给申请的发明授予专利。专利自产权局专利授予公报发布之日起生效,有效期20年(自申请提交日起算)。专利证书签发后,专利权人应缴纳首笔前期专利保护费,此后每年按期缴纳。专利可出售,侵权案件可由法院解决。

捷克工业产权局也可受理欧洲和国际专利申请。

罗马尼亚专利申请

在罗马尼亚可以通过三种方式获得专利,即申请人可以向罗马尼亚专利和商标局申请罗马尼亚国内专利,也可以向欧洲专利组织申请仅限罗马尼亚的欧洲专利,还可以在《专利合作条约》(PCT)规定的国家专利局申请罗马尼亚专利。

在任何技术领域具有新颖性、创造性并可以在工业上应用的发明,均可以授予发明专利。罗马尼亚专利和商标局内设专利审查委员会,负责审查专利申请,并在审查报告的基础上决定授予专利或驳回申请。

罗马尼亚对发明专利的保护期限为20年。在此期间,申请人每年都应当缴纳专利维持费。现在,罗马尼亚的大部分专利申请通过了欧洲专利组织的批准,而国内的专利申请量却急速减少。

2008年起,罗马尼亚开始保护实用新型专利。具有新颖性、超出单纯的专业技能并可在工业上应用的任何技术发明,均可以授予实用新型专利。罗马尼亚专利和商标局不对实用新型专利申请进行实质审查。实用新型专利授予后，专利所有人享有专有权，其保护期限为6年，可申请续展两次，每次续展期限为2年，最长保护期限总计为10年。

匈牙利专利申请

匈牙利知识产权办公室是负责专利审批的政府部门。对于已与匈牙利政府签订双边专利合作协定的国家的专利申请人，专利申请程序适用国内申请程序，但要按照有关法律规定提供国际专利调查报告。

根据1995第20号法令，申请专利需要准备的材料是：专利申请函、专利陈述、解释发明图解、发明者委托书（如果不是发明者本人申请）、参展证明（如该项发明专利曾参加过展览）、行政管理费。以上资料须按照内容关联编排顺序号，申请材料中的术语要一致，一些技术概念如果找不到相对应的匈牙利语则要使用与国际惯例相通的术语，测量单位必须使用法定计量单位。

匈牙利知识产权办公室在正式收到专利申请材料后的18个月内，将在专利公报上刊登专利申请内容及专利发明人姓名等。如果申请的专利符合规定，将予以批准，办理专利证书。专利发明人要承担申请程序中的审查、公布等项费用。

斯洛伐克专利申请

斯洛伐克负责专利管理的部门为工业产权局。该局负责发明、实用新型及外观设计专利的授予与管理。

申请专利所需文件如下：

（1）专利申请表；

（2）说明书：说明书应当对专利做出清楚、完整的说明，以所属技术领域的技术人员能够实现为准；

（3）权利要求书：权利要求书应当以说明书为依据说明专利的技术特征，清楚、简要地表述请求专利保护的范围；

（4）说明书附图：说明书附图是专利申请的必要文件，专利申请如有必要也应当提交附图，附图应当使用绘图工具和黑色墨水绘制，不易涂改或涂擦；

（5）说明书摘要及摘要附图：申请专利可以通过两种途径，即直接制或代理制——直接制是指申请人自备申请文件，直接邮寄或递交到斯洛伐克工业产权局专利处；代理制是指申请人委托专利代理机构、公证处以及商务律师办理申请手续，名单可登录下列网址查询：www.patentattorneys.sk。

发明专利申请经实质审查，实用新型和外观设计专利申请经初步审查，没有发现驳回理由的，工业产权局应当作出授予专利权决定，发给专利证书，并同时予以登记和公告。专利权自公告之日起生效。在授予专利权之前，工业产权局应当发出授予专利权的通知书。

保加利亚专利申请

保加利亚国家专利局（Patent Office of the Republic of Bulgaria）是保加利亚审批专利的管理机构。企业申请专利时根据专利种类，并按相关法律要求向保加利亚国家专利局提交申请。申请专利的主要文件包括：申请书、发明人的详细介绍和专利的详细描述文件。

有关内容可登录www1.bpo.bg/index.php?lang=en查询。

克罗地亚专利申请

克罗地亚国家知识产权局是负责专利、商标事务的主管部门，企业申请专利、商标须通过当地相关代理向国家知识产权局提交申请。克罗地亚关于专利的规定包含在2003年的专利法和2004年的专利条例中，这两个规定都从2004年开始实施。克罗地亚是工业产权领域内主要国际协议的成员国。

专利申请人需要向国家知识产权局提出其专利申请。18个月后其申请将被刊登在国家知识产权公报上。在这个阶段无须做调查报告。经公布后，申请人可以要求对专利进行实质性审查。专利的实质审查可由国家知识产权局或其他专利局进行。在科技领域任何具备新颖性、发明性及工业适用性的发明，均可享有为期20年的专利保护。经协商的专利有效期可为10年。自专利申请公开后6个月内，任何当事方可对该专利提出异议。

斯洛文尼亚专利申请

斯洛文尼亚承认《专利合作条约》（PCT）成员国的实质审查，在PCT成员国范围内，专利申请人可凭包括中国在内的78个成员国中任何一国的专利申请在其他成员国内申请专利。斯洛文尼亚在申请专利上采取期限为12个月的优先原则。

专利申请人可向斯洛文尼亚知识产权局申请专利，知识产权局在收到专利申请后18个月公布专利权，加急申请最短时间为3个月。

斯洛文尼亚专利权期限一般为20年，但在第9年时需提供有关文件，证明该专利已经过合法审查。同时也可申请短期专利权，期限为10年。

外国人在斯洛文尼亚申请专利，必须通过斯洛文尼亚知识产权局指定的代理机构办理。如果外国人已在PCT成员国中取得了专利权，仅需提供在取得专利权国家申请专利时的所有文件（英文）和委托代理机构的授权书即可。具体信息请查询斯洛文尼亚知识产权局网站：www.uil-sipo.si/sipo/office/tools/home。

立陶宛专利申请

立陶宛国家专利局负责在立陶宛的专利、商标等的注册。发明人有权获得专利，自然人、法人可单独或集体申请专利，专利的有效期为20年。申请需提交的文件有：专利申请书、发明的说明书、权利要求书（说明发明或实用新型技术的特征，表述请求专利保护的范围）、附图（如果说明书需要附图说明）、其他说明、专利费用交款书。

塞尔维亚专利申请

塞尔维亚知识产权办公室是负责专利事务的主管机构，企业申请专利须向其申请。

拉脱维亚专利申请

拉脱维亚根据《专利法》（颁布于2007年）对专利进行管理。企业申请专利须向拉脱维亚专利局提交申请。所需文件包括：申请书、发明描述、发明要求、图表、发明摘要、已支付申请费凭证、授权书等。

爱沙尼亚专利申请

在爱沙尼亚，发明专利申请人须向专利局提出申请。只有专利发明人才拥有专利申请权。申请发明专利权应当提交下列基本文件：

（1）要求授予发明专利权的申请书；

（2）关于发明的说明书；

（3）专利说明；

（4）图解资料；

（5）关于发明的摘要说明；

（6）已经支付公证费的证明；

（7）委托律师代理申请的委托授权书；

（8）主张优先权的证明材料。

所有材料应当使用爱沙尼亚语填写。如外国人提出申请，应当提供爱语翻译件。申请书应当使用爱沙尼亚专利局的固定表格并交付3500克朗申请费。

波黑专利申请

波黑知识产权研究所是负责申请专利的主管部门，企业申请专利应向该机构申办。申请专利要填写和提交P-01申请表（一式三份），同时还须提交专利的描述、略图、要求、概要、技术问题等。专利获批准后，将取得专利注册证书和许可证。

根据专利合作条约，波黑知识产权协会是国际专利申请的接收处。该协会负责将有关专利申请文件上交欧洲专利局。

阿尔巴尼亚专利申请

阿尔巴尼亚专利商标局负责办理专利申请手续。发明专利权限期为自申请日起20年，实用新型专利期限为10年，需每年支付专利费。工业设计受到15年保护，每5年办理一次登记。

北马其顿专利申请

向国家工业产权办公室申请专利。

四　工作许可

已加入欧盟的中东欧国家普遍对劳务市场监控严格，主要目的是防止廉价劳工涌入，抢夺本国公民的就业岗位。由于失业率高、就业压力大且劳动力成本高，目前欧盟各国只允许少数欧盟内部其他成员国劳工在获批后进入本国劳动力市场，中国公民很难在当地获得工作许可。

波兰工作许可

波兰工作许可有以下几类：

A类：与办公地在波兰境内的企业签署劳动协议的外国人；

B类：为登记企业法人从事管理工作的外国人；

C类：为外籍雇主工作且一年内的工作时间超过30天的外国人；

D类：为外籍雇主工作（但该雇主在波兰境内不拥有分公司、工厂或其他形式的组织活动），且从事临时性或偶然性出口服务的外国人；

E类：为外籍雇主工作，在波兰境内工作时间超过3个月，从事B-D类型以外工作的外国人。

波兰工作许可期限的三种情况：

（1）通常不得超过3年，到期可延长；

（2）雇员超过25人以上公司的外籍董事会成员在委派期内最多可获得5年的工作许可；

（3）由境外雇主派遣从事外派劳务活动的外国人，省督根据派遣期发放劳动许可。

出现下列情形之一，省督可拒签工作许可：

（1）申请中提供虚假个人资料、信息或添加含有虚假数据的文件，隐瞒事实真相、使用伪造文件；

（2）未达到相关条款要求；

（3）经法院判决，认定为违反相关法规被判有罪或在被认定有罪之后的两年期内；

（4）违反刑法、工作许可签发相关规定或犯有贩运人口特别是妇女、儿童行为的自然人或受该自然人管理的机构；

（5）受雇外国人不符合招聘条件或资质要求，违反有关工作许可签发程序；

（6）受雇外国人在不受波兰欢迎人员名单之列。

出现下列情形之一，省督可撤销已发放的工作许可：

（1）签发许可相关的理由和证明发生变更；

（2）签发许可的理由不复存在；

（3）雇主未履行相关责任义务；

（4）外国雇员不再满足相关条款要求；

（5）外国雇员中断工作时间超过3个月；

（6）获悉外国雇员被列入不受波兰欢迎人员名单。

工作许可的申办费用分为以下几类：

（1）申办3个月的工作许可，手续费为50兹罗提；

（2）申办3个月以上的工作许可，手续费为100兹罗提；

（3）申办以从事出口服务为目的的工作许可，手续费为200兹罗提；

（4）申办工作许可延期，手续费为以上相关额度的50%。

根据波兰《行政诉讼法》，当地劳动主管部门对工作许可（包括承诺函）的审批期限为自申请送达之日起1个月内。

工作许可由波兰雇主（波兰企业自己雇用外国人）或外国雇主（波兰企业以进口外国公司劳务的形式使用外国人）向波兰所在地劳动主管部门提出请求，劳动部门在审查申请材料并考虑当地市场状况后，如符合条件，可签发工作许可。

捷克工作许可

根据捷克《外国人居留法》和《就业法》等相关法律规定，欧盟成员国、挪威、冰岛、列支敦士登和瑞士等国公民及其家庭成员在捷克工作无须申请工作许可或绿卡，其他所有第三国公民来捷克工作和就业必须申请工作和居留许可。

来自第三国的外国人到捷克工作和就业，必须先向捷克当地劳动局申请工作许可，再凭工作许可和其他相关文件去捷克驻申请人所在国使领馆申办签证（一般为以就业为目的的90天以上签证），只有获得有效的工作许可和工作居留签证才可在捷克工作。担任公司股东、商业合伙人或法人代表，或者外国企业根据与捷克企业或自然人达成的协议派员工到捷克短期工作的，也需要办理工作许可，但无须进行公示，直接到劳动局办理即可。从事多个工作的，必须为每个工作单独申请工作许可。工作许可一经签发不得转让。工作许可按具体工作时限签发，最长为两年，可申请延期（延期申请最晚必须在现有工作许可到期前30天提交到当地劳动局），每次延期最多两年。工作许可所载信息（如雇主名称、工作类型和工作地点等）发生变化的，必须重新申请新的工作许可。如果工作许可持有人的就业合同或雇佣合同提前终止，其所持签证或居留许可也自动到期。如果雇主非法雇用没有工作许可的外国人，将会受到最高达200万克朗的罚款，雇员也会被处以最高1万克朗的罚款，并被吊销居留许可。

如果外国人提前结束工作或被雇主解雇，或者自行放弃工作，雇主必须在10天内书面通知劳动局，否则雇主会受到最高达50万克朗的罚款。

拥有个体营业执照的外国人不需要办理工作许可。

罗马尼亚工作许可

罗马尼亚负责管理外国人赴罗马尼亚工作的部门为内务部以及劳动和社会公正部。

外国人可在抵罗马尼亚前办妥工作许可程序，也可凭相应签证抵罗马尼亚后申请工作许可，在没有得到工作许可的情形下工作属非法行为。

根据规定，经罗马尼亚外国投资和公私合营促进署认可后，负有管理和行政责任的企业股东或联营伙伴将可获得永久居留签证。

外国投资和公私合营促进署重点对有关外国公民的技术条件及在罗马尼亚的经济实力进行考察，包括：已完成经营计划，含企业性质、所在地、经营期限及预计雇用人数等；有足够的资金开展经营活动，合资股份公司需10万欧元以上，合资有限责任公司需7万欧元；经营活动将在资金、实物或就业方面使罗马尼亚经济受益；曾在外国国民本国国内从事过相同或类似的经营活动。凡投资额大于50万欧元或创造超过50个合法就业岗位的外国人，可办理3年期居留。

申请工作许可的程序根据具体情况有所不同，涉及不同的步骤和文件要求。一般而言，所需文件包括正式的申请书、简历、学历证书，以及带有《海牙公约》认证标识的职业经历证明文件、健康证明、无犯罪记录证明等其他正式文件。从程序上讲，工作许可的申领手续应由当地公司办理，罗马尼亚内务部下属的移民局具体负责相关审批手续。

罗马尼亚的工作签证分A类和B类两种。A类工作签证适用于和罗马尼亚企业签订劳动合同的外籍雇员，B类签证则适用于跨国公司派往罗马尼亚工作的外国员工。

外国人应首先向罗马尼亚海外领事机构申请工作签证,凭签证入境后在外国人管理部门办理工作许可手续及长期居住证。持工作签证的外国人及其受雇企业应按规定标准缴纳社会保障金和医疗保险等费用。

申请签证应附带如下材料:外国投资和公私合营促进署的认可意见;无犯罪记录或类似法律证明文件;健康保险。签证申请及附带资料应根据外交部发布的领事关系须知送往相关的罗马尼亚外交派出机构,并由其将有关文件报回外籍人员管理局审批。

匈牙利工作许可

《外国公民在匈牙利工作许可证法令》对外国公民在匈牙利就业有严格规定。外国公民在匈牙利工作必须办理工作许可证,申请主体是雇主。许可证分3种:个人工作许可证(含农业季节工)、团体工作许可证、团体工作许可证中的个人工作许可证。工作许可证有效期均为一年,延长必须重新办理。再次办理的条件与首次办理相同。

匈牙利雇主首先应向当地就业中心提出有效地对外国劳务的需求;对有关劳务需求,就业中心必须做劳务市场调查,即按优先顺序考虑匈牙利公民、欧盟其他国家公民或其亲属,如无人适合该岗位,第三国公民才能被考虑;第三国公民必须满足就业岗位本身的要求。

工作许可办理时限最短15天,最长60天。

对某些符合规定的外国公民在匈牙利就业,可不做劳务需求测试,直接发放工作许可证,或不需要工作许可证就可开始工作,但对象基本限于高端人群或特定职业。

办理时,需要提交正式申请表(个人工作许可证、团体工作许可证、团体工作许可证中的个人工作许可证首次申请表和延期申请表)、外国公民劳动力的资质证明文件(匈牙利文)、外国公民劳动力的职业健康证明(匈牙利文)。

如果是专业运动员,须提交专业协会的证明文件,证实其可以从事某项运动。

对资质证明文件有怀疑时,就业中心可自行向有关认证机构咨询加以甄别,并有权要求雇主提供相关业务文件,如注册文件、雇主社会保险登记号码等。

斯洛伐克工作许可

非欧盟成员国公民工作许可有效期最长可为2年，季节性工作许可有效期为6个月。如果在原工作单位继续工作，需要延长工作许可有效期，须在到期前30日提出申请。雇主只能雇用持有居留许可及工作许可的外国人，法律另有规定的除外。如果在斯洛伐克停留超过3个月，需要办理临时居留许可。

以下情况不需要申请工作许可：

（1）在斯洛伐克境内有永久居所的外国人；

（2）因与家庭团聚而获得暂时居留许可的外国人；

（3）因参加特殊项目而获得暂时居留许可的外国人；

（4）斯洛伐克外侨；

（5）申请庇护被批准的外国人；

（6）被批准难民身份的外国人；

（7）下列人员，在斯洛伐克工作连续不超过7天，或1年累计不超过30天，无需工作许可：一是从事教育、科学研究及学术研究的学者，为从事某项具体的研究工作，二是艺术工作者参加某项具体的活动，三是26周岁以下的学生，四是执行合同项下提供货物或服务工作，或提供保修期内的维修服务；

（8）根据国际公约规定，在斯洛伐克无需工作许可的外国人；

（9）外交使团及国际组织成员家属，根据其所属国与斯洛伐克签订的互惠协议；

（10）国际援助救助机构人员根据国际协议提供救助工作；

（11）被位于欧盟成员国境内的雇主派往斯洛伐克境内工作；

（12）在斯洛伐克从事投资业务合伙组织或合伙企业的外国合伙人；

（13）受雇于国际运输组织，并被外国雇主派往斯洛伐克工作的外国人；

（14）外国记者。

雇主和劳动者之间的法律关系必须通过合同方式确定。合同签订前，被雇者应先到指定医院体检。雇佣双方签订书面工作合同后，才产生雇佣双方的劳动关系。合同主要内容包括：工作内容、地点、工作时间、报酬、劳动保护、工作条件和专业发展、雇主和劳动者之间的权利和义务等。

保加利亚工作许可

外国人赴保加利亚工作的主管部门是劳动与社会政策部就业署。在保加利亚工作的外国人需要获得保加利亚就业署的工作许可。

外国人的短期工作许可由雇主申请,劳动和社会政策部下属的就业署负责签发。劳动许可包含工作时间、工作内容和雇主等相关信息,工作许可的有效期与劳动合同期限一致,但不超过1年。短期工作许可允许多次延期,但工作总时间不超过3年。外国人在获得工作许可和签订工作合同后就获得了在保加利亚的居留许可,居留时间的长度以劳动许可为准。短期工作许可延期后,居留许可的时间长度也可相应延长,但总时间不得超过3年。如在保加利亚工作需3年以上,3年期限结束后须重新申请工作许可。

保加利亚公司(含外国人在保加利亚注册的公司)外国雇员和本国雇员的比例不能超过10%(含10%),欧盟成员国以及挪威、冰岛和列支敦士登居民除外,因为这些国家的居民及其亲属在保加利亚工作不需要工作许可。

克罗地亚工作许可

克罗地亚负责外国人工作许可管理的部门是克罗地亚内务部和地方警察局。外国人在克罗地亚工作,必须获得当地警察局签发的工作许可。克罗地亚实行严格的外国人工作许可配额制度,即克罗地亚政府根据移民政策和劳动市场状况,确定每年向外国人发放工作许可的数量。

雇员凭雇主邀请函、雇工证明等文件在克罗地亚驻本国使馆申请旅行签证(克罗地亚《外国人法》取消了劳动签证)。雇员抵达克罗地亚后,雇主向所在地警察局申请办理工作许可。申办工作许可时,须提供的材料包括:劳动合同,雇员工作地点、工种、劳动条件等情况,雇员的专业技能证书,公司注册证书,公司未负债证明,公司招工合理性说明。满足上述条件后,只有当该雇员工种配额未满时,克罗地亚警察局才可能发放工作许可。

斯洛文尼亚工作许可

除了欧盟、欧洲经济区(EEA)和瑞士公民外,外国人只有获得工作许可后才可在斯洛文尼亚就业。工作许可分为以下三种:

(1)个人工作许可,基于外国人的申请发放1年、3年或无期限许可;

（2）就业许可，基于本国雇主的申请发放1年许可；

（3）工作许可，基于本国雇主的申请，期限由工作目的决定。

满足自己经营（如自设企业、独资经营或独立职业者）条件的人和拥有斯洛文尼亚永久居留权的外国人、斯洛文尼亚公民的家庭成员、拥有无期限个人工作许可和避难的外国人可以获得个人工作许可。外国人在就业服务局填写TUJ–1表格。根据不同情况，许可分为一年、三年和无期限三种形式。外国人可以更换工作岗位。许可保证外国人与本国人在就业方面享受平等的权利，失业者在就业服务局登记后，享受与本国失业者同样的待遇。

斯洛文尼亚雇主为员工申请就业许可，该许可有一定的限额，并要求外国雇员不得更换工作。通常情况下，只有出现斯洛文尼亚失业者中无人可以胜任该岗位时，就业服务局才发放此类许可，期限由雇主申请决定，但首次申请不得超过一年。对于首次申请许可的外国人，在满足法律规定的条件下，雇主可申请延长许可至12个月。申请延长就业许可的雇主须填写TUJ–2表格。

斯洛文尼亚政府对工作许可的发放也有限额，雇主须向官方申请。只有符合以下条件，外国人才会获得工作许可。

（1）外国人进行辅助性工作；

（2）接受培训或技能提高项目；

（3）季节性劳动力；

（4）从事外国员工管理工作；

（5）提供个人服务。

斯洛文尼亚就业服务局提供关于配额和其他限制的信息。

立陶宛工作许可

立陶宛对中国人申请工作许可的限制日趋严格，规定厨师、翻译等专业人员须在国内有5年以上从业经验并持有相应证书才可申请，在立陶宛工作2年后须回国重新办理工作申请，再工作2年后不能继续在立陶宛工作。

申请应由雇主方提交，如在立陶宛工作时间不超过1年，须向立陶宛劳动交易所申请工作许可，并向立陶宛相关驻外使领馆申请D类签证，如没有该类签证，则须办理临时居留许可；如在立陶宛工作时间超过1年，雇主方须向劳动交易所申请工作许可，并向立陶宛移民局申请居留许可。

申请工作许可需要提交的资料如下：

（1）基于公司间合同的工作许可：申请表格，有效护照证件的复印件，有效的资质证明，从业经验证明文件，公司间合同，雇主与被雇佣方本人间的雇佣合同，拟从事工作岗位的说明。

（2）基于被雇佣者本人与雇主间合同的工作许可：申请表格，有效护照证件的复印件，被雇佣者永久居住地证明文件，资质证明文件，从业经验证明文件，被雇佣者工作经历，拟从事工作岗位的说明。

塞尔维亚工作许可

塞尔维亚负责外国人工作准证的管理部门是塞尔维亚国家就业局。外国人在塞尔维亚工作需要向塞尔维亚内务部外国人管理局申办居留许可，居留许可的有效期为1年，每年须申办一次。凭居留许可，再向塞尔维亚国家就业局申办工作准证，工作准证有效期1年。

当前塞尔维亚失业形势严峻，对外来劳务严格限制，工作许可常带有限制条件。但是，塞尔维亚在高新技术产业、技术外包、软件设计等行业非常需要外来高技术人才。

目前塞尔维亚给予中国人的工作许可为临时工作准证，期限为3个月至1年，到期须申办延期，延期确认以首次申请为准。

塞尔维亚国家就业局撤销外国人工作准证的四个条件是：①居留过期；②就业批文被注销；③居留被取消；④劳动合同到期。

申办临时工作准证的主要程序是：

（1）申请取得内务部外国人管理局或所属地方警察局的居留批文；

（2）递交公司注册证明、经营纳税证明及所签劳动合同等；

（3）个人向内务部递交的居留申请；

（4）向国家就业局递交工作许可申请，批准后取得准证。

递交申请并获得批准后，从国家就业局或所属地方分局取得工作准证的时间是2个工作日。

劳动合同、塞尔维亚内务部外国人管理局签发的居留批文、企业注册全套文件、近3个月企业无欠税证明。

拉脱维亚工作许可

拉脱维亚公民及移民局（OCMA）负责外国人工作许可证的签发工作。其他相关管理部门有：拉脱维亚国家就业局、边防局和劳动力监管局。

欧盟国家公民在拉脱维亚工作无须办理工作许可。欧盟国家以外的公民赴拉脱维亚工作必须获得工作许可证后方可在拉脱维亚工作。

当地雇主向所在地就业管理部门办理劳动许可手续；公民及移民局办理雇主邀请手续；拉脱维亚驻各国（欧盟国家除外）使馆办理过渡签证手续；拉脱维亚公民及移民局签发工作许可证。

申请工作许可证须提交：健康证明（申请人所在国医疗机构出具）、意外事故保险单（当地出具），以及其他必要材料。

爱沙尼亚工作许可

按照欧盟公民法规定，欧盟成员国公民在爱沙尼亚生活、工作3个月之内，不需要申办居留与工作许可；如超过3个月，则必须申办居留与工作许可。其他国家公民，在爱沙尼亚短期（1年内不超过6个月）工作须持有D类签证（D-visa），同时雇主必须为雇员在爱沙尼亚警察和边境警卫局进行用工注册。如果需要在爱沙尼亚工作超过6个月，则须持有居留许可。

波黑工作许可

在波黑联邦，雇用外国劳务受《波黑联邦外国人就业法》的管制，具体主管部门是联邦劳动与就业政策部及劳工局。在塞族共和国，雇用外国劳务人员须遵守《外国人或无国籍身份就业法》，外籍劳务管理部门是劳工部。外国人赴波黑就业，必须申办、领取由该国两个实体地方劳工部签发的工作准证。

外国人在波黑就业，要根据法律规定的外国人在波黑工作许可范畴，由企业雇主向劳工管理部门提交工作准证申请表，该工作岗位须符合外国人申请工作职位的资质要求，且在波黑公民中无法找到合适人选时，方能向外国人发放工作准证。

阿尔巴尼亚工作许可

外国人在阿尔巴尼亚工作3个月以内无须获得社会福利和青年部的许可。超过3个月必须获得当地劳动部门签发的工作许可，并办理工作签证。工作许可既可由本人直接申请，也可由雇主申请。

北马其顿工作许可

外国劳务人员必须办理工作许可与居住许可，工作许可有效期为3个月至1年。取得工作许可，可申请居住许可。须说明申请的理由和依据，以及居住期间的生活来源。临时居住许可有效期可达1年。

第七章

贸易投资风险防范

一 贸易风险

中国企业到中东欧国家开展贸易合作，应熟悉并适应当地的贸易环境，采取有效措施规避风险。中国企业应做好资信调查，慎重选择合作伙伴；注重产品质量，打造中国品牌；积极签订购销合同，避免模糊条款；为规避风险，尽量选择电汇（T/T）方式或银行信用证（L/C），款到发货或者发货即可通过银行议付信用证等。

波兰

在波兰经商必须熟悉并适应当地特殊的贸易环境，采取有效措施规避风险。具体应注意六个方面。一是适应当地支付条件：波兰进口商通常向出口商开立信用证，但部分进口商在签订合同后先付30%的定金，待收到发货通知单后由波兰银行为出口商提供担保，只有货到并验收合格后，出口商方可向开户银行提取货款。二是提高质量维护信誉：波兰人有质量第一的观念，认为质量就是信誉。中国企业在波兰要树立良好的企业形象，注重产品质量和售后服务。三是诚信经营依法履约：近年来，时有波兰企业向中国驻波兰大使馆投诉，与其签约的中国企业未妥善履行合同，或者以各种借口拖延发货，或者产品以次充好，甚至以沙石填充货柜。这些行为严重损害了中国企业的整体形象和声誉。请中资企业务必杜绝类似行为，诚信经营依法履约，自觉维护国家荣誉。四是保持警惕防范风险：为确保交易安全，维护双方合法权益，双方须在充分洽谈之后签订正式合同，除其他特殊情况之外，应约定纠纷解决方式和违约责任条款，以规避风险。在仅通过网络联系，对彼方缺少充分了解的情况下，不宜贸然签订合同、支付货款或发运货物，以免陷入被动。另外，须防范跨国网络诈骗。行骗者惯用的伎俩是，使用与卖方相似邮箱地址与买方联络，诱骗买方向指定银行账户汇款。这类案件的特点是，买卖双方素未谋面，缺乏有效沟通，合同金额不大，双方为降低交易成本容易选择风险较大的支付方式，从而给行骗者以可乘之机。五是态度鲜明不失礼貌：在商务谈判中，中国企业如想给波兰商业伙伴留下良好印象，一定要谙熟业务，并懂礼仪，善于倾听；谈话言简意赅，避免滔滔不绝。六是着装得体注意形象：波兰有 "东方法兰西" 的美誉，人们衣着得体而时尚。波兰人非常注重商业伙伴的举止，所以中国商人要特别注重个人形象和礼节。

捷克

在捷克开展经贸合作，应注意以下七个方面。一是熟悉欧盟与捷克相关贸易政策，包括贸易壁垒、技术性壁垒、检验检疫规定等，了解有关行业市场情况和销售渠道，了解市场对产品的要求。二是注重产品质量，确保其符合捷克技术标准和环保标准；跟踪市场变化，收集分析产品销售和质量信息，搞好售后服务。三是在支付方式上采取安全支付方式，防范收汇风险。即使与老客户交易，也要尽量避免货到付款的方式。另外，企业也可积极利用保险、担保、银行等保险金融机构和其他专业风险管理机构的相关业务保障自身利益。四是注意保护知识产权，维护好自有商品的品牌形象；同时，在接受外方的来样加工订单时，要特别注意了解外方所提供的样品是否涉及侵犯当地的知识产权，以免日后引起不必要的法律纠纷。五是在与新客户打交道时，应事先在捷克法院网站查询该客户公司注册情况，目前该网站只提供捷克语版本（网址：portal.justice.cz）。六是利用专业贸易促进机构的服务。捷克贸易促进局（简称 "捷克贸易局"）隶属于捷克工贸部，主要为捷克出口商进入国外市场提供专业的信息、支持及咨询服务，同时也帮助国外贸易商赴捷克寻求商业合作伙伴。七是合理运用信贷。中捷两国都设有进出口银行，且两国银行合作密切，其主要宗旨为向贸易商提供与贸易相关的融资服务。中国贸易企业可以有效地运用这些服务，特别是出口信贷中的买方信贷和卖方信贷，以便解决贸易流通中资金短缺的问题，扩大双边贸易的发展（捷克出口银行的网址：www.ceb.cz）。

罗马尼亚

中国企业在罗马尼亚开展经贸合作，应注意以下几个方面：

（1）签订合同前，应查询外方公司的成立时间、地点、业绩、诚信以及是否有不良信用记录等信息。

（2）签订正式合同，并在合同中详细规定商品的品质、规格，同时注明付款条件、付款时间，以防对方借故拖延。

（3）尽量采取信用证等较为安全的支付方式，严格审核开证行，并购买进出口信用保险。

（4）避免收单银行与汇款银行不是一家、收单银行与货物目的国不一致的情况，因为一旦出现这类问题，就会加大启动法律程序的难度。

（5）在与外商交往及履行合同过程中应保持警惕，注意辨别其言行真伪，及时发现问题，减少陷入进退维谷局面的可能性。

（6）罗方公司有关信息可以通过罗国家工商会查询确认。

匈牙利

中国企业在匈牙利开展贸易合作必须熟悉并适应当地的贸易规则和商业环境，因地制宜地采取有效措施拓展业务，有效防范各类风险。

（1）支付风险。匈牙利商人在与中国企业贸易中通常采用先付定金，货到并验货合格后，在30天、60天或90天后以电汇（T/T）方式支付剩余货款或采用信用证方式付款。

（2）态度鲜明并具有职业操守。在商务谈判中，匈牙利人态度谦和而礼貌。中国企业如果想给对方商业伙伴留下好印象，一定要非常熟悉业务，并有礼貌，善倾听；谈话时要言简意赅，避免滔滔不绝。

（3）从事匈牙利进出口贸易首先要选择可靠的客户，出口商品须符合匈牙利规格、标准和规定，严格保证产品质量、货单相符和售后服务。要注意培养长期客户。遇到客户索赔事件，要及时有效应对，避免久拖不决，造成信誉流失。

斯洛伐克

斯洛伐克是世贸组织的成员国，全面遵循世贸组织的有关规则。中国企业在斯洛伐克开展经贸合作，应注意以下几个方面：

（1）斯洛伐克采取的贸易管制措施。斯洛伐克对贸易采取的管理措施为：关税、进口限制、技术性贸易壁垒、卫生与植物卫生措施、贸易救济措施及出口限制。

（2）注意防范支付风险。在从事斯洛伐克的出口业务中，需要仔细审查进口商开立的信用证。在斯洛伐克中央银行（NBS）注册的本地商业银行以及外国银行在斯洛伐克分支机构或代表机构的信息可到斯洛伐克央行网站上查询。

斯洛伐克银行开立的信用证适用《跟单信用证统一惯例》（简称UCP600）的约束。在出口贸易中，应尽量减少使用承兑交单的远期信用证，此种方式为风险最大的支付方式。

（3）注意贸易合同的签订和仲裁地点的选择。斯洛伐克是《联合国国际货物销售合同公约》的缔约国，但对该公约第一条第一款（b）项，即"如果国际私法规则导致适用某一缔约国的法律"，做了保留，但对口头合同形式未做保留，这一点与中国所作的书面合同保留差别较大，因此，在与斯方签订进出口合同时，一定要注意明确对公约的适用及合同形式的要求。

（4）合理运用信贷。中斯两国均设有进出口银行，且合作密切，其主要宗旨为向贸易商提供与贸易有关的融资服务。为此，中国贸易公司可以有效地运用这些服务，特别是出口信贷中的买方信贷和卖方信贷，以便解决贸易流通中资金短缺的问题，扩大双边贸易的发展（斯洛伐克进出口银行网址：www.eximbanka.sk）。

保加利亚

根据近年双边贸易存在问题等实际情况，建议中国企业在与保加利亚企业进行贸易往来时，注意以下事项：

（1）签订合同前，应查询外方公司的成立时间、地点、业绩、诚信以及是否有不良信用记录等信息。

（2）签订正式合同时，合同中应详细规定商品的品质、规格，同时注明付款条件、付款时间，以防对方借故拖延。

（3）尽量采取信用证等较为安全的支付方式，严格审核开证行，并购买进出口信用保险。个别保方公司利用中国企业偏好使用信用证的心理，从小银行开信用证。对于不知名的小银行，尤其是边远地区银行，中国企业要提高警惕，这种银行由于管理漏洞多，发生问题的概率较高，而且出现纠纷后很难进行责任追究。

（4）避免收单银行与汇款银行不是一家、收单银行与货物目的国不一致的情况，因为一旦出现问题，会加大启动法律程序的难度。

（5）在与外商交往及履行合同过程中应保持警惕，注意辨别其言行真伪。特别是在与外商进行支付货款过程中，必须电话确认对方的银行账号等重要信息，避免由于电脑黑客盗取信息，冒充对方发出指令，使货款支付到错误账号，造成损失。

（6）保方公司有关信息可以登录保商工会网站（www.bcci.bg）进行查询。该组织注册会员达5万多家。也可以通过irelations@bcci.bg、intorg@bcci.bg邮箱咨询有关信息。此外，凡经证实有不良信用记录的保加利亚公司已被中国驻保加利亚大使馆经商参处列入黑名单，并在网站上公布（网址：bg.mofcom.gov.cn）。

克罗地亚

中国企业在克罗地亚经商必须熟悉并适应当地特殊的贸易环境，采取有效措施拓展业务，为此，须注意以下几个方面：

（1）适应当地支付条件。克罗地亚进口商通常向出口商开立银行信用证，部分进口商需在签订合同后先付30%的定金，待收到发货通知单后由克罗地亚银行为出口商提供担保，只有货到并验货合格后，出口商才可到开户银行提取货款。

（2）注重提升产品质量。克罗地亚人有质量第一的观念，认为质量就是信誉。中国企业在克罗地亚应该经营品牌过硬、质量优良的产品，注重产品质量和售后服务。

（3）态度鲜明、不失礼貌。在商务谈判中，克罗地亚人寒暄之后，就会直奔主题。他们态度鲜明而坚决，但非常礼貌而温和。中国企业如果想给克罗地亚商业伙伴留下好印象，一定要非常熟悉业务，懂礼貌，善倾听；自己谈话要言简意赅，避免滔滔不绝。

（4）着装得体。出席商务活动或社交等正式场合，男士必须身着西装和领带，女士都要化妆。克罗地亚人非常注重商业伙伴的举止，所以中国商人应注重个人的形象和礼节。

斯洛文尼亚

中国企业在斯洛文尼亚开展贸易合作应有效防范各类贸易风险，应注意以下事项：

（1）重合同，守信用。中国企业应重合同，守信用，保证收款安全和交易质量。中国出口公司不应为了扩大出口而轻信进口公司先交货后付款的允诺，一旦交货后对方找借口不付款的情况发生，处理起来会较为麻烦，最终遭受损失的很可能是中国出口企业。金额较高的交易一定要签署正规合同，保证收款安全。同时，为了维护中国公司的声誉，出口公司必须按照合同规定交货，保证商品质量。

（2）利用法律维护权益。如果出现商务纠纷，且无法妥善协商解决，中国企业不要轻易放弃。斯洛文尼亚当地法律完善，可以使用法律武器保护自己的利益。同时也可向斯洛文尼亚驻华使馆和中国驻斯洛文尼亚使馆经商参处反映。

立陶宛

中国企业在立陶宛从事贸易活动应该注意以下问题：

（1）重合同、守信用。立陶宛人较为注重信用，在商务谈判和商业往来中，中国企业应重视企业信用，遵守合同约定，避免因细节上的疏忽给立方留下失信的印象，影响未来贸易合作。按照立陶宛法律规定，电子邮件也具备法律效力，立陶宛商人签约时往往通过网络签约的方式，这与中国的规定存在差异，应予以注意，避免出现贸易纠纷。

（2）保证产品质量，维护"中国制造"的信誉。中立双边贸易中，中国对立陶宛出口占大多数，立陶宛是中国在波罗的海地区重要的出口市场。在立陶宛开展贸易活动应保证产品质量，严格按照双方约定的标准、交付时间、运输方式等，安排产品的生产、包装、运输等各环节，切实维护好企业自身乃至"中国制造"产品的信誉，为双边贸易健康稳定发展创造良好的条件。

（3）注重贸易商品的选择。立陶宛本国市场规模较小，居民消费水平有限。在向立陶宛出口商品时，应确定合理的消费人群，客观估计市场需求，避免因商品滞销而造成损失。

（4）注重礼仪，尊重风俗习惯。立陶宛人注重礼仪，在商务谈判过程中，应充分重视当地风俗习惯，并注重个人形象和礼节。

塞尔维亚

中国企业在塞尔维亚开展贸易合作应注意以下问题：

（1）适应当地支付条件。塞尔维亚进口商通常采用通过电汇方式分期付款，并会先预付一定比例的预付款。由于目前当地企业负债的情况较多，中国企业最好通过较为可靠的银行信用担保方式收款。

（2）注意提升产品质量。近年来，中国对塞尔维亚出口的某些商品质量存在问题，产生了不良影响。中国企业在向塞尔维亚出口商品时，要注意保障商品的质量，以赢得良好形象和信誉。特别要做好机电产品的售后服务。

（3）态度鲜明不失礼貌。塞尔维亚与中国是传统友好国家。中国企业在与当地人商洽具体业务时，请注意不可含糊其词，要明确表态，以避免不必要的误解。

（4）着装得体。塞尔维亚商人出席商务活动或社交场合，很注意衣着和礼貌。男士着西装，打领带，女士要化妆并佩戴首饰。中国企业人员要入乡随俗，适应不同场合，恰当着装，与客人首次见面不要穿休闲服。

（5）谨防上当受骗。目前，塞绝大多数私营企业规模较小，支付能力有限，中国企业在开拓业务时应倍加小心。

拉脱维亚

中国企业在拉脱维亚开展贸易须注意：

（1）保证产品质量符合欧盟标准。拉脱维亚自2004年5月1日加入欧盟后，所有产品质量检验和卫生检验检疫均采用欧盟统一标准。凡是符合欧盟标准或技术法规的进出口商品，都要求粘贴"CE"标签。获得"CE"标签的外国进口商品，可以畅通无阻地进入欧盟各国市场。因此，保证产品质量符合欧盟标准十分必要。

（2）适应当地的仲裁法规和程序。在拉脱维亚，仲裁没有单独立法，有关法规出现在《民事诉讼法》第四部分第486条至537条的规定当中。争议属民事纠纷，不仅可以由司法权指定的国家法院来裁定，还经常通过私人仲裁法庭来解决。在当事人同意的情况下，可以建立特别仲裁法庭，或者提交常设仲裁机构解决。

拉脱维亚企业虽总体守信程度较高，但考虑到国际贸易的特殊性，中国企业或个人在与拉脱维亚客户进行国际贸易时，应尽可能通过开具银行信用证等方式与客户进行结算，尽量避免直接向客户支付预付款或货款。

爱沙尼亚

中国企业在爱沙尼亚从事贸易活动时，须适应当地的贸易环境和做法，积极开展贸易活动，为此要注意以下几个方面：

（1）适应当地支付条件。爱沙尼亚进出口商通常采用信用证支付方式，对出口商可在签订合同后先付30%～50%的定金。应针对该国商品贸易小批量、多品种的特点，采取灵活多样的方式开展贸易。

（2）注重提高产品质量。努力调整对爱沙尼亚出口产品的档次和质量，提高技术含量，注重品牌、款式、包装和售后服务，塑造中国制造的良好形象。

（3）开拓贸易渠道。充分利用爱沙尼亚零售和批发商在欧盟各国及俄罗斯的丰富的客户渠道和资源，采取有效的商业合作方式，拓展进入欧盟及其他国家的商品销售渠道。

（4）警惕网络诈骗。近年来，随着中爱经贸关系的不断发展，电子商务所发挥的作用也越来越大。但与此同时，网络诈骗案件也随之增多，给两国企业的合作带来了不良影响。因此，在与爱沙尼亚企业进行贸易活动时，须提防网络风险。

波黑

主要信用管理公司TMC集团的研究报告将波黑列为收取货物和提供服务最难的13个国家之一，建议中国企业与其开展贸易合作时最好收取预付金。如果出现商务纠纷，且无法妥善协商解决，中国企业不要轻易放弃，根据当地法律，使用法律武器保护自己的利益。同时也可向波黑驻华使馆和中国驻波黑使馆经商参处反映。

阿尔巴尼亚

中国企业与阿尔巴尼亚人做生意须注意：

（1）规范贸易方式。阿尔巴尼亚市场发展不太规范，当地企业多为小微企业，资金不足，规模较小，与之开展贸易最好签订条款齐全的正式贸易合同，而非"形式发票"或"简易销售确认书"，以免日后发生纠纷时无以为凭。虽然采用信用证的方式对买方来说成本较高，但交易时最好坚持使用信用证，一手发货一手收钱，或者收到全部货款后再寄正本提单。近年来已多次发生中方企业在收到预付款后组织生产、发货，但进口方在货到阿尔巴尼亚港口后突然变卦，要求降价或不愿提货的情况。

（2）注重产品质量。阿尔巴尼亚市场对中国出产和出口的中低档产品需求较大。但阿尔巴尼亚商人对中国商品较为普遍的抱怨是"价廉而物不美"。因此，中国企业应注意提高出口商品的质量，维护中国产品形象和企业信誉。

北马其顿

中国企业到北马其顿开展贸易合作，与当地公司绝大部分业务往来比较顺利，双方基本上能做到重合同守信用，但也发生过北马其顿公司拖欠货款的现象。如果是分批交货，北马其顿商人习惯采取抵押一批货的办法延迟付款，存在一定风险，故中国企业应采取充分的自我保护措施。部分当地人时间观念不强，迟到现象在巴尔干地区比较普遍。当地人在出席比较重要的场合时讲究赠送小礼品，通常送鲜花、葡萄酒、巧克力等。

二 投资风险

中资企业在中东欧国家开展投资合作应做好充分研究，充分掌握和利用政府间多双边投资合作框架，进入外国市场前，结合自身优势，认真分析资源与市场、发展规划及重点发展领域，认真研究了解政策法规、税收等方面的情况，选择好合作领域和合作项目，聘请有经验的律师、会计师和行业人员，做好市场调研和企业经营可行性研究，拟定稳妥的发展战略。了解当地政治、经济、社会、文化、宗教、习俗等，切实履行当地社会责任，塑造良好的国家、企业和个人形象。

波兰

中国投资者在波兰投资合作应注意从以下方面防范投资风险：

（1）认真做好前期市场调研和项目考察；（2）适应法律环境的复杂性；（3）切实做好企业注册工作；（4）务必选准选好合作伙伴；（5）审慎商签合同条款；（6）合理有效控制工资成本；（7）科学核算税赋成本；（8）适当调整对优惠政策的期望；（9）严格遵守有关投资规定；（10）依法守规经营管理；（11）妥善与工会打交道；（12）提高投资合作软实力。

在波兰的中国企业应注重了解当地政治、经济、社会、文化、宗教、习俗等，注重语言、文化、心理等方面的软实力建设，不断加深理解和积极适应当地的要求与习惯做法，本着相互尊重、和谐相处、互利共赢的原则，从历史、社会、文化及心理等方面妥善把握，从容应对各种问题，以更加包容的心态对待日常的交流沟通及与外方伙伴的合作，并切实履行当地社会责任，塑造良好的国家、企业和个人形象。

捷克

中国投资者在捷克投资合作应注意以下方面：

（1）把握市场：捷克是中东欧地区传统工业国家，也是中东欧地区经济转型最为成功的国家之一。自2000年以来，捷克在机械制造、汽车、热电和核电设备、电子、化工和制药、冶金和食品工业等领域具有较好的基础和技术水平。（2）认真调研：做好可行性研究，了解当地有关投资的法律和环境，弄清投资市场定位和自身竞争优势，大的投资项目应借助专业咨询机构的服务；在经营中遵守当地的法律、法规。捷克加入欧盟后，在经济和贸易方面全方位与欧盟接轨，实行依法治国。建议投资者聘请当地律师或有丰富经验的知名律师事务所处理与投资相关的业务，以便充分保护自身利益，适应环境。投资生产合作项目要选好合作伙伴，注意雇用和培养当地人员，同当地政府机构和居民建立良好关系。投资进口设备要确保符合当地质量和技术标准。（3）科学管理：做好项目的成本核算，充分考虑风险因素。（4）利用专业投资促进机构的服务：捷克投资局隶属于捷克工贸部，主要职能是吸引外商投资，为外商投资提供配套咨询服务，以创造就业机会并促进捷克国内产业结构升级换代。

罗马尼亚

中国企业在罗马尼亚开展投资合作，应注意以下几个方面：

（1）提前熟悉了解相关投资法律规定。从经济领域讲，欧盟法律制度已基本取代罗马尼亚原有国内立法，欧盟法律任何细小变化都将使中资企业和旅罗华商的经营环境发生变化，因此，开展贸易投资活动首先要加强对欧盟法律的了解。其次，近年来，罗马尼亚在税收等方面的法律规定变动较大。中国企业到罗投资应密切关注法律法规的变化，在当地聘请资深律师作为法律顾问，处理所有与法律相关的事宜。

（2）规避汇率风险。罗马尼亚在市场机制建设尚不完善的情况下放开资本市场，对汇率体系以至宏观经济的影响将是复杂且长期的。中国企业应密切关注金融环境变化，应对罗马尼亚汇率变化带来的投资风险。

（3）慎选投资项目。罗马尼亚私有化导致某些地产和建筑产权不清，易产生法律纠纷。此外，罗马尼亚将很多关闭或即将倒闭的国有企业私有化，虽然开价金额很低，但附加条件不应忽视，如必须聘用全部工人，投资者负责偿还一切债务等。

（4）在合资或合作前，应签订规范的合资或合作协议。在协议中，明确界定总投资额、双方占比、资金到位时限、金额等，列明双方权、责、利和违约方应承担的责任及中止合资或合作后的财产处置方式等。

匈牙利

企业到匈牙利投资前应做好充分的调研工作，要详细了解当地法律法规，防范和杜绝各种可能发生的风险。中国企业赴匈牙利开展产能合作可首先拜访使馆经商参处，详细了解驻在国最新经济政策、鼓励投资领域和相关优惠措施、用工用地规定，必要时要做尽职调查，谨慎决策，避免盲目投资。具体来看应注意以下几个方面：

（1）做好企业注册的充分准备。中国企业在匈牙利设立公司须准备以下文件：总公司资料；公司注册资本及法人代表资料；公司名称、地址、成立日期及营业范围；公司资产种类、价值及股东名册和股份分配。上述文件须提交地方政府、匈牙利国家发展部、匈牙利注册法院、税务机关、中央统计局、社会保险局及工商会进行注册登记，从申请注册到正式开业需一个月左右时间。因匈牙利有关法律比较复杂以及文件须用匈牙利文，建议委托当地律师和会计师办理。

（2）工作签证审批程序相对复杂。办理长期工作签证的手续较为复杂，此外，在得到主管部门颁发的工作许可后，相关人员必须回国在匈牙利驻华使馆办理工作签证，一般时间为2个月左右。

（3）有效控制工资成本。匈牙利的工资成本和税赋较高：①个人所得税统一为年收入的15%；②社会保障税采取公司代缴工资的22%，雇员自付18.5%；③2018年起，匈牙利法定一般工人最低月工资为138000福林。

斯洛伐克

中国企业在斯洛伐克开展投资合作，应注意从以下几个方面防范投资风险：

（1）熟悉当地的法律法规。投资者在斯洛伐克投资要进行属地化经营，投资者须熟悉当地的法律法规，特别是有关投资优惠政策、税务、工作许可与居留许可及劳动保护方面的规定。

（2）在经营中遵守当地的法律、法规。斯洛伐克加入欧盟后，在经济、贸易方面全方位与欧盟接轨，实行依法治国。建议投资者聘请当地律师处理与投资业务有关的事项，以便保护投资者的利益。

（3）适当调整优惠政策期望值。斯洛伐克颁布实施了《投资激励法》和《国家资助法》，为投资者提供了优惠的投资鼓励措施，但该法律是在欧盟投资鼓励法律框架下形成的，因此，所给予的优惠条件以欧盟标准为限，特别是在投资金额、投资地区和投资目的地失业率等方面的要求比较严格。投资企业要详细了解斯洛伐克优惠政策的最新条件，适当调整对优惠政策的期望值，科学地进行成本核算。

（4）有效控制工薪成本。斯洛伐克的工薪成本包括工资和社保资金两部分。自2004年1月1日起，斯洛伐克执行461/2003号《社会保险法》。投资者到斯洛伐克投资要了解当地劳动法关于工资和社保资金的具体规定，精心核算工资成本，提高劳动生产率。

（5）投资等生产合作项目务必注意选好合作伙伴，并注意劳动力和相关配套设备及零部件的本土化。

（6）参与基础设施建设等项目竞标，积极考虑与当地合作伙伴组成联合体竞标斯洛伐克工程承包项目。通过与当地合作伙伴共同竞标，可以有效地解决从发布招标公告到投标人递交资审材料和报价的时间较短这一问题。

（7）充分核算税赋成本。根据斯洛伐克税收体制，企业一般需要缴纳增值税、公司所得税和个人所得税等，企业的税收成本需认真考虑。为了应对当地纷杂的财务、税务及审计要求，建议投资者聘用当地财务咨询公司作为财务方面的顾问。

保加利亚

中国企业在保加利亚进行投资，尤其是计划与保加利亚企业进行合资合作的企业，应注意以下事项：

（1）在投资前，应到保加利亚进行实地考察，认真研究当地法律，尤其是投资法、外国人法、税法和劳动法等法律，并就有关事项咨询保加利亚主管部门、商协会和咨询公司。

（2）对合资、合作方进行认真深入的考察，最好选择平常有业务往来或经政府部门推荐的信誉好的公司。

（3）在合资、合作前，应签订规范的合资或合作协议，明确界定总投资额、双方占比、资金到位时限、金额等，列明双方权、责、利和违约方应承担的责任及中止合资或合作后的财产处置方式等。

（4）为避免合资双方经营理念、管理方式方法和文化等方面的冲突，可选择独资，某些重要职位，如财务、销售、公关和法律顾问可聘用当地人员，或与当地律师、会计师事务所签订"购买服务"合同。

（5）合资企业应与其投资所在地的政府机构，如税务、海关、警务、劳动等部门建立良好的工作关系。

（6）合资企业应自觉遵守保加利亚法律、宗教、文化和习俗，在条件许可的情况下参与社会公益活动。

克罗地亚

外国投资者在克罗地亚注册的企业,在纳税、融资等涉及义务和权益保障方面可享受与本国企业同等的待遇。但仍需注意以下几方面，防范投资风险：

（1）适应法律环境的复杂性。中国企业到克罗地亚投资首先应该注意法律环境问题，切记不仅要按克罗地亚法律办事，还要遵守欧盟相关法律法规；应该密切关注当地法律变动情况；在当地聘请资深律师作为法律顾问，处理所有与法律相关的事宜。

（2）做好企业注册的充分准备。在克罗地亚投资起始阶段最大的困难是公司注册文件繁多，注册程序复杂，审批时间较长。中国企业要全面了解克罗地亚关于外国投资注册的相关法律；聘请专业律师协助办理注册事宜。

（3）适当调整优惠政策期望值。虽然克罗地亚政府制定了投资鼓励政策，但申请优惠政策的条件繁多，很难得到优惠。中国企业要详细了解克罗地亚优惠政策的相关条件，适当调整对优惠政策的期望值，科学进行成本核算。

（4）充分核算税赋成本。克罗地亚的税收体制比较复杂，企业的税赋成本较高。中国投资者要认真了解当地税收规定，充分核算税赋成本，尽量选择在自由区和经济欠发达地区投资建厂，以获得财产税、企业利润税、工人个人所得税方面的减免。

（5）有效控制工资成本。克罗地亚的工薪成本包括工资和社保基金两部分。职工的社会保险费约占所支付工资成本的三分之一。中国企业到克罗地亚投资要了解当地劳动法关于工资和社保基金的具体规定，精心核算工资成本，提高劳动生产率。

斯洛文尼亚

中国企业在斯洛文尼亚投资为防范投资风险，须注意以下问题：

（1）客观评估投资环境。要适应法律环境的复杂性。到斯洛文尼亚投资应客观分析投资种类和投资领域，最好开展当地政府规划和鼓励的投资项目，利用优惠政策，争取较好的投资环境。

（2）做好企业注册的充分准备。在斯洛文尼亚注册公司应注意现阶段有关企业注册的简化程序及其变化等，避免不必要的支出。

（3）有效控制工资成本。由于斯洛文尼亚从业人员工资中所包含的社保基金比例较大，须按期交纳，且当地技术型劳务工资较高，应注意有效核算工资成本。

立陶宛

中国投资者在立陶宛开展投资合作应该注意以下问题：

（1）在立陶宛开设投资实体的企业，应及时在中国驻立陶宛大使馆经商参处报到登记。在立陶宛中资企业应按规定定期报送业务开展情况和统计资料。

（2）客观看待当地投资环境。立陶宛国家较小，人口不多，市场规模有限。当地劳动力成本相对欧盟发达成员国水平较低。在立陶宛投资时应客观分析立陶宛市场特点，选择合理的投资领域，如从事高附加值产品的生产、设立组装基地或物流中心等，充分利用当地辐射欧盟和独联体国家的区位优势，避免盲目投资。

（3）深入了解当地和欧盟的法律法规。立陶宛加入欧盟后，对本国法律体系进行了修订，以符合欧盟有关法律法规的要求。在立陶宛投资合作，不仅要了解并遵守立陶宛本国的法律法规，还要遵守欧盟的有关法律法规。

（4）切实保障雇员的合法权益。立陶宛有关法律对雇员的休假、工作时间、加班时间、工资报酬等方面均有明确规定，在立陶宛投资应该充分保障当地雇员的合法权益，避免由于侵犯雇员权利而导致的劳动纠纷等问题，维护企业形象。

（5）防范互联网诈骗。在立陶宛发生过利用互联网等现代通信手段进行商业欺诈的案例。立陶宛一些规模较小的企业通过互联网与中国企业做生意，商业洽谈和签约都在网上进行，这给网络诈骗者留下了空间。中国企业要注意防范互联网风险，避免网络诈骗带来的损失。

（6）开展产能合作要注意当地特点。立陶宛奉行自由经济原则，政府不参与园区具体运营和管理，各园区均由私营公司管理运营。

塞尔维亚

中国企业在塞尔维亚投资应注意以下问题：

（1）客观评估投资环境。由于塞尔维亚政府针对投资规划了重点产业和地区，通常会对重点投资项目给予扶持和优惠政策倾斜。因此，中国企业到塞尔维亚投资应选好投资种类和投资领域，最好开展当地政府规划和鼓励的投资项目，利用优惠政策，争取较好的投资环境。

（2）适应法律环境的复杂性。2014年1月21日，塞尔维亚加入欧盟谈判正式启动，2015年9月启动了入盟的实质性章节谈判，截至目前已开启了10个章节谈判，投资者应注意当地法规的转换、衔接问题，密切关注在法规转轨过程中政府出台的临时性政策和决定，同时加强对欧盟相关法律法规的研究，提前做好对塞法规转变的应对。

（3）做好企业注册的充分准备。在塞尔维亚注册公司，应注意现阶段有关企业注册的简化程序及其变化，避免不必要的支出，如有需要，最好聘请当地律师代办相关注册手续。

（4）充分核算税赋成本。塞尔维亚的社会福利捐税比重较大，外资纳税抵免等手续较为繁杂。地方政府征税或减免优惠与中央政府征税或减免优惠在某些项目上有所不同，如土地的有偿使用或无偿使用等，应注意认真核算好税赋成本。

（5）有效控制工资成本。塞尔维亚从业人员工资中所包含的社保基金比例较大，须按期交纳，且当地技术型劳务工资较高，应注意有效核算工资成本。

（6）充分评估投资风险。随着塞尔维亚启动加入欧盟的进程，该国正处于经济、法律变换过程中，赴塞投资面临诸多不确定因素，应充分评估投资风险，谨慎做出投资决策。

拉脱维亚

中国企业在拉脱维亚开展投资合作需注意：

（1）要严格遵守当地环保法规。生态环境保护是拉脱维亚官方和民间共同关注的重要问题。为保持优质环境，拉脱维亚对在其境内经营的企业要求很高。因此，中国企业在拉脱维亚应严格遵守相关法律规定，为企业的长期经营和持续发展创造良好的条件。

（2）关注投资环境，选好企业类型。拉脱维亚对外国投资者给予国民待遇，其享有的权利和需承担的义务和本地投资者一样：外国投资者可以成为企业的唯一创立人和所有者；外国投资者在缴税后可自由汇出投资资本和利润。在拉脱维亚注册的外国企业有权获得土地和不动产的所有权，拉脱维亚政府与外国投资者协会间也经常进行对话和交流。在拉投资应充分考虑发挥拉脱维亚物流和中转运输系统优势，建立以物流中心为目标的加工生产型企业。

（3）关注风险，做好防控。投资时应对拉脱维亚进行国别政治与法律风险方面的深入研究，特别注意研究其基本国情、国家体制、与中国签署的双边或多边条约、有关外国投资和工程承包的政治法律制度、法律的变更、政府的资信和经济实力等，深入研究欧盟及拉脱维亚的市场准入和法律制度；前期调研工作必须做扎实，建立有效的风险控制体系，做好风险预控。

爱沙尼亚

中国企业在爱沙尼亚投资应注意以下问题：

（1）深入了解法律法规和投资环境。深入了解和研究爱沙尼亚政府针对外国投资者所制定的各种有关法律、法规，对当地的法律环境、产业和市场现状及发展趋势做到心中有数。《外国投资法》是爱沙尼亚鼓励外商直接投资的主要法律依据。

（2）对投资的产业定位要准确。选择有比较优势的投资领域，充分利用当地政府的优惠政策，投资当地相对薄弱、政府扶持的产业。对投资项目要进行深入和全面的可行性研究和科学论证。

（3）避免投资风险。应着重对市场需求、投资环境、税收、进出口管理、海关监管、外汇管制、环保政策和用工制度等进行调研。

中国企业应采取积极有效的方式，通过当地政府、中介组织和中国驻爱沙尼亚大使馆经商参处，介绍和推荐有信誉和可靠的合作伙伴进行合资合作，以避免不必要的风险。

波黑

中国企业在波黑进行投资合作，应注意以下问题：

（1）充分了解法律法规。波黑投资相关的法律较多，新旧法律体系交错重叠，中资企业进行投资决策时，应充分了解相关法律规定。合资企业应自觉遵守驻在国法律、宗教、文化和习俗，在条件许可的情况下参与社会公益活动。

（2）实地考察。在了解相关法律规定的基础上，最好到波黑进行实地考察，就有关事项咨询相关主管部门。

（3）选好合作伙伴。对合资、合作方进行认真深入的考察，最好选择平常有业务来往或经政府部门推荐的信誉好的公司。

（4）选好经营方式。为避免因合资双方经营理念、管理方式方法和文化等方面的差异带来的麻烦，可选择独资。某些重要职位，如财务、销售、公关和法律顾问可聘用当地人员，或与当地律师、会计师事务所签订"购买服务"合同。

（5）签好合同。在合资、合作前，应签订规范的合资或合作协议，明确界定总投资额、双方占比、资金到位时限、金额等，列明双方权、责、利，违约方应承担的责任，中止合资或合作后的财产处置方式等。

（6）与相关部门建立良好关系。合资企业应与其投资所在地的当地政府机构，如税务、海关、警务、劳动等部门建立良好的工作关系。

阿尔巴尼亚

综合阿尔巴尼亚的投资环境，以及欧盟、IMF和世界银行等国际组织对阿尔巴尼亚的评价，在阿尔巴尼亚投资应注意的事项有：

（1）供电不足。尽管2009年以来阿尔巴尼亚电力生产和供应有明显改善，但停电现象仍时有发生，特别是用电高峰季节，停电现象较常见。

（2）供水无法保障。无法保证24小时供水，居民门前和屋顶都备有蓄水桶；水质欠佳，存在污染问题，建议不要直接饮用自来水。

（3）办事周期长。据当地媒体和一些驻阿尔巴尼亚国际机构普遍反映，在阿尔巴尼亚司法、海关、税务、医疗等部门办事，所需时间较长。

（4）招投标过程缺乏透明度。因此，中国企业赴阿尔巴尼亚投资应做好前期调研，慎选合作伙伴。对阿尔巴尼亚土地所有制、合资合作伙伴信誉、投资的软硬件环境及优惠政策均须做好前期调研，慎重选择合作项目及合作伙伴；了解阿尔巴尼亚法律法规，依法办事。

北马其顿

中国企业到北马其顿开展投资合作需留意北马其顿政府制定了一系列鼓励外资的政策，尤其欢迎技术含量高、附加值高、绿色环保型的项目入户其技术工业开发区。只是其开发区起步较晚，基础设施配套并不完善，当地行政审批程序较为烦琐，但政府已承诺为吸引外资将进一步简化行政审批程序。北马其顿欢迎中国企业开展产能合作，但对环境保护等要求较高，而且限制外国劳动力输入。

三 人身安全

中国企业到中东欧国家开展投资贸易合作要提高安全防范风险意识，建立企业安全保障机制，配备专门机构、部门及人员来保证海外项目和工作人员的安全，了解当地文化，注意规范言行，减少由于语言障碍及文化差异产生的误解和摩擦。遇到问题时，务必依法维权，切勿采取过激行动，以免违反驻在国法律而陷于被动。

波兰

欲赴波兰务工人员应充分考虑各种风险因素，在尽可能全面了解波兰的工作、生活条件后，通过具有对外劳务合作经营资格的公司派出。抵达波兰后，应尊重当地民众的文化、宗教、风俗和生活习惯，与当地民众和谐相处。同时，要提高安全防范风险意识，注意规范言行、避免矛盾激化，给自身工作和生活带来安全威胁。遇到问题时，务必依法维权，切勿采取过激行动，以免违反波兰法律而陷于被动。企业应协助劳务人员与波兰雇主签订雇佣合同，做好日常管理，加强与波兰雇主和劳务人员的沟通，妥善化解矛盾，抓好安全生产和风险防范。

捷克

企业在捷克开展对外投资合作时，要建立自己的安全保障机制，配备专门机构、部门及人员来保证海外项目和工作人员的安全，并与我使馆经商参处保持密切联系。具体包括以下几个方面：（1）做好劳务工作市场调研，熟悉相关法律法规，并按国内规定进行项目审查；（2）签订对外劳务合同，在合同中，对劳务人员工资待遇、生活安排及法律保障等做出明确规定，避免因对合同条款理解不一而产生纠纷；（3）保障劳务人员的合法权益，要尽早同劳务人员签订符合双方法律规定的劳务合同，明确双方的责任和义务；（4）加强对外派劳务人员的在外管理，必要时，可配备领队和翻译，负责与外方的沟通和协调；（5）加强对劳务人员出国前的培训工作；（6）外派劳务人员须遵守当地法律、法规，尊重当地的文化和习俗；（7）企业应制定突发事件处置预案、设立风险基金，以应对突发情况；（8）建立劳务合作信息咨询中心，收集国际劳务市场信息，提供咨询服务，积累推广合作经验。

罗马尼亚

罗马尼亚总体安全局势较好，社会比较稳定，治安环境良好，近年来没有发生恐怖袭击案件。在罗马尼亚开展劳务合作，应注意三个方面：（1）办理合法手续。罗马尼亚实行工作许可年度配额制度，并实行严格的签证管理制度，中方人员要通过合法渠道、办理合法手续进入罗马尼亚劳务市场。（2）维护正当权益。中方人员可通过正规渠道维护自身合法权益，防止发生罗方雇主拖欠工资、不为劳务人员办理相应的居住手续等不履约行为。（3）了解当地文化。中国企业需要了解当地文化背景，与雇主单位保持沟通，减少由于语言障碍及文化差异产生的误解和摩擦。

匈牙利

匈牙利政局总体稳定，法律法规健全，治安状况良好，针对外国人的暴力事件不太常见。匈牙利针对驾车旅行者的劫财时有发生，因此，不要理睬陌生人，不要轻易离开车辆，不在车厢内放置包、箱等；在人群集中的地方谨防小偷，应贴身放好重要证件和钱物，不要随身携带及暴露大量现金，不佩戴贵重首饰；使用信用卡时要注意保护密码，以防被复制和盗用；出入酒吧、夜总会、咖啡屋时须提防被诈骗，尽量拒绝主动提供、劝诱的服务；不在街头换汇，在正规兑换点或银行兑换并保存单据；夜间外出最好结伴而行，有当地人陪同最好；遇警察查验身份，应积极配合（如违抗，警察有权拘留当事人不超过8小时），同时须保持警惕，以防遇上骗财的假警察，被查公民有权询问并记下警察的姓名、代号等。此外，匈牙利国内存在少数排外、仇外的极右势力，对这类人群须远离。

斯洛伐克

斯洛伐克安全形势较好，发生恐怖活动可能性较小，但偷盗、抢劫以及针对外族人的暴力和辱骂案件时有发生。中国企业在斯洛伐克开展劳务合作，应注意人身安全。需注意以下几个方面的问题：（1）中方公司与斯方进行劳务合作时，应认真做好市场调研，搞清相关法律法规，了解斯方合作伙伴及用人单位的实力和资信，并按国内规定进行项目审查。（2）签订好对外劳务合同，注意完善合同条款，对劳务人员的工资待遇、生活安排以及法律保障等做出切实可行的规定，避免对合同条款理解不一致产生的纠纷。（3）加强对外派劳务人员的驻外管理，配备领队和翻译负责与外方的沟通和协调工作。（4）加强对劳务人员出国前的培训工作。（5）外派劳务人员须遵守当地法律、法规，尊重当地的文化和习俗。

保加利亚

保加利亚政局基本保持稳定，法律法规健全，安全内务部门精良，政府不断加大打击有组织犯罪力度，使社会治安整体状况进一步改善。但受经济危机影响，国民失业率攀升、生活水平下降，造成社会不稳定因素有所增加，抢劫、偷窃等治安案件时有发生。根据当地法律，符合条件的个人经批准可持有枪支。中国企业在保加利亚开展投资合作，应注意人身安全。保加利亚存在劳动力短缺现象，尤其是建筑、纺织服装等行业缺乏熟练工人，中保开展劳务合作有一定潜力。但保加利亚对欧盟以外国家开放劳务市场持谨慎态度。金融危机爆发后，保加利亚外出打工人员出现回流现象，一定程度上缓解了保加利亚劳动力短缺的压力。保加利亚政府严格限定外籍劳工占雇员的比例不得超过10%，企业应注意符合此项规定。持短期或商务旅游签证的员工不能在企业办公场所工作，否则将面临处罚。

克罗地亚

克罗地亚政局稳定，社会治安总体情况良好，公民法律意识较强，文化教育水平较高，犯罪率相对较低。与其他许多国家相同的是，暴露钱财常常会成为扒手和抢劫者的目标。在克罗地亚偷盗、抢劫等犯罪通常发生在公共汽车上、火车站以及其他公共交通场所。旅游旺季时，海滩、饭店、酒吧亦是扒手行窃的场所。中国企业到克罗地亚开展投资合作应了解当地文化背景，保障人身安全。此外，克罗地亚总体失业率较高，市场容量有限，外籍劳工进入难度较大，需要慎重，须提前了解相关规定、及早办理。

斯洛文尼亚

斯洛文尼亚社会治安状况良好，犯罪率较低。当地居民不允许持有枪支。近年来没有发生恐怖袭击案件。鉴于欧盟的统一规定及所在国限制外国劳工的种种规定，在欧盟成员国及斯洛文尼亚境内开展劳务合作的可能性不大，但双方可酌情探讨在第三国开展劳务合作的可能。

立陶宛

立陶宛作为欧盟成员国，法律法规较为健全，且均与欧盟接轨；立陶宛已成为欧元区成员国，使用欧元；社会治安好，犯罪率较低；立陶宛人性格较为平和、友善；公共部门较为廉洁。中国企业赴立陶宛劳务人员应尊重当地的文化、宗教、风俗和生活习惯，自觉遵守合同约定及当地的法律法规。提高安全防范意识，注重人身安全，遇到问题时，及时与雇主单位、中国驻立陶宛使馆经商参处联系，避免采取过激行动。

塞尔维亚

塞尔维亚政府重视社会治安，重视改善社会环境，不断完善法制框架，积极与欧盟各项法规接轨，社会治安状况基本稳定，近年未发生极端暴力事件或恐怖袭击事件。中国企业在塞尔维亚开展劳务合作面临机遇与挑战。当前塞尔维亚就业形势严峻，对外来劳务严格限制。但是，塞尔维亚的高新技术产业、技术外包、软件设计等行业非常需要外来高技术人才。因此，中国企业在高新技术服务领域对塞尔维亚开展劳务合作大有可为。但塞尔维亚失业率高，这是进入塞尔维亚劳务市场的最大障碍。塞尔维亚工作许可审批制度和入境签证制度复杂且严格，工作许可常带有限制条件。塞尔维亚劳动法律比较严格，用工制度及劳动保障要求较高，中国企业需要了解当地文化背景，与雇主单位保持沟通，减少语言障碍及文化差异导致的误解和摩擦。

拉脱维亚

拉脱维亚社会治安状况较好，无恐怖主义威胁。在该国规避安全风险应以预防性保护工作为主，如加强企业在拉工作人员安全防范培训，提高其风险防范意识；建立健全突发事件预警系统和应急处理机制等。中国企业开展对拉脱维亚劳务合作须注意：

（1）实行本地化经营。拉脱维亚劳动力成本较高，数量短缺，但政府严格控制外国劳务的输入。对欧盟以外国家，特别是亚洲国家劳务人员的进入持谨慎态度。因此，如果中国公司到拉脱维亚投资或设立代表处等都将面临实行本地化经营的问题，即在保证高级主管由中方担任外，其他人员都需要聘用当地居民。

（2）工作许可手续复杂。当拉本国雇主拟雇用外籍员工时，须提前一个月在拉脱维亚移民局进行职位空缺备案，才可向移民局提交签证邀请函或居留许可担保人的申请。一个工作许可只适用一个工作岗位，同时在几个岗位工作的外籍人士须获多个工作许可。

爱沙尼亚

中国企业在爱沙尼亚从事贸易投资及劳务合作时，应加强安全意识，做好培训工作。全面考察当地的政局稳定性、民族矛盾、宗教冲突、排外情绪和势力、与邻国的关系、与中国的外交和民间交往、中国企业在该国的投资和其他经营活动情况等，认真评估该国家和地区的风险指数。进行安全知识培训。安全和防护意识教育应作为出国教育的重要部分，帮助外派人员提高防范意识，掌握必要的安全常识，从而增强在事故发生时的应变能力，减少或杜绝安全事故的发生。到达工作现场后还必须向职工介绍周围环境、当地治安情况和要求、公司安全管理制度和应急预案。企业可为境外施工人员投保海外人身意外保险，一旦出现意外，确保有充足的资金保障，及时解决人员医疗救助费用。

波黑

波黑独立时间短，又曾经历长达三年多的战争，是体制和机制很特殊的国家，法制不够健全，民族矛盾复杂，目前仍有部分战争时使用的武器散落在社会上。尽管当前社会治安比较稳定，但仍应注意安全，做好必要的防范。波黑的国情特殊，办事花费时间较长，在评估投资环境时应予以充分考虑。

阿尔巴尼亚

阿尔巴尼亚目前社会治安总体较好，不存在反政府武装组织。阿尔巴尼亚民众总体友好，但由于散失民间的枪支较多，不安全因素仍然存在，中方人员切勿与当地人发生激烈争执或冲突。中国企业在阿尔巴尼亚开展投资劳务合作，需要实地了解劳务合作项目的真实性，或向中国驻阿尔巴尼亚大使馆经商参处咨询相关情况，以免出现名不副实的情形；务必与雇主公司签订条款详细的合作协议；劳务人员务必通过正规渠道出国，并遵守驻在国的法律、法规。

北马其顿

北马其顿社会治安虽然总体平稳，但是居民可以合法持有枪支，加之以往动乱造成大量枪支散落民间，存在治安隐患。建议中方人员尽量避免在夜间外出，出行时不宜携带大量现金，特别是进入主要信仰伊斯兰教的阿族集聚区时，言行更须尊重对方宗教信仰习俗等。以中资企业在北马其顿开展的承包项目看，对方对参与项目的中方人员设置了数量和工种限定，绝大部分施工人员要雇用本地劳动力，中方只能输入一定数量的技术管理人员。但能够进入北马其顿的中方工作人员，在办理工作准证方面也困难重重，存在办理时间长，程序复杂等问题。如不能及时办理，在居留时间超期90天的情况下，将面临非法滞留、遣返出境等风险。

四　财产安全

中国企业在中东欧国家开展投资、贸易、承包工程和劳务合作的过程中，要特别注意事前调查、分析、评估相关风险，做好风险规避和管理工作，切实保障自身利益。其中包括对项目或贸易客户及相关方的资信调查和评估，对项目所在地的政治风险和商业风险分析和规避，对项目本身实施的可行性分析等。建议企业积极利用保险、担保、银行等保险金融机构和其他专业风险管理机构的相关业务保障自身利益。这类业务包括贸易、投资、承包工程和劳务类信用保险，财产保险，人身安全保险等，银行的保理业务和福费廷业务，各类担保业务（商业担保、保函）等。

波兰

在波兰开展投资、贸易、承包工程和劳务合作的过程中，要特别注意事前调查、分析、评估相关风险，做好风险规避和管理工作，切实保障自身利益。建议企业积极利用保险、担保、银行等保险金融机构和其他专业风险管理机构的相关业务保障自身利益，包括贸易、投资、承包工程和劳务类信用保险，财产保险，人身安全保险等，银行的保理业务和福费廷业务，各类担保业务（商业担保、保函）等。

捷克

企业在捷克开展投资合作，应关注海外财产安全保障。企业在开展对外投资合作时，要建立自己的财产安全保障机制，配备专门机构、部门及人员来保证海外项目和工作人员的人身和财产安全，并与我使馆经商参处保持密切联系，注意防范和规避各类风险。

罗马尼亚

在罗马尼亚开展投资合作，建议企业积极利用保险、担保、银行等保险金融机构和其他专业风险管理机构的相关业务保障自身利益。包括贸易、投资、承包工程和劳务类信用保险，财产保险，人身安全保险等，银行的保理业务和福费庭业务，各类担保业务（政府担保、商业担保、保函）等。注意防范财产及安全风险。

匈牙利

企业在匈牙利开展投资、贸易、承包工程和劳务合作，应做好财务风险管理和规避工作，切实保障自身财产安全。企业应积极利用保险、担保、银行等保险金融机构和其他专业风险管理机构的相关业务保障自身利益。充分了解当地企业运行模式，了解当地的政治、经济以及法律，并且保持高度敏感性。

斯洛伐克

斯洛伐克于2009年1月1日加入欧元区，近年来，欧元受欧洲主权债务危机、利比亚战乱以及英国脱欧等事件影响，汇率起落较大，经营者需要注意外币与欧元的汇率变化所带来的汇率风险。同时，根据德国工商总会调查结果，商人对中东欧投资最不满意的是政府机构行政效率较差、贪腐和招标作业不透明等，但斯洛伐克在其中评价较好。建议相关企业积极利用保险、担保、银行等保险金融机构和其他专业风险管理机构的相关业务保障自身利益。

保加利亚

中国企业在保加利亚开展投资合作，应做好财务风险防范工作，保障自身财产安全。保加利亚施行本币列弗与欧元固定汇率制度，一定程度上减小了汇率波动的风险。但世界金融危机爆发后，保加利亚面临的国际支付压力逐渐增大，固定汇率制度受到考验，企业在与保加利亚企业合作中要适当注意汇率风险。保加利亚商业欺诈现象时有发生，中国企业在经贸合作中应提高警惕。保加利亚政府正下决心解决腐败和有组织犯罪问题，中资企业要远离贿赂，守法经营。

克罗地亚

中国企业在克罗地亚开展投资、贸易、承包工程和劳务合作，要注意财产安全，切实保障自身利益。建议相关企业积极利用保险金融机构和其他专业风险管理机构的相关业务保障自身利益。员工不要随身携带贵重物品及大量现金，以免偷盗、抢劫等犯罪事件的发生。如遇护照丢失、人身伤害或财物损失事件时，应立即在事发地报警，及时与中国驻克罗地亚使馆取得联系。汇率方面，克罗地亚货币库纳采取盯住欧元的浮动管理原则，2014—2017年，库纳兑欧元汇率呈稳步升值态势。

斯洛文尼亚

在斯洛文尼亚开展投资、贸易、承包工程和劳务合作，要做好风险规避和管理工作，保障财产安全，应积极利用保险、担保、银行等保险金融机构和其他专业风险管理机构的相关业务保障自身利益，包括各类信用保险、财产保险、人身安全保险等。

立陶宛

中国企业在立陶宛开展投资贸易合作，要特别注意相关风险评估，切实保障财产安全。立陶宛本国市场较小，内部需求有限，较大程度上依赖对俄罗斯、拉脱维亚、德国等国出口。由于立中两国相距遥远，国内企业对其市场特点、法律法规、投资环境等尚缺乏了解，在开展投资合作前，应做好市场调研工作，着眼立陶宛本国及周边市场，选取适应当地特点的投资项目或适销对路的产品，以确保投资的成功。建议企业在开展对外投资合作过程中利用中国政策性保险机构——中国出口信用保险公司提供的包括政治风险、商业风险在内的信用风险保障产品；也可利用中国进出口银行等政策性银行提供的商业担保服务。

塞尔维亚

中国企业在塞尔维亚开展投资贸易合作，要特别注意评估防范相关风险，应积极利用保险、担保、银行等保险金融机构和其他专业风险管理机构的相关业务保障自身利益及财产安全。如果在没有有效风险规避情况下发生了风险损失，也要根据损失情况尽快通过自身或相关手段追偿损失。通过信用保险机构承保的业务，则由信用保险机构定损核赔、补偿风险损失，相关机构也要协助信用保险机构追偿。

拉脱维亚

在拉脱维亚开展投资、贸易、承包工程和劳务合作的过程中，要特别注意事前调查、分析、评估相关风险，事中做好风险规避和管理工作，切实保障自身利益。企业应积极利用保险、担保、银行等保险金融机构和其他专业风险管理机构的相关业务保障自身利益。建议企业在开展对外投资合作过程中利用中国政策性保险机构——中国出口信用保险公司提供的包括政治风险、商业风险在内的信用风险保障产品；也可利用中国进出口银行等政策性银行提供的商业担保服务。

爱沙尼亚

爱沙尼亚政局稳定，经济逐步复苏，社会治安状况良好，开展投资合作的政治风险、经济风险、政策风险和自然风险较小。中国企业在爱沙尼亚开展投资合作，要注意防范风险，保障财产安全。建议相关企业积极利用保险和其他专业风险管理机构的相关业务保障自身利益，对因投资所在国（地区）发生的国有化征收、汇兑限制、战争及政治暴乱、违约等政治风险造成的经济损失提供风险保障。

波黑

在波黑开展投资、贸易、承包工程和劳务合作的过程中，要特别注意事前调查、分析、评估相关风险，事中做好风险规避和管理工作，切实保障自身利益。这包括对项目或贸易客户及相关方的资信调查和评估，对项目所在地的政治风险和商业风险分析和规避，对项目本身实施的可行性分析等。企业应积极利用保险、担保、银行等保险金融机构和其他专业风险管理机构的相关业务保障自身利益。包括贸易、投资、承包工程和劳务类信用保险，财产保险，人身安全保险等，银行的保理业务和福费廷业务，各类担保业务（政府担保、商业担保、保函）等，保障财产安全。

阿尔巴尼亚

中国企业到阿尔巴尼亚开展投资合作，应加强对当地法律政策及投资环境的研究，做好国别项目风险评估工作，明确海外项目管理与国内项目管理的差异以及海外项目管理的风险管控，建议相关企业积极利用保险、担保等风险管理机构的相关业务，减少不必要的损失，确保财产安全。

北马其顿

中国企业在北马其顿开展投资、贸易、承包工程和劳务合作的过程中，要特别注意项目前期调查、分析、评估相关风险。评估项目或贸易客户及相关方的资信情况，分析和规避当地的政治风险和商业风险，制定详细的项目可研报告。积极利用保险、担保、银行等保险金融机构和其他专业风险管理机构的相关业务保障自身利益和财产安全。

第八章
紧急情况解决方案

一　突发治安事件

中国企业在中东欧国家开展投资合作，要与所在国政府相关部门建立密切联系，并及时通报企业发展情况，反映遇到的问题，寻求必要的支持和协助。尤其是涉及中国对其投资规模较大的项目，要协调好与各级政府的关系，确保对外投资安全。遇到突发事件，企业应及时与中国驻各东道国使（领）馆联系；除向中国驻所在国使（领）馆、公司总部报告外，还应及时与当地政府部门联系，取得支持。

波兰

企业在波兰如遭遇突发治安事件，除向中国驻波兰大使馆、驻格但斯克总领馆、公司总部报告外，还应及时与波兰所在地政府部门联系，取得支持。波兰主管外商投资合作的部门主要为信息与外国投资局（网址：www.paiz.gov.pl）。同时应及时采取应急措施，遇到突发自然灾害或人为事件发生，应及时启动应急预案，争取将损失控制在最小范围。遇有火灾和人员受伤，应及时拨打当地火警和救护电话并立即报告中国驻当地使领馆和企业的国内总部。

波兰紧急求助电话信息见表8-1。

表8-1　波兰紧急求助电话

类别	联系电话
火警	998
警察	997

续表

类别	联系电话
急救车	999
煤气抢修	992
城管	986
水道维修	994
热力维修	993
电力维修	991
电梯维修	8641139
道路救援	8888888
紧急情况	112

捷克

中国企业在捷克如遇到突发事件，除了向中国驻捷克大使馆及本企业总部报告以外，还应及时与捷克的当地相关政府部门联系，取得支持。

捷克紧急求助电话信息见表8-2。

表8-2　捷克紧急求助电话

类别	联系电话
匪警	158
医疗急救	155
火警	150
布拉格城市、辖区警察	156
外国人急救（SOS）	112
布拉格机场咨询	（00420）220111111

罗马尼亚

中国企业在罗马尼亚投资合作中，要与当地政府相关部门建立密切联系。遇到突发事件，除向中国驻罗马尼亚大使馆经商参处、公司总部报告外，应及时与当地政府相关部门取得联系，争取支持。中国驻罗马尼亚大使馆可以提供的帮助，请查询中国驻罗马尼亚大使馆网站（网址：www.mfa.gov.cn/ce/cero/chn）、中国驻罗马尼亚大使馆经商参处网站（网址：

ro.mofcom.gov.cn/）。

匈牙利

中国公民在其他国家境内的行为主要受国际法及驻在国当地法律保护。遇有中国公民（包括触犯当地法律的中国籍公民）在当地所享有的合法权益受到侵害，中国驻外使（领）馆有责任在国际法及当地法律允许的范围内实施保护。到匈牙利投资的中国企业如遇到突发事件，可直接联系中国驻匈牙利大使馆领事处，寻求领事保护。领事处地址：1068budapest，benczur utca18，电话：（0036）306925414。

匈牙利紧急求助电话信息见表8-3。

表8-3　匈牙利紧急求助电话

类别	联系电话
警察	107
急救	104
火警	105
修车	188
查号	198

斯洛伐克

中国企业在斯洛伐克投资合作当中，要与所在地政府相关部门建立密切联系，并及时通报企业发展情况，反映遇到的问题，寻求所在地政府更多的支持。遇到突发事件，除向中国驻斯洛伐克大使馆、公司总部报告以外，还应及时与斯洛伐克所在地政府部门联系，取得支持。

斯洛伐克紧急求助电话信息见表8-4。

表8-4　斯洛伐克紧急求助电话

类别	联系电话
匪警电话	158
急救电话	155
火警电话	150

类别	联系电话
交通事故	154
内务部总机	00421-2-50941111
边防和外国人管理局	00421-961050701
移民局	00421-2-48254105
机场边防	00421-2-43423781或43428820
斯洛伐克航空公司	00421-2-48704807，00421-905488023
法律咨询	00421-2-59353111 转法律咨询处
维权咨询	00421-2-48287239（斯洛伐克民间公共维权办公室）

保加利亚

中国企业在保加利亚投资时应及时到中国驻保加利亚使馆经商参处进行备案。中国企业应做好应急预案，一旦发生突发事件，及时启动预案，从容应对。

克罗地亚

中国企业在克罗地亚遇有突发事件，应及时向使馆报告；在处理相关事宜时，要服从使馆的领导和协调。中国驻克罗地亚使馆领事部可以提供的帮助请查询外交部网站：www.fmprc.gov.cn；以及中国驻克罗地亚使馆网站：hr.chineseembassy.org/chn/lsqz/lsbh/克罗地亚地方政府重视外国投资。中国企业在克罗地亚投资合作如遇突发事件，要与当地政府相关部门建立密切联系，并及时通报企业发展情况，反映遇到的问题，寻求当地政府更多的支持。

斯洛文尼亚

在斯洛文尼亚的企业应针对可能遇到的突发治安事件建立应急预案，防患于未然。应急预案的建立应根据企业自身的不同情况，按照可能遇到的问题详细列出。应急预案要有前瞻性、及时性和有效性，能够帮助企业在遇到紧急情况时快速应对或做出有效的反应，以尽量降低突发事件对企业经营造成的损失。

立陶宛

中国企业在立陶宛投资合作，要与经商参处保持密切联系，并与当地政府建立密切联系，及时通报企业发展情况，反映遇到的问题。在遇到困难或突发事件时，应及时向大使馆经商参处报告，并服从大使馆经商参处的协调和领导。除向中国驻立陶宛大使馆、公司总部尽快汇报外，还应及时与当地政府取得联系，寻求帮助。当地紧急救援电话：112（警察、消防及医疗救护）。

塞尔维亚

塞尔维亚地方政府重视外国投资。中国企业在塞尔维亚投资合作过程中，要与所在地政府相关部门建立密切关系，并及时通报企业发展情况，反映遇到的问题，寻求所在地政府更多的支持。遇有突发事件，除向中国驻塞尔维亚大使馆经商参处、领事部、本公司总部报告外，还应及时与塞尔维亚当地政府取得联系，求得帮助和支持。

拉脱维亚

中国公民在其他国家境内的行为主要受国际法及驻在国当地法律约束。遇有中国公民（包括触犯当地法律的中国籍公民）在当地所享有的合法权益受到侵害，中国驻外大使馆有责任在国际法及当地法律允许的范围内实施保护。中国企业及人员遇有重大、紧急和突发事件时应及时向中国驻拉脱维亚大使馆报告。拉脱维亚政府鼓励外商到拉脱维亚进行投资合作。中国企业在当地投资时要与所在地政府及相关部门建立密切联系，以便在遇到突发治安事件时取得他们的帮助和支持。拉脱维亚投资发展署是拉脱维亚外商投资合作的政府管理部门，其主要职责是吸引投资以促进拉脱维亚的商业发展，增强拉脱维亚企业在国内外市场的竞争力，为企业提供需要的商业服务。

中国驻拉脱维亚大使馆有关信息如下：

地址：5 Ganibu Dambis iela, Riga, LV-1045, Latvia

电话：00371-67357023/67357024

传真：00371-67357025

网址：lv.chineseembassy.org/chn/

电邮：chinaemb_lv@mfa.gov.cn

爱沙尼亚

中国企业在爱沙尼亚开拓市场、进行投资，首先要和中国驻爱沙尼亚大使馆领事处、中国驻爱沙尼亚大使馆经商参处保持联络，遇到紧急情况和突发事件，还应及时与爱沙尼亚所在地政府部门联系，以获得支持和协助。中国驻爱沙尼亚大使馆领事处可以在驻在国发生重大突发事件时，为中国企业和公民撤离危险地区提供咨询和必要的协助。

波黑

中国公民在波黑境内的行为主要受国际法和波黑法律约束。遇有中国公民（包括触犯当地法律的中国籍公民）在当地所享有的合法权益受到侵害，中国驻波黑大使馆有责任在国际法及当地法律允许的范围内实施保护。中资企业在进入波黑前，应征求中国驻波黑大使馆经商参处意见，投资注册后，按规定到大使馆经商参处报到备案，并保持与经商参处联络。中国大使馆经商参处可为中资企业提供以下帮助：在促进经贸合作方面提供必要的协助，包括提供经贸信息、咨询等；在驻在国发生紧急情况或中资企业合法权益受到侵害时，采取必要措施，保护中方人员和财产的安全。中国公民遇有重大问题和事件发生，应及时向大使馆报告；在处理相关事宜时，要服从大使馆的领导和协调。

有关中国领事保护和协助的详细内容，请查询中国外交部领事服务网站：http://cs.mfa.gov.cn/。

阿尔巴尼亚

中国企业在进入阿尔巴尼亚市场前，应按规定征求中国驻阿尔巴尼亚大使馆经商参处的意见；投资注册之后，及时到使馆经商参处报到备案；日常情况下，保持与经商参处的经常联系。

遇到重大问题和事件发生，应及时向公司总部和使馆报告；在处理相关事宜时，要服从使馆的领导和协调。

阿尔巴尼亚紧急救助电话：

急救中心：00355-222235

火警值班：00355-128或222222/222616

匪警：00355-129

医疗急救：00355-127或253364

中国驻阿尔巴尼亚大使馆有关信息如下：

地址：地拉那斯坎德培大街57号（No.57 Skenderbej Road，Tirana，Albania）

电话：00355-4-2232385

传真：00355-4-2233159

电邮：chinaemb_al@mfa.gov.cn

网址：al.china-embassy.org/chn/

中国驻阿尔巴尼亚大使馆经商参处有关信息如下：

地址：地拉那斯坎德培大街57号（No.57 Skenderbej Road，Tirana Albania）

电话：00355-4-2253505、2232077

传真：00355-4-2232077

电邮：al@mofcon.gov.cn

网址：al.mofcom.gov.cn

北马其顿

中国企业应该在进入北马其顿市场前，征求中国驻北马其顿大使馆经商参处意见；投资注册之后，按规定到经商参处报到备案；保持与经商参处的日常联络。遇有重大问题和事件发生，应及时向使馆报告；在处理相关事宜时，要服从使馆的领导和协调。

驻北马其顿使馆值班电话：00389 23213163

驻北马其顿使馆经商参处应急电话：00389 71835636

领事保护应急电话：00389 70688761

二　安全生产事故

中国企业到中东欧国家开展投资合作，要客观评估潜在风险，有针对性地建立内部紧急情况预警机制，制定应对风险预案。对员工进行安全教育，强化安全意识；设专人负责安全生产和日常的安全保卫工作；投入必要的经费购置安全设备，给员工上保险等。遇有突发自然灾害或安全生产事故，应及时启动应急预案，争取将损失控制在最小范围；遇有火灾和人员受伤，应及时拨打当地火警和救护电话，之后立即上报中国驻当地使领馆和企业在国内的总部。

波兰

中国企业在波兰遭遇安全生产事故，应积极寻求当地政府和中国驻波兰大使馆的帮助，同时寻求法律保护，并启动应急预案。

捷克

捷克法律健全，从企业注册开始，一定要依法办事、依法经营。在遇到安全生产事故，办理重大事项或出现问题时，可先征求熟悉当地法律的人员的意见，然后再选择适当处理办法。相关律师信息，可在捷克律师协会的网站上查询（网址：www.cak.cz）。

罗马尼亚

中国企业到罗马尼亚开展投资合作，要客观评估潜在风险，有针对性地建立内部应对安全生产事故的预警预案，也要制定防范各类风险的预案。企业要对员工进行经常化的安全教育，加强安全和自我保护意识；应设专人负责生产安全和日常的安全保卫工作；投入必要的经费购置安全预警设备，同时要注意给员工购买人身保险等。

遇有突发自然灾害或遭遇恐怖事件，应及时启动应急预案，争取将损失控制在最小范围。遇有火灾和人员受伤事件，应及时拨打当地火警和救护电话。无论发生何种情况，在实施抢救和采取其他措施的同时，要立即将所遇到的情况报告当地使领（馆）和企业主管部门，争取获得国内外有关部门的及时指导和帮助。

匈牙利

中资企业到匈牙利开展投资合作，应建立应急预案机制。客观评估潜在风险，有针对性地建立内部紧急情况预警机制，制定海外安全风险应对预案和安全生产事故处置预案。对员工进行安全教育，定期开展安全培训，强化安全意识；设专人负责安全生产和日常的安全保卫工作；投入必要的经费购置安全设备，给员工上保险等。遇有突发自然灾害或人为事件发生，应及时启动应急预案，争取将损失控制在最小范围。如遇有火灾和人员受伤，应及时拨打当地火警和救护电话，并立即上报中国驻当地使馆和企业在国内的总部。

斯洛伐克

针对可能发生的安全生产事故，建议中国在斯洛伐克企业建立应急预案。企业内部须设立应急处置领导小组，统一领导、指挥和协调，负责发布预警信息、预案启动、处置任务下达、对外新闻发布以及向使（领）馆汇报。应急事件包括：中方劳务人员与斯方公司之间、劳务人员与斯方雇主之间群体暴力事件和因战争、灾害等不可抗力造成的紧急事件，以及企业人员受到危害，财产受到重大损失的和对外合作项目发生重大质量安全事故等情况。

所有驻外人员须备有当地警察、火警、医院、移民局、使（领）馆及商务处电话。保持通讯畅通，节假日设有专人留守或值班。遇到问题立即向使领馆报告。驻外企业人员须将个人信息、护照信息、联络方式和住址情况向使（领）馆登记报告。

保加利亚

中国企业在保加利亚开展投资合作要依法注册、依法经营，遇到安全生产事故要通过法律手段解决纠纷，维护自己的合法权益。由于法律体系和语言的差异，中国企业应聘请当地资质好的律师处理企业的法律事务，一旦涉及经济纠纷，可以借助律师的力量寻求法律途径解决，保护自身利益。积极寻求当地政府帮助及中国驻保加利亚使（领）馆保护。保加利亚投资署（Bulgaria Investment Agency）是保加利亚主管投资的政府机构，隶属经济和能源部，主要负责投资政策制定和实施以及促进工作。中资企业遇到问题可以及时向投资署反映，请其帮助协调。

克罗地亚

中国企业到克罗地亚开展投资合作业务，要客观评估潜在风险，有针对性地建立内部紧急情况预警机制，制定应对风险预案。对员工进行安全教育，强化安全意识；设专人负责安全生产和日常的安全保卫工作；投入必要的经费购置安全设备，给员工购买相关保险等。遇有突发自然灾害或人为事件发生，应及时启动应急预案，争取将损失控制在最小范围。遇有火灾和人员受伤，应及时拨打当地火警和救护电话，并立即上报中国驻克罗地亚使馆和企业在国内的总部。

斯洛文尼亚

中国企业在斯洛文尼亚开展投资合作要学习、了解当地法律法规，聘请当地律师处理企业的法律事务，一旦涉及经济纠纷，可以借助律师的力量寻求法律途径解决，保护自身利益。如发生安全生产事故，应及时与使馆经商参处取得联系。对于一般性问题，使馆经商参处可提供咨询或进行相应的协调、促进。而对于较为复杂的纠纷，使馆经商参处会根据具体情况协助企业寻找能切实维护中方利益的法律机构帮助解决。

立陶宛

中国企业赴立陶宛投资合作要客观评估潜在风险，有针对性地建立紧急情况预警机制，制定应对风险预案。日常须加强对员工的安全教育，强化安全意识；设专人负责安全生产和日常安全保卫工作，投入必要的经费购置安全保卫设备，为企业人员上保险。遇有安全生产事故，应及时启动应急预案，争取将损失控制在最小范围。如遇火灾或有人员受伤，应及时拨打当地救援电话，并立即报告中国驻立陶宛大使馆经商参处和企业国内总部。

塞尔维亚

中国企业到塞尔维亚开展投资合作，要客观评估潜在风险，有针对性地建立内部紧急情况预警机制，制定应对风险预案。对员工进行安全教育，强化安全意识；设专人负责安全生产和日常的安全保卫工作；投入必要的经费购置安全设备，给员工上保险。遇有突发自然灾害或人为事故发生，应及时启动应急预案，争取将损失控制在最小范围。遇有火灾和人员受伤，应及时拨打当地火警电话（193）、救护电话（194）及匪警电话（192），并立即将情况上报大使馆经商参处和本公司总部。

拉脱维亚

中国企业到拉脱维亚开展投资合作，要根据当地实际情况有针对性地建立内部紧急预警机制、制定应急预案，并报中国驻拉脱维亚大使馆备案。要成立相应安全保障机构，设专人负责日常安全保卫工作，强化员工安全防范意识，同时要购置必要的安全设备和器材。遇有重大、紧急和突发事件时，应及时启动应急预案，并立即报告中国驻拉脱维亚大使馆和企业在国内的总部，在中国驻拉脱维亚大使馆的领导下，及时应对和解决问题。

爱沙尼亚

中国企业到爱沙尼亚开展投资合作，要充分考虑和评估投资存在的风险和其他安全隐患，并及时建立企业内部紧急情况预警机制，制定应急预案。经常对员工进行安全教育，购置安全设备，给员工上人身保险等。当安全生产事故或灾害性事件发生时，应及时启动应急预案，果断采取措施，拨打报警和救护电话，争取将损失降到最低程度。同时，要及时报告中国驻爱沙尼亚大使馆，以便在第一时间得到协助。

波黑

中资企业赴波黑投资，要对潜在的风险进行客观评估，建立内部紧急情况预警机制，制定应对风险预案。对员工进行安全教育，并为其购买保险；安排专人负责安全生产和安全保卫工作；购置必要的安全设备。遇到安全生产事故和突发事件，应及时启动应急预案，将损失控制在最小范围。如遇火灾、抢劫、人员受伤等，应及时报警和拨打救助电话，之后立即上报中国驻波黑大使馆和企业在国内的总部。

波黑紧急电话为火警电话：123；匪警电话：122；交通事故求助：1288；急救电话：124。

阿尔巴尼亚

中国企业到阿尔巴尼亚开展投资合作，要客观评估潜在风险，注意生产、财产和人身安全，有针对性地建立内部紧急情况预警机制，制定应对风险预案；对员工进行安全教育，强化安全意识，指定专人负责安全生产和日常的安全保卫工作；投入必要的经费购置安全设备，给员工上保险等。遇到突发自然灾害或安全生产事故，应及时启动应急预案，争取将损失控制在最小范围。遇有火灾和人员受伤，应及时拨打当地火警和救护电话，并立即报告中国驻阿尔巴尼亚大使馆和企业在国内的总部。

北马其顿

中国企业到北马其顿开展投资合作，要客观评估潜在风险，有针对性地建立内部紧急情况预警机制，制定应对风险预案。遇有突发自然灾害或安全生产事故，应及时启动应急预案，争取将损失控制在最小范围。遇有火灾和人员受伤，应及时拨打当地火警和救护电话；之后立即上报中国驻北马其顿大使馆和企业在国内的总部。

三 其他状况

中国企业在与中东欧国家的合作和往来中，可能会遇到各种各样的困难，须依法注册，依法经营，同时也要学会通过法律途径解决纠纷，捍卫自己的合法权益。可考虑聘请当地律师协助处理有关法律事务。如果遇到商业纠纷，也可向所在国华人商会或中国驻当地使馆经商参处等机构寻求帮助，通过仲裁等手段解决问题。

波兰

中国企业到波兰开展投资合作，应建立应急预案，要客观评估潜在风险，注意生产、财产和人身安全，有针对性地建立内部紧急情况预警机制，制定应对风险预案。对员工进行安全教育，强化安全意识，指定专人负责安全生产和日常的安保工作；投入必要的经费购置安全设备，给员工缴纳保险等。

捷克

建议在捷克的中资企业建立应急预案。企业内部应设立应急处置领导小组，统一领导、指挥和协调，负责发布预警信息、启动应急预案、下达处置任务、对外新闻发布以及向大使馆汇报。应急事件包括：中方劳务人员与捷方公司之间、劳务人员与捷方雇主之间的群体暴力事件；因战争、灾害等不可抗力造成的紧急事件；企业人员受到伤害、财产遭受重大损失的情况；对外合作项目发生重大质量安全事故等。

所有驻外人员须备有当地警察、火警、医院、移民局、中国大使馆及经商参处电话。保持通讯畅通，节假日设有专人留守或值班。平时要关心当地社会治安形势，尽量规避各种危险情况，遇到重大问题和情况立即向大使馆报告。

罗马尼亚

中国企业如果遇到商业纠纷，可向罗马尼亚全国工商会或地方分会、中国驻罗马尼亚使馆经商参处等机构寻求帮助，通过仲裁等手段解决问题。

遇到火灾和人员受伤，应及时拨打当地消防和救护电话，火警、匪警、急救电话：112；反恐电话：0800800100。同时，应尽快报告中国驻罗马尼亚使馆领事处和经商参处。

匈牙利

经中国国内有关部门批准到匈牙利投资的中国企业，可以寻求匈牙利中资企业商会的帮助。该商会由中国商务部批准，并经匈牙利首都高等法院核准注册成立。该商会现有会员单位34家，主要致力于促进会员之间及与匈牙利本地企业的交流与合作，代表中国企业与中匈双方相关政府机构进行沟通和交流，维护会员合法权益。

到匈牙利投资的中国企业可在当地注册公司后，申请加入中资企业商会。该会的联系电话：003630-6199088。

斯洛伐克

中国企业可以寻求斯洛伐克华侨华人商会的帮助。斯洛伐克华侨华人商会经斯洛伐克内政部批准于2008年6月成立，宗旨是保护旅斯华侨华商合法权益，促进华商融入当地社会，推动中斯经贸关系进一步发展。该商会联系方式如下：

电话：00421-2- 44637507

传真：00421-2- 44637508

保加利亚

中国企业如果遇到商业纠纷，可向保加利亚商工会（BCCI）、保加利亚工业联合会等协会寻求帮助，通过仲裁等手段解决问题。遇到火灾和人员受伤，应及时拨打当地消防和救护电话，火警-160；匪警-166；急救-150；公路救援-146。同时，应尽快报告中国驻保加利亚使馆领事处和经商参处。

克罗地亚

克罗地亚加入欧盟后，法律法规仍处于调整和完善过程中，一些法律法规（尤其是税收相关法律法规）存在一些变化，企业需要及时了解。在克罗地亚，企业不仅要依法注册、依法经营，必要时还要通过法律手段解决纠纷，捍卫自己的权益。

克罗地亚紧急救助电话：

火警：93

警察：92

急救车：94

紧急情况：112

中国驻克罗地亚使馆：00385-1-4637011（总机）

领事保护：外交部热线86-10-12308；00385-912303019（手机）；

385-912303038（手机）

斯洛文尼亚

除了向中国使馆和华人商会求助外，中国企业也可寻求斯洛文尼亚有关行业协会（如斯洛文尼亚工商会、斯洛文尼亚商会、地方工商会或者具体的行业协会，如机械、金属、电子、服装等协会）或者相关政府管理部门（如SPIRIT、经济部、外交部经济外交司）的协助。

此外，对于较为复杂的纠纷，可在中国使馆或经商参处指导下寻求相应的法律服务机构进行解决。

其他常用电话有：匪警：113、火警与急救：112、信息中心：112、汽车紧急维修：1987、查询斯洛文尼亚电话号码：1188、查询外国电话号码：1180。

立陶宛

中国企业平时应多关注当地政局、治安等情况，多交当地朋友，与华人、华侨保持联系，建立各种必要的联络渠道。在立陶宛，企业不仅要依法注册、依法合规经营，必要时也要通过法律手段解决纠纷，捍卫自己的合法权益。中国企业可在当地聘请律师处理企业的法律事务，一旦发生经济纠纷，可以借助律师的力量通过法律途径解决。

塞尔维亚

在塞尔维亚开展投资合作，中国企业不仅要依法注册、依法经营，必要时还要通过法律手段解决纠纷，捍卫自己的权益。塞尔维亚与经济活动有关的案件由塞尔维亚工商会、相关行业协会、法院及律师事务所办理。中国企业在塞尔维亚投资合作当中遇到一般问题，可向当地的律师事务所咨询。如遇其他特殊情况，应及时联系大使馆经商参处或领事部求助。也可联系当地中资企业协会、同乡会和行业协会等寻求帮助。

拉脱维亚

中国企业平时要多关注当地政局、治安等情况，多和当地人交朋友，多和当地华人、华侨保持联系，建立多种联络渠道。

拉脱维亚华人华侨联合会

地址：20 Kainciema iela, Riga, Latvia

电话：00371-27897186

拉脱维亚紧急联系电话：

火警：01（限座机拨）/112；紧急救助（交通事故/匪警）：02（限座机拨）/112；救护车：03（限座机拨）/113；急诊：67201003（紧急出诊，24小时英语服务）。

爱沙尼亚

在爱沙尼亚遇到紧急情况，可根据情况拨打以下电话：

报警、急救电话：112

信用卡丢失：1777

信息查询：1188

如遇语言不通，可立即拨打中国驻爱沙尼亚大使馆电话：00372-6015830，使馆工作人员可及时为您排忧解难。

波黑

中资企业在波黑经营过程中如遇经济纠纷，可求助当地律师，用法律途经解决纠纷，以维护自己的权益。波黑对外贸易和经济关系部主管外商投资合作，其主要职责是负责公司及外资企业的注册和管理，贸易及有关经济法规的制订和对法规执行情况进行监督。波黑外商投资促进局是国家的投资促进机构，其主要任务是最大限度吸引外国直接投资，鼓励现有外国投资者进一步扩大和发展在波黑的业务，促进国有和私有部门合作，在继续完善商业投资和经济发展政策中发挥积极作用。其向投资者提供实际帮助，包括协调投资者与国有、私有、政府及非政府部门的联系，提供商业和投资环境方面的咨询、资料、信息、分析和建议，帮助投资者寻找投资机会。

阿尔巴尼亚

按阿尔巴尼亚法律，在阿尔巴尼亚依法注册登记的外国企业，就取得了法人资格，受阿尔巴尼亚法律的保护。遇到纠纷时，可请公司律师或聘请当地律师事务所出面，依法维护企业和人员的合法权益。

（1）寻求阿尔巴尼投资发展署帮助。阿尔巴尼亚政府重视引进外资，投资署有协助外资企业解决相关问题的义务。

Albanian Investment Development Agency

地址：Rruga e Elbasanit, Ish-Drejtoria e Përgjithshme eTatimeve, Kati III, Tirane, Albania

电话：00355-42251001

传真：00355-42250970

电邮：info@aida.gov.al

网址：www.aida.gov.al

（2）寻求地拉那工商会帮助。

The Chamber of Commerce and Industry of Tirana

地址：Sheshi Skenderbej, Pallati i Kultures, kati i III, Tirane Albania

电话：00355-4-2232446

传真：00355-4-2227997

电邮：sekretaria@cci.al

网址：www.cci.al

北马其顿

中国企业可通过当地合作伙伴处理日常事务。平时注意处理好与开发区管委会、投资局、海关等部门的关系，也可以加入当地的一些有实力的商会，如北马其顿经济商会和北马其顿商业商会和西北经济商会等，需要时可寻求其帮助。

附　录

中东欧十六国主要政府部门和相关机构信息

1. 波兰

政府机构

（1）总统府：www.prezydent.pl

（2）总理府：www.kprm.gov.pl

（3）数字化部：mc.gov.pl

（4）农业和农村发展部：www.minrol.gov.pl

（5）投资与发展部：www.miir.gov.pl

（6）企业与技术部：www.mpit.gov.pl

（7）环境部：www.mos.gov.pl

（8）文化和国家遗产部：www.mkidn.gov.pl

（9）财政部：www.mf.gov.pl

（10）外交部：www.msz.gov.pl

（11）卫生部：www.mz.gov.pl

（12）内务部：www.mswia.gov.pl

（13）司法部：www.ms.gov.pl

（14）家庭、劳动和社会政策部：www.mpips.gov.pl

（15）国防部：www.mon.gov.pl

（16）教育部：www.men.gov.pl

（17）科学和高等教育部：www.nauka.gov.pl

（18）体育和旅游部：www.msport.gov.pl

（19）基础设施和建设部：www.mib.gov.pl

（20）海洋经济与内河航运部：www.mgm.gov.pl

（21）能源部：www.mg.gov.pl

（22）波兰金融监管委员会：www.knf.gov.pl

（23）波兰投资与贸易局：www.paih.gov.pl

（24）波兰国家计量总局：www.gum.gov.pl

（25）波兰专利局：www.uprp.pl

（26）波兰能源管理局：www.ure.gov.pl

（27）国家公路和高速公路总局：www.gddkia.gov.pl

（28）铁路交通局：www.utk.gov.pl

（29）公路交通监管总局：www.gitd.gov.pl

（30）大地测量和制图总局：www.gugik.gov.pl

（31）建筑监督总局：www.gunb.gov.pl

（32）民用航空局：www.ulc.gov.pl

（33）波兰电信局：www.uke.gov.pl

（34）国家档案总局：www.archiwa.gov.pl

（35）农业社会保障基金会：www.krus.gov.pl

（36）兽医监督总局：www.wetgiw.gov.pl

（37）国家消防总局：www.kgpsp.gov.pl

（38）波兰国家警察总局：www.policja.pl

（39）边防总局：www.sg.gov.pl

（40）外国人事务局：www.udsc.gov.pl

（41）公共采购局：www.uzp.gov.pl

（42）国家采矿局：www.wug.gov.pl

（43）环境保护监督局：www.gios.gov.pl

（44）国家原子能机构：www.paa.gov.pl

（45）药品监督管理总局：www.gif.gov.pl

（46）卫生监督总局：www.gis.gov.pl

（47）国内安全局：www.abw.gov.pl

（48）国家情报局：www.aw.gov.pl

（49）中央统计局：www.stat.gov.pl

（50）竞争和消费者保护局：www.uokik.gov.pl

（51）农业重建和现代化局：www.arimr.gov.pl

（52）国家农业支持中心：www.kowr.gov.pl

（53）工业发展局：www.parp.gov.pl

（54）波兰科学院：www.pan.pl

（55）波兰认可中心：www.pca.gov.pl

（56）波兰标准化委员会：www.pkn.pl

（57）社会保险局：www.zus.pl

商会及行业协会

（1）波兰国家商会：www.kig.pl

（2）波兰英国商会：www.bpcc.org.pl

（3）波兰捷克商会：www.opolsku.cz

（4）波兰斯堪的纳维亚商会：www.spcc.pl

（5）波兰荷兰商会：www.nlchamber.pl

（6）波兰阿塞拜疆商会：www.paig.bigduo.pl

（7）波兰德国工商会：www.ihk.pl

（8）波兰瑞典商会：www.psig.com.pl

（9）波兰乌克兰商会：www.chamber.pl/ukraina

（10）波兰意大利工商会：www.italpolchamber.pl

（11）波兰法国工商会：www.ccifp.pl

（12）波兰美国商会：www.amcham.com.pl

（13）波兰俄罗斯工商会：www.prihp.com.pl

（14）日本贸易振兴机构：www.jetro.go.jp/poland

（15）波兰农业协会：www.krir.pl

（16）波兰银行协会：www.zbp.pl

（17）外国投资工商业协会：www.iphiz.com.pl

（18）进出口商会：www.igei.pl

（19）波兰进出口及合作商会：www.pcc.org.pl

（20）波兰化学工业商会：www.pipc.org.pl

（21）建筑设计商会：www.ipb.org.pl

（22）波兰钢铁工业商会：www.piks.atomnet.pl

（23）波兰国防工业商会：www.przemysl-obronny.pl

（24）波兰警报系统商会：www.pisa.org.pl

（25）波兰电子和通信业商会：www.kigeit.org.pl

（26）波兰信息和通信业商会：www.piit.org.pl

（27）波兰电子通信业商会：www.pike.org.pl

（28）波兰电力能源业商会：www.sep.com.pl

（29）波兰液体燃料协会：www.paliwa.pl

（30）波兰石油工业贸易组织：www.popihn.pl

（31）波兰海洋经济协会：www.kigm.pl

（32）波兰工商业采矿协会：www.giph.com.pl

（33）波兰冶金工业协会：www.hiph.com.pl

（34）波兰铸造业商会：www.oig.com.pl

（35）波兰学校和办公用品行业协会：www.ipbbs.org.pl

（36）波兰印刷业协会：www.izbadruku.org.pl

（37）波兰制药和医疗产品协会：www.polfarmed.pl

（38）波兰药房商会：www.igap.pl

（39）波兰琥珀商会：www.amberchamber.org.pl

（40）波兰纺织服装协会：www.textiles.pl

（41）波兰皮革业商会：www.pips.pl

（42）波兰内衣业商会：www.pib.org.pl

（43）波兰汽车工业商会：www.pim.org.pl

（44）波兰城市交通协会：www.igkm.com.pl

（45）波兰公路工程商会：www.oigd.com.pl

（46）波兰汽车运输商会：www.pigtsis.pl

（47）波兰国际公路货运协会：www.zmpd.pl

（48）波兰铁路设备和服务协会：www.izba-kolei.org.pl

（49）波兰供水业商会：www.igwp.org.pl

（50）波兰木材工业协会：www.przemysldrzewny.pl

（51）波兰家具制造业协会：www.oigpm.org.pl、www.meble.org.pl

（52）波兰木工机械、装置和工具协会：www.droma.com

（53）波兰能源传送和分布协会：www.ptpiree.com.pl

（54）波兰汽车协会：www.pgm.org.pl

2. 捷克

（1）捷克工业与贸易部：www.mpo.cz

（2）捷克外交部：www.mzv.cz

（3）捷克农业部：www.mze.cz

（4）捷克财政部：www.mfcr.cz

（5）捷克地方发展部：www.mmr.cz

（6）捷克交通部：www.mdcr.cz

（7）捷克环境部：www.mzp.cz

（8）捷克劳动和社会事务部：www.mpsv.cz

（9）捷克内务部：www.mvcr.cz

（10）捷克司法部：www.portal.justice.cz

（11）捷克文化部：www.mkcr.cz

（12）捷克国防部：www.army.cz

（13）捷克统计局：www.czso.cz

（14）捷克卫生部：www.mzcr.cz

（15）捷克教育、青年及体育部：www.msmt.cz

（16）捷克中央银行：www.cnb.cz

（17）捷克投资局：www.czechinvest.org

（18）捷克贸易局：www.czechtrade.cz

（19）捷克工业与交通协会：www.spcr.cz

（20）捷克经济商会：www.komora.cz

（21）捷克税务局：www.cds.mfcr.cz

（22）捷克兽医局：www.svscr.cz

3. 罗马尼亚

（1）内务部：www.mira.gov.ro

（2）农业和乡村发展部：www.madr.ro

（3）通信和信息社会部：www.comunicatii.gov.ro

（4）文化和民族特性部：www.cultura.ro

（5）经济部：economie.gov.ro/

（6）营商环境、贸易和创业部：www.imm.gov.ro/

（7）国家教育部：www.edu.ro

（8）水力和森林部：apepaduri.gov.ro

（9）研究和创新部：www.research.gov.ro

（10）外交部：www.mae.ro

（11）卫生部：www.ms.gov.ro

（12）司法部：www.just.ro

（13）劳动和社会公正部：www.mmuncii.ro

（14）国防部：www.mapn.gov.ro

（15）公共财政部：www.mfinante.gov.ro

（16）旅游部：turism.gov.ro

（17）交通部：www.mt.ro

（18）能源部：energie.gov.ro

（19）青年和体育部：mts.ro

（20）海外侨民部：www.dprp.gov.ro

（21）与议会关系部：mrp.gov.ro

（22）环境部：www.mmediu.ro/

（23）欧盟基金部：www.fonduri-ue.ro/

（24）国家工商会：www.ccir.ro

（25）国家商业注册办公室：www.onrc.ro

（26）国家税务总局：www.anaf.ro

4. 匈牙利

匈牙利政府官方网站为www.kormany.hu/en，内含总理府、国防部、外交与对外经济部、人力资源部、内务部、创新与技术部、国家财政部、人力资源部、司法部和农业部等部门信息。

5. 斯洛伐克

政府机构

（1）政府门户网站：www.vlada.gov.sk

（2）外交部：www.mzv.sk

（3）经济部：www.economy.gov.sk

（4）国防部：www.mosr.sk

（5）内务部：www.minv.sk

（6）财政部：www.finance.gov.sk

（7）文化部：www.culture.gov.sk

（8）卫生部：www.health.gov.sk

（9）教育部：www.minedu.sk

（10）司法部：www.justice.gov.sk

（11）劳动、社会事务和家庭部：www.employment.gov.sk

（12）环境部：www.minzp.sk

（13）农业部：www.mpsr.sk

（14）交通、建设和地区发展部：www.telecom.gov.sk

（15）统计局：www.slovak.statistics.sk

（16）斯洛伐克中央银行：www.nbs.sk

（17）斯洛伐克投资贸易促进局：www.sario.sk

（18）斯洛伐克工业产权局：www.indprop.gov.sk

（19）斯洛伐克海关：www.colnasprava.sk

其他相关网站

（1）斯洛伐克旅游门户网站：www.slovakia.com

（2）斯洛伐克黄页网站：www.infobank.sk

（3）布拉迪斯拉发机场：www.letiskobratislava.sk

（4）斯洛伐克铁路网：www.zsr.sk

6. 保加利亚

（1）保加利亚总统府：www.president.bg

（2）保加利亚总理府：www.government.bg

（3）保加利亚议会：www.parliament.bg

（4）保加利亚司法部：www.justice.government.bg

（5）保加利亚外交部：www.mfa.government.bg

（6）保加利亚经济部：www.mi.government.bg

（7）保加利亚能源部：www.mi.government.bg

（8）保加利亚劳动与社会政策部：www.mlsp.government.bg

（9）保加利亚财政部：www.minfin.bg

（10）保加利亚交通、信息技术和通讯部：www.mtitc.government.bg

（11）保加利亚农业和食品部：www.mzh.government.bg

（12）保加利亚地区发展和公共工程部：www.mrrb.government.bg

（13）保加利亚国防部：www.md.government.bg

（14）保加利亚教育和科学部：www.minedu.government.bg

（15）保加利亚卫生部：www.mh.government.bg

（16）保加利亚文化部：www.mc.government.bg

（17）保加利亚环境和水资源部：www.moew.government.bg

（18）保加利亚旅游部：www.tourism.government.bg

（19）保加利亚青年和体育部：www.mpes.government.bg

（20）保加利亚海关总署：www.en.customs.bg

（21）保加利亚投资署：www.investbg.government.bg

（22）保加利亚中小企业署：www.sme.government.bg

（23）保加利亚国家税务署：www.nap.bg

（24）保加利亚登记署：www.registryagency.bg

（25）保加利亚私有化和后私有化管理局：www.priv.government.bg

（26）保加利亚政府采购署：www.aop.bg

（27）保加利亚股票交易所：www.bse-sofia.bg

（28）保加利亚央行：www.bnb.bg

（29）保加利亚统计局：www.nsi.bg

（30）保加利亚商工会：www.bcci.bg

（31）保加利亚工业联合会：www.bia-bg.com

（32）欧盟政府采购招标公报：ted.europa.eu/

（33）欧盟官方公报：eur-lex.europa.eu/en/index.htm

7. 克罗地亚

（1）总理府：www.vlada.hr

（2）经济部、企业和手工业部：www.mingo.hr

（3）社会政策和青年事务部：www.mspm.hr

（4）地区发展和欧盟基金部：www.mrrfeu.hr

（5）财政部：www.mfin.hr

（6）国防部：www.morh.hr

（7）外交和欧洲事务部：www.mvep.hr

（8）内务部：www.mup.hr

（9）司法部：www.provosudje.hr

（10）行政管理部：www.uprava.hr

（11）劳动和退休制度部：www. mrms.hr

（12）海洋、交通和基础设施部：www.mppi.hr

（13）农业部：www.mps.hr

（14）旅游部：www.mint.hr

（15）环保和能源部：www.mzoip.hr

（16）建设和国土规划部：www.mgipu.hr

（17）退伍军人事务部：www.branitelji.hr

（18）卫生部：www.miz.hr

（19）科学教育体育部：public.mzos.hr

（20）文化部：www.min-kulture.hr

（21）国有资产管理部：www.imovina.gov.hr

8. 斯洛文尼亚

（1）总理府

电邮：gp.kpv@gov.si

网址：www.kpv.gov.si

（2）财政部

电邮：gp.mf@gov.si

网址：www.mf.gov.si

（3）内务部

电邮：gp.mnz@gov.si

网址：www.mnz.gov.si

（4）外交部

电邮：info.mzz@gov.si

网址：www.mzz.gov.si

（5）司法部

电邮：gp.mpju@gov.si

网址：www.mp.gov.si

（6）国防部

电邮：glavna.pisarna@mors.si

网址：www.mo.gov.si

（7）劳动、家庭事务和公平机会部

电邮：gp.mddsz@gov.si

网址：www.mddsz.gov.si

（8）经济发展和技术部

电邮：info.mgrt@gov.si

网址：www.mgrt.gov.si

（9）农业、林业和食品部

电邮：gp.mkgp@gov.si

网址：www. mkgp.gov.si

（10）教育、科学、文化和体育部

电邮：gp.mss@gov.si

网址：www.mizks.gov.si

（11）基础设施部

电邮：gp.mzi@gov.si

网址：www.mzi.gov.si

（12）卫生部

电邮：gp.mz@gov.si

网址：www.mz.gov.si

（13）文化部

电邮：gp.mk@gov.si

网址：www.mk.gov.si

（14）公共管理部

电邮：gp.mnz@gov.si

网址：www.mju.gov.si

（15）斯洛文尼亚银行（中央银行）

电邮：bsl@bsi.si

网址：www.bsi.si/en

（16）斯洛文尼亚企业、创新国际化、发展外国投资和技术、投资和旅游事务促进署

电邮：info@spiritslovenia.si

网址：www.spiritslovenia.si/en

电话：00386 1 589 8550

（17）斯洛文尼亚工商会

电邮：info@gzs.si

网址：eng.gzs.si/slo

电话：00386 1 5898 000

（18）斯洛文尼亚商会

电邮：info@tzslo.si

网址：www.tzslo.si

电话：00386 1 589 8212

9. 立陶宛

（1）立陶宛议会：www.lrs.lt

（2）立陶宛总统府：www.president.lt

（3）立陶宛政府：www.lrv.lt

（4）立陶宛财政部：www.finmin.lt

（5）立陶宛外交部：www.urm.lt

（6）立陶宛经济部：www.ukmin.lt

（7）立陶宛交通与通讯部：www.sumin.lt

（8）立陶宛农业部：www.zum.lt

（9）立陶宛环境部：www.am.lt

（10）立陶宛教育和科学部：www.smm.lt

（11）立陶宛司法部：www.tm.lt

（12）立陶宛卫生部：www.sam.lt

（13）立陶宛社会保障和劳动部：www.socmin.lt

（14）立陶宛能源部：www.enmin.lt

（15）立陶宛国防部：www.kam.lt

（16）立陶宛文化部：www.lrkm.lt

（17）立陶宛内务部：www.vrm.lt

（18）立陶宛国有资产基金会：www.vtf.lt

（19）立陶宛统计局：www.stat.gov.lt

（20）立陶宛中央银行：www.lb.lt

（21）立陶宛海关：www.cust.lt

（22）立陶宛移民局：www.migracija.lt

（23）立陶宛农作物和食品市场监管署：www.litfood.lt

（24）立陶宛企业注册中心：www.registrucentras.lt

（25）立陶宛投资署：www.investlithuania.lt

（26）立陶宛商业促进局：www.lvpa.lt

（27）立陶宛实业家联合会：www.lpk.lt

（28）立陶宛国际商会：www.tprl.lt

（29）立陶宛商业联合会：www.ldkonfederacija.lt

（30）立陶宛商会联合会：www.chambers.lt

（31）立陶宛企业署：www.verslilietuva.lt

（32）立陶宛创新署：www.mita.lt

（33）立陶宛公共投资署：www.vipa.lt

（34）立陶宛国家旅游局：www.tourism.lt

（35）维尔纽斯工商会：www.cci.lt

（36）激光产业集群：www.litek.lt

（37）立陶宛国家食品兽医局：www.vmvt.lt

10. 塞尔维亚

（1）外交部：www.mfa.gov.rs

（2）贸易、旅游和电信部：www.mtt.gov.rs

（3）建设、交通和基础设施部：www.mgis.gov.rs

（4）公共管理和地方自治部：www.mduls.gov.rs

（5）财政部：www.mfin.gov.rs

（6）经济部：www.privreda.gov.rs

（7）农业和环境部：www.minpolj.gov.rs、www.mpzzs.gov.rs

（8）能源和矿产部：www.mre.gov.rs

（9）欧洲一体化部：www.seio.gov.rs

（10）司法部：www.mpravde.gov.rs

（11）内务部：www.mup.gov.rs

（12）教育和科学技术发展部：www.mpn.gov.rs

（13）国防部：www.mod.gov.rs

（14）卫生部：www.zdravlje.gov.rs

（15）劳动、就业、退伍军人和社会问题部：www.minrzs.gov.rs

（16）文化和传媒部：www.kultura.gov.rs

（17）青年和体育部：www.mos.gov.rs

11. 拉脱维亚

（1）内阁：www.mk.gov.lv

（2）国防部：www.mod.gov.lv

（3）外交部：www.mfa.gov.lv

（4）财政部：www.fm.gov.lv

（5）经济部：www.em.gov.lv

（6）内政部：www.iem.gov.lv

（7）教育和科学部：www.izm.gov.lv

（8）文化部：www.km.gov.lv

（9）交通部：www.sam.gov.lv

（10）福利部：www.lm.gov.lv

（11）司法部：www.tm.gov.lv

（12）卫生部：www.vm.gov.lv

（13）环境保护与地区发展部：www.varam.gov.lv

（14）农业部：www.zm.gov.lv

（15）投资发展署：www.liaa.gov.lv

（16）中央统计局：www.csb.gov.lv

（17）竞争委员会：www.kp.gov.lv

（18）金融和资本市场委员会：www.fktk.lv

（19）国家审计办：www.lrvk.gov.lv

（20）工商会：www.chamber.lv

（21）消费者权益保护中心：www.ptac.gov.lv

（22）公共事业委员会：www.sprk.gov.lv

（23）劳动力监管局：www.vdi.gov.lv

（24）拉脱维亚银行（中央银行）：www.bank.lv

（25）旅游发展署：www.latviatourism.lv

（26）国家收入服务局（税务、海关）：www.vid.gov.lv

（27）食品及兽医服务署：www.pvd.gov.lv

（28）拉脱维亚外国投资者委员会：www.ficil.lv

（29）国家森林服务局：www.vmd.gov.lv

（30）政府采购管理局：www.iub.gov.lv

（31）国家就业局：www.nva.gov.lv

（32）公民及移民局：www.pmlp.gov.lv

（33）企业注册局：www.ur.gov.lv

（34）国家土地服务署：www.vzd.gov.lv

（35）健康监管局：www.vi.gov.lv

（36）传染病中心：www.lic.gov.lv

（37）国家药品署：www.zva.gov.lv

（38）法院管理局：www.tiesas.lv

（39）宪法保护局：www.sab.gov.lv

（40）专利局：www.lrpv.lv

（41）国家警察局：www.vp.gov.lv

（42）国家边防局：www.rs.gov.lv

（43）国家救火及救援中心：www.vugd.gov.lv

（44）拉脱维亚雇主联合会：www.lddk.lv

（45）民航局：www.caa.lv

（46）国家地区发展署：www.vraa.gov.lv

（47）国家破产署：www.mna.gov.lv

（48）国家私有化署：www.pa.gov.lv

（49）国家担保署：www.lga.lv

（50）国家鉴定局：www.latak.lv

（51）拉脱维亚工商会：www.chamber.lv

（52）里加机场：www.riga-airport.com

（53）里加自由港：www.rop.lv

（54）文茨皮尔斯自由港：www.portofventspils.lv

（55）利耶帕亚经济特区：www.liepaja-sez.lv

（56）雷泽克内经济特区：www.rsez.lv

（57）拉特盖尔经济特区：www.invest.latgale.lv

（58）纳斯达克波罗的海交易所：www.nasdaqomxbaltic.com

12. 爱沙尼亚

（1）经济事务与通信部

网址：www.mkm.ee

地址：Harju 11，15072 Tallinn

电话：00372-6256304

传真：00372-6313660

电邮：info@mkm.ee

（2）外交部

网址：www.vm.ee

地址：Islandi valjak 1，15049 Tallinn

电话：00372-6377000

传真：00372-6377098、6377099

电邮：vminfo@vm.ee

（3）农村事务部

网址：www.agri.ee

地址：Lai 39/41，15056 Tallinn

电话：00372-6256101

传真：00372-6256200

电邮：pm@agri.ee

（4）文化部

网址：www.kul.ee

地址：Suur-Karja 23，15076 Tallinn

电话：00372-6282222

传真：00372-6282200

电邮：min@kul.ee

（5）国防部

网址：www.mod. gov.ee

地址：Sakala 1，15094 Tallinn

电话：00372-7170022

传真：00372-7170001

电邮：info@kmin.ee

（6）教育与研究部

网址：www.hm.ee

地址：Munga 18，50088 Tartu

电话：00372-7350222

传真：00372-7350250

电邮：hm@hm.ee

（7）财政部

网址：www.fin.ee

地址：Suur-Ameerika 1，15006 Tallinn

电话：00372-6113558

传真：00372-6966810

电邮：info@fin.ee

（8）内政部

网址：www.siseministeerium.ee

地址：Pikk 61，15065Tallinn

电话：00372-6125007

传真：00372-6125087

电邮：info@siseministeerium.ee

（9）司法部

网址：www.just.ee

地址：Tonismagi 5a，15191 Tallinn

电话：00372-6208100

传真：00372-6208109

电邮：info@just.ee

（10）社会事务部

网址：www.sm.ee

地址：Gonsiori 29，15027 Tallinn

电话：00372-6269301

传真：00372-6992209

电邮：info@sm.ee

（11）环境部

网址：www.envir.ee

地址：Narva mnt 7a，15172 Tallinn

电话：00372-6262802

传真：00372-6262801

电邮：keskkonnaministeerium@envir.ee

（12）爱沙尼亚警察与边境警卫局：www2.politsei.ee/en/

（13）爱沙尼亚消费者保护局：www.tarbijakaitseamet.ee/en

（14）爱沙尼亚专利局：www.epa.ee

（15）爱沙尼亚税务海关局：www.emta.ee

（16）爱沙尼亚统计局：www.stat.ee

（17）爱沙尼亚政府门户网站：www.valitsus.ee/en

（18）爱沙尼亚企业局：www.eas.ee；

（19）爱沙尼亚中央银行：www.eestipank.ee/en

（20）爱沙尼亚国际商会（ICC）：www.icc-estonia.ee

（21）爱沙尼亚工商会：www.koda.ee

（22）爱沙尼亚官方法律文件（英文版）发布中心：www.riigiteataja.ee/en/

13. 波黑

（1）主席团：www.predsjednistvobih.ba

（2）议会：www.parliament.ba

（3）部长会议：www.vijeceministara.gov. ba

（4）外交部：www.mvp.gov.ba

（5）对外贸易经济关系部：www.mvteo.gov.ba

（6）司法部：www.mpr.gov.ba

（7）欧洲一体化局：www. dei.gov.ba

（8）投资担保局：www.igabih.com

（9）波黑统计局：www.bhas.ba

（10）波黑中央银行：www.cbbh.gov.ba

（11）间接税管理局：www.uino.gov.ba

（12）竞争委员会：www.bihkonk.gov.ba

（13）萨拉热窝证券交易所：www.sase.ba

（14）波黑外贸商会：www.komorabih.com

（15）联邦商会：www. kfbih.com

（16）塞族共和国商会：www.pkrs.inecco.net

（17）西北经济区，www. ardanw.org

（18）东北经济区：www.nerda.ba

（19）黑塞哥维那经济区：www.redah.ba

（20）波黑中央经济区www.rez.ba

（21）萨拉热窝经济区：www.serda.ba

（22）波黑民航局：www.bhdca.gov.ba

14. 阿尔巴尼亚

（1）总统府：www.president.al

（2）议会：www.parlament.al

（3）总理府：www.kryeministria.al

（4）欧洲和外交事务部：www.punetejashtme.gov.al

（5）国防部：www. mbrojtja.gov.al

（6）内务部：www.mb.gov.al

（7）财政和经济部：www.financa.gov.al

（8）基础设施和能源部：www.infrastruktura.gov.al

（9）教育、体育和青年部：www.arsimi.gov.al

（10）司法部：www.drejtesia.gov.al

（11）文化部：www.kultura.gov.al

（12）农业和农村发展部：www.bujqesia.gov.al

（13）卫生和社会保障部：www.shendetesia.gov.al

（14）旅游和环境部：www.turizmi.gov.al

（15）侨务国务部：www.diaspora.gov.al

（16）企业保护国务部：www.sipermarrja.gov.al

（17）阿尔巴尼亚银行（中央银行）：www.bankofalbania.org

（18）投资发展署：www.aida.gov.al

（19）海关总署：www.dogana.gov.al

（20）阿尔巴尼亚税务总局：www.tatime.gov.al

（21）阿尔巴尼亚统计局：www.instat.gov.al

（22）地拉那工商会：www.cci.al

15. 北马其顿

（1）国防部：www.morm.gov.mk

（2）内务部：www.moi.gov.mk

（3）司法部：www.pravda.gov.mk

（4）外交部：www.mfa.gov.mk

（5）劳动与社会政策部：www.mtsp.gov.mk

（6）财政部：www.finance.gov.mk

（7）教育科技部：www.mtsp.gov.mk

（8）经济部：www.economy.gov.mk

（9）农林水利经济部：www.mzsv.gov.mk

（10）交通与通讯部：www.mtc.gov.mk

（11）卫生部：www.moh.gov.mk/eng

（12）文化部：www.kultura.gov.mk

（13）地方自治部：www.mls.gov.mk

（14）环境与自然规划部：www.moepp.gov.mk

（15）信息部：www.mio.gov.mk